Adelheid Müller-Lissner
Unter drei schon aus dem Haus?

Adelheid Müller-Lissner

Unter drei schon aus dem Haus?

Eine Entscheidungshilfe
für junge Eltern

Ch. Links Verlag, Berlin

Für Lioba, Steffen, Linus und Laurin,
denen ich den meisten Anschauungsunterricht verdanke

Die **Deutsche Nationalbibliothek** verzeichnet diese Publikation
in der Deutschen Nationalbibliographie;
detaillierte bibliographische Daten sind im Internet
über http://dnb.ddb.de abrufbar.

1. Auflage, September 2007
© Christoph Links Verlag – LinksDruck GmbH
Schönhauser Allee 36, 10435 Berlin, Tel.: (030) 44 02 32-0
Internet: www.linksverlag.de; mail@linksverlag.de
Umschlaggestaltung: KahaneDesign, Berlin,
unter Verwendung eines Fotos von Klaus-Peter Wolf, F1 Online
Satz: Ulrike Zimmer, Berlin
Druck und Bindung: Friedrich Pustet, Regensburg

ISBN 978-3-86153-450-1

Inhalt

Einleitung
Von falschen Fragen zu echten Erfahrungen:
Welche Lücke dieses Buch schließen will

Ist es gut oder schlecht für die Gesundheit, häufig in Restaurants zu speisen? Der Londoner Entwicklungspsychologe Jay Belsky liebt diese Frage. Denn er kann sich darauf verlassen, dass seine Gesprächspartner darauf ganz spontan mit einer ausgewogenen Antwort reagieren: Kommt ganz drauf an, sagen sie meistens. Darauf, was in den Lokalen auf der Speisekarte steht. Ob man dort mit frischen Zutaten kocht, ungesättigte Fettsäuren bevorzugt und viel Obst und Gemüse auftischt, oder ob vorwiegend dicke Saucen, versalzene Bratkartoffeln und fette Würste serviert werden. Aber auch darauf, welche Gerichte der Gast bestellt und welche Mengen davon er regelmäßig vertilgt.

Dann ist der Wissenschaftler schon mitten in seinem Thema: Belsky ist einer der Initiatoren der weltweit umfangreichsten und meistzitierten Studie zum Thema Kleinkindbetreuung. Die Frage nach Nutzen und Nachteil des Restaurantbesuchs für die Gesundheit stellt er gern als Gegenfrage, wenn man von ihm wissen will: Ist es gut für ein kleines Kind, in einer Kita oder bei einer Tagesmutter betreut zu werden?

Denn auch hier muss die Antwort wohl lauten: Kommt ganz drauf an. »Außer Haus« einen Teil des Tages zu verbringen ist auch für Kleinkinder durchaus bekömmlich. Wenn sie sich an diesem Ort und bei diesen Personen wohlfühlen, wenn ihnen dort von einfühlsamen Erziehungs-Profis geeignete Entwicklungs- und Bildungsangebote gemacht werden. Wenn die Aufenthaltsdauer dort richtig dosiert wird und wenn die Eltern die Zeit, die außerdem noch für die Familie bleibt, richtig nutzen.

Es kommt also auf die Details an – mindestens so sehr wie bei den Restaurants. Und der Vergleich trägt noch weiter. Denn ebenso wie zu Hause zu essen nicht automatisch »gesund« ist, geht es Kleinkindern leider nicht automatisch gut, wenn sie ausschließlich von Familienmitgliedern betreut werden.

Die Qualität muss stimmen, hier wie da. Und dann müssen die Eltern ohne große innere Zweifel zu ihrer Entscheidung stehen können. »Das Dauerabo auf ein schlechtes Gewissen gehört in die Mülltonne!«, sagt Bundesfamilienministerin Ursula von der Leyen zu Recht. Sie spricht von einem Abonnement, das abzubestellen sich vor allem (west-)deutsche Mütter immer noch schwertun, wenn sie ihre Kinder im Alter von unter drei Jahren schon »außer Haus« geben.

Polarisierung und alte Ost-West-Schemata

Denn die Betreuungsfrage polarisiert, zumindest in Deutschland: Familien- und Karrierefrauen werden da gegeneinander in Stellung gebracht. Und die durchaus kontrastreichen familiären Vorwende-Erfahrungen und Vorurteile ebenso: Die Kinderkrippe Ost taugt den einen als das positive, leider voreilig kaputtgemachte Vorbild, den anderen dagegen als abschreckendes Beispiel totalitär vereinnahmender und ideologisch bornierter Einheits-Erziehung. War die Kleinkinderziehung im Osten zu Zeiten des »real existierenden Sozialismus« gut, oder hat der streitbare Kriminologe Christian Pfeiffer aus Hannover Recht, der Gewaltbereitschaft und politische Radikalisierung von Jugendlichen plakativ auf den gemeinsamen Töpfchen-Gang der DDR-Krippenkinder zurückführen wollte? War es gut, wie es im Westen zu Zeiten des Wirtschaftswunders lief, oder haben neurotische, unausgefüllte Mittelstands-Nur-Hausfrauen und -Mütter dort ihre Kleinen zu zimperlichen Egoisten erzogen?

So viel Polarisierung gibt der wissenschaftliche Stand der Dinge keineswegs her. In allen uns bekannten Gesellschaften haben außer der Mutter weitere Erwachsene schon die Kleinsten mitbetreut. Von Natur aus sind die mit dem nötigen Appeal dafür ausgestattet: Ein Kleinkind mit seinen »interaktionsregulierenden

Kompetenzen« habe »für alle Gruppenmitglieder eine hochran-
gige Attraktivität«, sagt die Entwicklungspsychologin Lieselotte
Ahnert von der Uni Köln. Schlichter und unwissenschaftlicher
ausgedrückt: Das Baby lächelt und flirtet, der Erwachsene ist
vom Kindchenschema verzaubert und schon gewonnen, wenigstens für eine kurzzeitige Zuwendung. Dass mehrere Bezugspersonen sich die Aufgabe der Kleinkindbetreuung teilen, war und
ist für das Überleben menschlicher Gemeinschaften existenziell.
Allerdings haben die Erwachsenen, die sich in nichtindustriel-
len Gesellschaften gemeinsam um die kleinen Kinder kümmern,
meist auch sonst eine dauerhafte Beziehung zueinander – sind
womöglich mit den Kindern sogar verwandt. Großeltern stehen
hier als erfahrene Kinder-Betreuer(-innen) an erster Stelle.

Deshalb sind die Ergebnisse einer Studie so wichtig, die sich
mit den Folgen der modernen Formen außerhäuslicher professioneller Betreuung kleiner Kinder befasst. Darin wird gefragt,
wie es den Kindern bekommt, gegen Entgelt in die Obhut von
»Fremden« gegeben zu werden.

Dass Kinder, die früh zeitweise außerhalb ihrer Familie betreut werden, sich nicht so sehr anders entwickeln als ihre Altersgenossen, die erst mit drei oder vier Jahren für ein paar Stunden
am Tag einen Kindergarten besuchen, zeigen zum Beispiel die
Teilergebnisse, die nach und nach aus einer großen US-amerika-
nischen Langzeitstudie hervorgehen. Für diese Study of Early
Child Care (SECC) werden seit 1991 1364 Kinder in ihrer Entwicklung verfolgt. Das National Institute of Child Health and
Human Development (NICHD) der USA hatte das Langzeitprojekt, bei dem über 1000 Kinder aus zehn Regionen insgesamt
15 Jahre lang beobachtet werden sollen, damals ins Leben gerufen, weil auch jenseits des Atlantik die Frage der bestmöglichen
Kinderbetreuung die Gemüter erhitzte. Eines der wichtigsten
Studien-Ergebnisse sei hier schon vorweggenommen: Auch wenn
Kleinkinder »ganztags« von anderen betreut werden, nehmen sie
keinen Schaden und bleibt der Einfluss des Elternhauses groß.

Das ist selbstverständlich kein Plädoyer für eine achtlose Wahl
der Einrichtung, der junge Eltern ihr Kind für viele Stunden des
Tages anvertrauen. Nur haben die Forschungen der letzten Jahre

gezeigt, dass man die Betreuung in einer Tageseinrichtung für
Kleinkinder nicht mit dem Leben in einem Kinderheim verglei-
chen kann – dem Ort, an dem die meisten Forschungsergebnisse
zum sogenannten »Hospitalismus« von Kindern in der Vergangenheit gewonnen wurden. Die schweren Bindungsstörungen,
die man dort fand, stellen sich aber keinesfalls allein deshalb ein,
weil ein Kleinkind überhaupt in einer Einrichtung betreut wird.
Denn selbst Kita-Kinder, deren Eltern im Büro einen Zehn-Stun-
den-Tag zu absolvieren haben, kommen abends nach Hause,
verbringen Wochenenden und Ferien mit der Familie. Ihre Erziehungsberechtigten, zu denen sie früh eine sichere Bindung
aufgebaut haben, behalten gewichtigen Einfluss.

So gesehen ist schon die gängige begriffliche Unterscheidung
zwischen »arbeitenden« Müttern und solchen, die »bei ihrem
Kind bleiben«, höchst unglücklich. Was für eine Alternative!
»Man fragt sich, was die anderen Eltern machen, die nicht bei
ihrem Kind bleiben«, schrieb vor einigen Jahren Barbara Vinken
in ihrem engagierten Buch »Die deutsche Mutter. Der lange
Schatten eines Mythos« – und sie ergänzte maliziös: »Ob sie es
verlassen?«

Mindestens ein Gutes hat die erhitzte Debatte um Krippenplätze
und Wahlfreiheit, die derzeit in Deutschland geführt wird: Die
Familienpolitik wird endlich ernstgenommen und gilt nicht weiter als »Gedöns«. Doch der Medien-Hype der jüngsten Zeit ist oft
auf der Ebene politischer Bekenntnisse stecken geblieben, statt
die praktische Frage zu behandeln, wo denn derzeit in Deutschland Kinder gut untergebracht werden können. Genau deshalb,
weil unzählige junge Eltern das noch nicht wissen, wenn ihr Kind
auf die Welt kommt, wird die Debatte wohl noch eine Weile weitergehen, die Bundesfamilienministerin Ursula von der Leyen
mit ihrer Ankündigung angestoßen hat, das Betreuungsangebot
für Kleinkinder in den nächsten Jahren deutlich auszuweiten: Sie
wird weitergehen, weil die Probleme nicht so schnell verschwinden werden.

Denn Menschen bekommen weiterhin Kinder, Männer und
Frauen werden Eltern – auch wenn es nach Ansicht von Bevölke-
rungswissenschaftlern und Politikern in Deutschland derzeit viel

zu wenige sind, die sich das trauen. Die jungen Eltern haben Berufe oder absolvieren Ausbildungen, und sie wollen mit beidem weitermachen. Auch wenn sie sich die Erziehungsarbeit vorbildlich teilen, auch wenn sie die neu strukturierte Elternzeit beide in Anspruch nehmen, wollen – und können! – sie nicht auf die Rückkehr in den Job verzichten.

Nach 14 Monaten Erziehungs-»Urlaub« brauchen viele von ihnen bei der Betreuung ihrer Kleinkinder deshalb unweigerlich Hilfe von »außen«. Und schon längst vorher denken sie darüber nach, wie die aussehen könnte.

Die Kita-Frage konkret:
Was dieses Buch bietet – und was nicht

In diesem Buch kommen junge und etwas erfahrenere Eltern zu Wort, die den Familienalltag mit Job, Außer-Haus-Betreuung und gemeinsamer Freizeit ganz unterschiedlich meistern. Sie erzählen, wie sie das Leben mit einem oder mehreren kleinen Kindern organisieren, seit welchem Zeitpunkt, aus welchen Gründen, für wie lange Zeit und in welcher Art von Einrichtung sie ihr Kind »fremd«-betreuen lassen. Sie berichten, wie sie bei der Auswahl vorgegangen sind, wie es ihnen und ihrem Kind im Alltag mit der Trennung und dem Wiederfinden geht, welche Probleme es in den Kitas und bei den Tagesmüttern gibt und welche Elemente des Gruppenlebens sie umgekehrt als pädagogisch wertvoll für ihr Kind erleben. Man erfährt, wie schwierig es für junge Eltern ist, überhaupt einen Betreuungsplatz zu bekommen, mit welchen Angriffen von Verwandten und Freunden sie teilweise zu kämpfen haben, weil sie ihr kleines Kind schon zeitweise »abgeben« – und nicht zuletzt, wie sie die derzeitige politische und mediale Debatte erleben.

Dazu kommen »Experten« zu Wort: Wissenschaftler, die sich seit Jahren mit der frühkindlichen Entwicklung beschäftigen, stellen die Ergebnisse von großen Untersuchungen vor. Erzieherinnen, Erziehungsberater, Kinderärzte sprechen über ihre Erfahrungen mit jungen Familien, die außerfamiliäre Betreuungsformen nutzen.

Eines sei aber unbedingt vorweggeschickt, um Enttäuschungen zu vermeiden: Es gibt manche Aspekte des Themas, die in diesem Buch bewusst nicht oder nur am Rande vorkommen: Die Familienkonstellationen etwa, in denen Mutter oder Vater für drei Jahre oder mehr sich ganz der Familie widmen und keinen (anderen) Beruf ausüben. Oder die Familien, in denen sich Paare Teilzeit-Arbeit, freiberufliche Tätigkeit und Kinderbetreuung so teilen und einteilen, dass sie in den ersten Lebensjahren ihrer Kinder keine außerfamiliäre Hilfe brauchen. Diese familiären Versuchsanordnungen werden keineswegs deshalb ausgelassen, weil die Autorin sie etwa als unwichtig oder gar als weniger wertvoll empfände. Sie werden hier nur deshalb nicht behandelt, weil das Problem der außerfamiliären Betreuung von Kleinkindern sich nicht stellt, wenn die Eltern das alles selbst managen.

Nur am Rande vorkommen werden zudem die politischen Fragen der Finanzierung der Kleinkindbetreuung, der Zuständigkeit von Bund, Ländern und Kommunen. Nicht vorkommen soll der klassische Kindergarten als Institution, die Kinder im Alter von über drei Jahren aufnimmt.

Auch dem bösen Bischofs-Wort von den Frauen, die zu »Gebärmaschinen« degradiert würden, wenn man ihre Kinder kurz nach der Geburt schon in staatliche Obhut gebe, wollen wir uns nicht ausführlich widmen. Seine Entsprechung findet es in dem weit häufiger geäußerten Gedanken, man solle doch lieber ganz auf Kinder verzichten, wenn man ohnehin keine Zeit habe, sich um sie zu kümmern. Es hat einen einfachen Grund, dass wir in diesem Buch nicht die Frage stellen wollen, ob man überhaupt Kinder in die Welt setzen sollte, wenn man vorhat, weiter beruflich tätig zu sein: Ich möchte hier von der (weit schöneren) Annahme ausgehen, dass die Kinder, von denen die Rede ist, schon auf der Welt oder zumindest freudig geplant und erwartet sind.

Deshalb sollte auch ein weiteres Thema nicht immer wieder in einem Atemzug mit dem Krippen-Thema genannt werden: Die Vernachlässigung und Verwahrlosung von Babys und Kleinkindern, die Maßnahmen bis hin zum Entzug des Sorgerechts nötig macht. Am Rande hat zwar beides miteinander zu tun, denn gute Tagesbetreuung entlastet Eltern, fördert die Kinder und kann im Einzelfall wahrscheinlich die Risiken der Vernachlässigung mindern helfen. Insofern ist die Kita ein Element der effektiven Jugendhilfe unterhalb der Schwelle des Sorgerechts-Entzugs. Sie ist in manchen Fällen – um in Belskys Bild zu bleiben – das Lokal, in dem kleinen Menschen Dinge serviert werden, in deren Genuss sie sonst gar nicht oder viel zu wenig kämen. Wird der Besuch einer Kita vom Jugendamt aber »angeordnet«, dann stellt sich nicht die Frage, die wir hier stellen wollen. Denn die setzt grundsätzlich Wahlfreiheit voraus.

In diesem Buch möchte ich auf den Wert der persönlichen Erfahrungen setzen. Ich habe von vielen positiven Erfahrungen gehört – von Kitas mit vorbildlichem Programm und flexiblen Öffnungszeiten, von Tagesmüttern, die sich kontinuierlich fortbilden. Wenn ich diese Geschichten erzähle, so verfolge ich damit nicht die Absicht, eine Idylle zu zeichnen. Ich weiß, dass der Betreuungsschlüssel es den Erzieherinnen oft schwer macht, allen Kindern der Gruppe genug persönliche Aufmerksamkeit zu schenken und dass die Abholzeiten vielerorts für Dauer-Stress auf Elternseite sorgen. Die positiven Beispiele sind aber erstens keine Ausnahmen und sie sollen zweitens Mut machen, indem sie zeigen, was möglich ist und was auch andernorts politisch eingefordert werden muss – weil es nicht allein privilegierten Familien zugute kommen sollte.

Für entscheidende Einblicke in dieses bunte Alltags-Leben, von dem ich berichten werde, danke ich allen Vätern und Müttern, die mir für Gespräche zur Verfügung gestanden haben – und die mir sogar noch weitere Gesprächspartner vermitteln konnten. Teilweise haben sie für dies Buch andere Vornamen angenommen, kenntlich daran, dass in diesen Fällen statt eines Nachnamens nur ein Anfangsbuchstabe im Text steht. Die meisten haben sich aber dafür entschieden, ihren Namen nicht zu ändern.

Ich danke auch den Erziehern, Erziehungsberatern, Organisatoren, Wissenschaftlern, Psychologen und Kinderärzten – Männern wie Frauen –, die voller Geduld zu ausführlichen Gesprächen bereit waren. Dass man von den Professionellen dieses Sektors mit so viel Liebenswürdigkeit empfangen und beraten wird, dass man unter ihnen so viele interessante und lebendige

Gesprächspartner findet, kann ich nicht als Zufall werten. Meine Vermutung ist eher, dass es mit dem Thema Kleinkinder zu tun hat, damit, welche Menschen dieses Thema anzieht und wie es die Menschen prägt, die sich ihm ein ganzes Berufsleben lang widmen.

Sollen wir oder sollen wir nicht?
Eltern vor der Betreuungsfrage

»Die befreiendste Nachricht für eine Frau ist letztlich,
dass ihr Kind eine Bindung an jeden Menschen
entwickeln kann.«
(Erik Hesse, amerikanischer Entwicklungspsychologe)

Ein Paar erwartet ein Kind. Dass zuerst sie, dann er Elternzeit nehmen wird, haben die beiden längst nicht nur miteinander, sondern auch mit den jeweiligen Arbeitgebern ausgemacht. Das erste Jahr, die ersten 14 Monate sind also, was die Verantwortung für die Betreuung des Babys betrifft, grundsätzlich »geregelt«. Die Schwangere kann sich zwar vorstellen, im zweiten Teil ihrer Elternzeit zumindest einige der gesetzlich erlaubten 30 Wochenstunden schon wieder in ihrer Firma zu verbringen. Auch der junge Vater hat vor, während seines Parts der Elternzeit zumindest stundenweise zu arbeiten. Doch in diesen Stunden wollen die Großeltern einspringen.

Unsicher sind sich die beiden aber, wie es nach den 14 Monaten weitergehen soll, wenn sie beide wieder regelmäßig und deutlich mehr in ihren Berufen arbeiten wollen.

Eine Situation, wie sie für junge Eltern in Deutschland heute typisch ist: Diejenigen, deren Familie aus dem Westen stammt, haben oft selbst eine Mutter gehabt, die in den ersten drei Lebensjahren ganz bei den Kindern blieb und auch nachher nur Teilzeit arbeitete. Zur Ost-Biographie gehört dagegen in den meisten Fällen die Erfahrung, als Kleinkind tagsüber in einer Krippe gespielt, geschlafen und gegessen zu haben, während beide Eltern ihren Berufen nachgingen. Was man selbst in der Herkunftsfamilie erlebt hat, das will man zwar nicht unbedingt im Maßstab eins zu eins mit den eigenen Kindern wiederholen. Doch auch wer es ganz bewusst anders machen will, wird vom Bekannten, Erlebten, Vertrauten geprägt.

In diesem ersten Teil werden zuallererst zwei junge Frauen vorgestellt, die mittlerweile Freundinnen sind. Eine kommt aus Brandenburg, die andere aus Niedersachsen. Beide haben kleine Töchter, beide machen sich Gedanken darüber, in wessen Obhut man Kleinkinder am besten geben sollte.

Die fünf Geschichten, die dann folgen, erzählen von erfahrenen Eltern, die in dieser Hinsicht schon einige Entscheidungen getroffen haben. Sie berichten vom Organisieren und Planen eines Familienalltags, in den zwei Berufe und Kinder passen sollen, aber auch von der bewussten Wahl, als Familienfrau nicht erwerbstätig zu sein. Sie sprechen von Skrupeln, ein kleines Kind schon »wegzugeben«, von der Angst, es zu überfordern. Davon, dass manchmal doch alles anders kommt als zuvor geplant – weil man »vorher« noch gar nicht wissen kann, wie sich das Leben mit dem Kind gestalten wird.

Zum Abschluss dieses Teils wird eine Studie vorgestellt und eine Wissenschaftlerin mit den Fragen bestürmt, die junge Eltern haben, wenn sie sich die Grundsatzfrage stellen: Unter drei schon aus dem Haus? Sollen wir – oder doch lieber nicht?

Zwischen Alltagsorganisation und Grundsatzdebatte

»In der Kita gibt es mehr Möglichkeiten zum Spielen mit anderen Kindern«

Ein Gespräch mit Dagmar Beyer, Floristin und Mutter von Celina (9 Monate)

»Natürlich habe ich meine Tochter gleich nach der Geburt in fünf Kitas angemeldet, das muss man ja heutzutage tun!« Dagmar Beyer hat eineinhalb Jahre Elternzeit genommen, aber danach möchte sie zurück in ihren Beruf. Wenn man länger aussetze, sei man weg vom Fenster, meint die Floristin. »Wir haben es in unserem Metier schließlich viel mit Trends zu tun, das ist ein bisschen wie in der Modebranche.«

Dagmar Beyer ist für heutige Verhältnisse eine junge Mutter: Ihre Tochter ist jetzt neun Monate alt, sie selbst ist 26. Vor noch nicht zwei Jahren ist sie mit ihrem Freund nach Hannover gezogen, er arbeitet dort bei der Telekom. Sie selbst hatte nach dem Umzug dann gleich zwei Halbtagsjobs übernommen. Bei zwei Brüdern, die beide einen Blumenladen führen. Die Läden liegen allerdings in Hildesheim, 25 Kilometer von Hannover entfernt.

Kaum hatte sie dort angefangen, wurde sie auch schon schwanger. Jetzt, als Mutter, hätte sie natürlich lieber eine Stelle in der Nähe. »Am besten wäre es, wenn ich mit dem Fahrrad zur Arbeit fahren könnte, damit wir nicht zwei Autos brauchen.« 30 Stunden in der Woche zu arbeiten würde der jungen Mutter reichen. »Es wäre schön, wenn ich meine Tochter schon um zwei, halb drei holen oder erst später am Vormittag in die Kita bringen könnte, damit wir noch ein bisschen Zeit zu zweit behalten.« Aber auch 40 Stunden in der Woche arbeiten zu müssen, wäre für Dagmar Beyer kein Hinderungsgrund. Sie glaubt, dass ihre kleine Tochter Celina das gut verkraften könnte. »Sie ist eigentlich pflegeleicht, und sie hat schon jetzt gern den Kontakt zu anderen Kindern.« Fragt sich nur, ob sie einen solchen Job findet – und ob sie einen Ganztagsplatz für ihre Tochter bekommen kann. »Hier in Hannover sind Kita-Plätze für Kinder unter drei Jahren Mangelware.«

Für Dagmar Beyer und ihren Freund ist das neu, beide kommen aus Brandenburg und fanden es von klein auf ganz normal, dass Kleinkinder in eine Krippe gehen. Konkrete eigene Erinnerungen an diese Zeit, als sie noch nicht drei Jahre alt waren, haben sie natürlich nicht. »Ich habe nur noch so ein vages Bild von den üblen Holzpritschen vor Augen, auf denen wir immer Mittagsschlaf machen mussten«, sinniert Dagmar Beyer. Aber das könne durchaus auch etwas später gewesen sein, im Kindergarten. Wie auch immer: Abgesehen von den unbequemen Mittagsschlaf-Plätzen bleiben keine schlechten Erinnerungen an Betreuungseinrichtungen, die sie vor der Schulzeit besuchte.

Dass manche ihrer neuen Spielplatz-Bekanntschaften in Hannover lieber ein paar Jahre zu Hause bei ihren Kindern bleiben und in der Kleinkindzeit nicht arbeiten wollen, kann die 26-Jährige nicht wirklich nachvollziehen. »Aber ich will nicht ins Streiten kommen, deshalb sage ich zu diesem Thema meist nicht viel.«

Sie selbst ist sich mit ihrem Freund einig: Beide hätten keine Probleme, ihr Kleinkind schon bald vertrauensvoll in die professionellen Hände von Kita-Erzieherinnen zu geben. »Wir gehen einfach davon aus, dass sie das verantwortungsbewusst machen.« Die Vorstellung, dass Celina in eine Kita geht, gefällt Dagmar Beyer zudem besser als die Idee, sie bei einer Tagesmutter unterzubringen. »Ich glaube, dass es in Kitas mehr Möglichkeiten zum Spielen mit anderen Kindern gibt. Die Erzieherinnen sind Profis, sie sind im Umgang mit Kindern besser geschult. Sie stehen untereinander im Austausch und sind nicht den ganzen Tag mit den Kindern alleine. Und ich vermute auch, dass die Kitas besser mit Spielzeug und Materialien ausgestattet sind. Eine Tagesmutter wird sich doch immer fragen, ob sich solche Ausgaben lohnen.«

Neu waren für Dagmar Beyer und ihren Freund in Hannover die Kinderläden, die von Eltern organisiert werden. Dass die Eltern sich engagieren, gefällt ihr eigentlich gut. »Aber ich hätte Angst davor, dass wir dort zu sehr eingespannt werden.«

Möglicherweise hat die Vorliebe für eine institutionelle Betreuung damit zu tun, dass auch Dagmar Beyers Mutter lange Zeit als Krippenerzieherin gearbeitet hat. Die kleine Dagmar war in der Krippe untergebracht, in der auch ihre Mutter arbeitete. »Mein Bruder ging sogar in ihre Gruppe.« Inzwischen hat dieser Bruder zwei kleine Kinder, und auch bei ihnen hat Dagmar Beyer beobachtet, dass es ihrer Entwicklung gut getan hat, in die Kita zu kommen. »In diesem Punkt sind sich meine Mutter, mein Bruder und ich ganz einig.«

Eine Tagesmutter ist für sie nur die zweitbeste Lösung. Obwohl die Mütter, mit denen sie sich auf dem Spielplatz unterhält, dieser Variante der Kleinkindbetreuung im Zweifelsfall mehrheitlich den Vorzug geben. Und obwohl die Tagesmutter-Lösung in ihrem Fall große praktische Vorteile haben könnte. Denn im Parterre des Hauses in Hannover, in dem sie augenblicklich mit Freund und Kind wohnt, lebt und arbeitet eine Tagesmutter, mit der sie sich inzwischen privat ein wenig angefreundet hat. Diese junge Frau hat eine dreijährige Tochter, die bald in den Kindergarten kommt, und sie betreut derzeit fünf weitere Kinder. Die Vertrauensbasis ist also da, auch bei Celina, die Eingewöhnung würde nicht schwierig werden. Bringen und Abholen wären eine Kleinigkeit. Und die Öffnungszeiten sind relativ flexibel. Trotzdem wartet Dagmar Beyer jetzt erst einmal ab, ob nicht doch eine ihrer fünf Kita-Bewerbungen Erfolg hat. Noch sind ja ein paar Monate Zeit – Elternzeit.

»Man will doch dabei sein, wenn das Kind laufen lernt«
Ein Gespräch mit Julia Lehmann, Tagesmutter und Mutter einer Tochter (3)

Julia Lehmann, 24, hat einige Gemeinsamkeiten mit Dagmar Beyer. Beide haben kleine Töchter, beide sind Mitte 20, beide wohnen im selben Haus in Laatzen bei Hannover. Und, so unwahrscheinlich es klingt: Beide haben auch noch denselben Beruf erlernt: Floristin.

Als ihre Tochter zwei Jahre alt war, hat Julia Lehmann jedoch angefangen, sich auf einen neuen Beruf vorzubereiten. In einem abendlichen Kurs hat sie ein Zertifikat erworben und darf nun als Tagesmutter arbeiten. Andererseits: So neu ist dieser Beruf nun wieder auch nicht für sie. »Meine Oma macht das schon seit 45 Jahren«, erzählt die junge Frau. Dazu kommt – wieder eine Gemeinsamkeit mit Dagmar Beyer! –, dass ihre Mutter ausgebildete Erzieherin ist. Allerdings hat sie im Unterschied zu Dagmar Beyers Mutter nicht gearbeitet, als ihre Kinder klein waren. Eine typische Kindheit in Westdeutschland: Der Vater verdiente das Geld, die Mutter erzog zu Hause die Kinder. »Male-Breadwinner-Modell« nennen das die Familiensoziologen. »Bei meinen Eltern stand es nie zur Debatte, dass wir in eine Krippe gehen«, erzählt Julia Lehmann. Und auch sie selbst kann sich gar nicht so richtig vorstellen, wie das ist – und dass sie es für ihr Kind wollen könnte: »Womöglich bringe ich mein Krabbelkind dann eines schönen Tages in die Kita, und abends läuft es mir dort auf dem Gang entgegen. Ich war dann nicht dabei, als es laufen lernte!« Natürlich war Julia Lehmann selbst im Kindergarten, aber nur am Vormittag, und erst nach ihrem dritten Geburtstag.

Nun betreut sie selbst fünf Kinder, deren Eltern arbeiten gehen. Nie sind allerdings alle gleichzeitig da, denn die Eltern arbeiten nicht alle ganztags. Die Zwillinge beispielsweise kommen nur zehn Tage im Monat. Ihre Mutter ist Stewardess und hat eine Teilzeitstelle. Ein Kind kommt nur am Freitag, denn seine

Mutter ist lediglich einen Tag in der Woche beschäftigt. Eine Köchin und ein Koch im Schichtdienst brauchen dafür ab und zu auch am Wochenende Betreuung für ihr Kind. »Wir Tagesmütter sind eben flexibler als die Kitas«, sagt die ehemalige Floristin, die ihren neuen Beruf erst seit vier Wochen ganz offiziell ausübt. Praktisch ist, dass sie ihre kleine Tochter hier gleich mitbetreuen kann. Die ist jetzt schon drei Jahre alt und kommt bald in einen »richtigen« Kindergarten.

In eine Krippe oder Kita für Kleinkinder hätte Julia Lehmann sie aber nicht gebracht, selbst wenn es dringend nötig gewesen wäre, dass sie wieder ganztags arbeitet. Dann schon eher zu einer Tagesmutter. »Ich finde, eine Tagesmutter kann besser auf das einzelne Kind eingehen. Das ist besonders an den Tagen wichtig, an denen ein Kind mal nicht so gut drauf ist. Und natürlich für die stillen Kinder, die in einer größeren Gruppe oft zu kurz kommen.« Außerdem empfindet es Julia Lehmann als wichtigen Pluspunkt, dass Tagesmütter mit den Eltern einen besseren Kontakt pflegen können, als das den Kita-Erzieherinnen meist möglich ist. Mit den Eltern in enger Tuchfühlung zu bleiben, hat sie sich auch persönlich fest vorgenommen. Es wird sicher auch dadurch erleichtert, dass nicht alle Kinder gleichzeitig gebracht und geholt werden und dass die Tagesmutter auch am Wochenende und im Einzelfall sogar für eine Übernachtung zur Verfügung steht.

Privates und berufliches Leben sind unter diesen Umständen schwer zu trennen. Auch Mann und Kind sind mit im Spiel, wenn eine Frau sich entscheidet, Tagesmutter zu werden. Die Wohnung, in der Julia Lehmann lebt und arbeitet, hat schließlich nur drei Zimmer. Die Kinder schlafen im ehelichen Schlafzimmer und spielen im Kinderzimmer der Tochter, sie werden in der Küche der Familie bekocht und benutzen deren Toilette. »Aber wir haben einen Garten, der Wald ist vor der Tür und der Spielplatz um die Ecke.«

Dass die Betreuung bei ihr und ihren Kolleginnen weniger professionell sei als in einer Institution, kann sie nicht finden. »Wir müssen eine Qualifikation vorweisen, und das Jugendamt prüft unsere Wohnungen auf Kindersicherheit.« Inzwischen hat sie sich zudem mit einigen Kolleginnen fest vernetzt, der Internet-Auftritt ist schon geplant.

Für Celina, die Tochter ihrer Nachbarin Dagmar Beyer, die in ein paar Monaten gern wieder als Floristin arbeiten würde, würde Julia Lehmann selbstverständlich ein Plätzchen freihalten. Auch wenn das für Dagmar Beyer nur die zweitbeste Lösung ist, wie sie ehrlich zugibt.

Dagmar Beyer empfindet die Kita als die bessere Betreuungsinstanz, Julia Lehmann die Tagesmutter. »Das muss jeder selbst wissen, es war zwischen uns noch nie ein Streitpunkt«, sagt sie ganz gelassen. Ist es auch ein Ost-West-Thema? Dagmar Beyer kommt schließlich aus Brandenburg, Julia Lehmann aus Niedersachsen. Die eine war als Kind in der Krippe, die andere bei ihrer Mutter und ihren Geschwistern zu Hause. Die eine sagt, dass Kinder große Entwicklungssprünge machen, wenn sie in die Krippe kommen, die andere fürchtet, dass sie dort in der Masse untergehen. Julia Lehmann glaubt aber nicht, dass jeder automatisch das Modell bevorzugt, das er oder sie von klein auf kennengelernt hat. »Ich habe noch eine andere Bekannte aus dem Osten, die heute sagt, sie will ihr Kind lieber zu einer Tagesmutter geben. Sie war selbst als kleines Kind in einer Krippe, findet das privatere Modell aber heute besser.«

Julia Lehmann bedauert, dass die Wahlfreiheit für die Eltern heute durch die höheren Kosten der Tagesmutter-Lösung eingeschränkt wird. Sie wäre dafür, dass der Staat auch dieses Modell stärker subventioniert. Ihre Nachbarin Dagmar Beyer würde hier wahrscheinlich ganz sanft widersprechen. Sie findet schließlich, dass das Geld lieber in den Ausbau der Kita-Plätze für unter Dreijährige fließen sollte.

»Wir haben komplizierte Stundenpläne aufgestellt, für jeden Tag einen anderen«
Ein Gespräch mit Claus Herrmann, Vater von Anton (13) und Marleen (8)

Wie das Leben eines Paares mit einem kleinen Kind und zwei Berufen sich anfühlt, wenn Betreuungsplätze fehlen, weiß mein nächster Gesprächspartner aus eigener Anschauung. Inzwischen ist Claus Herrmann ein erfahrener, in familiärer Organisation perfekt geschulter Familienvater. »Bevor unser erstes Kind geboren wurde, hatten wir da so eine Idealvorstellung: Jeder von uns beiden würde ein Jahr Erziehungsurlaub nehmen«, erzählt der Landschaftsarchitekt. Seine Frau Karin, eine evangelische Theologin, war zu diesem Zeitpunkt wissenschaftliche Mitarbeiterin an der Uni und steckte mitten in ihrer Doktorarbeit, er hatte sich einige Zeit zuvor mit einem eigenen Büro selbständig gemacht. Beide liebten ihre Arbeit, und beide wollten Kinder.

Aus der geplanten klaren Strukturierung wurde trotzdem nichts – weil es für beide anders kam. Zunächst begann die junge Mutter doch nach einem halben Jahr schon wieder zu arbeiten – mit einer halben Stelle. Und im Jahr darauf hielt sich der junge Vater nicht an die Abmachung, selbst auch Elternzeit zu nehmen. »Dafür ist mir meine Frau immer noch ein bisschen böse. Doch als Freiberufler wäre ich weg vom Fenster gewesen, wenn ich es wirklich wahr gemacht und ein Jahr ausgesetzt hätte.«

Stattdessen begann, als Anton ein halbes Jahr alt war, für die Eltern eine Lebensphase, die an ihr Organisationstalent allerhöchste Anforderungen stellte. »Erst seit ich Kinder habe, habe ich gelernt, meine Zeit zu strukturieren«, sagt der Landschaftsarchitekt im Rückblick.

Weil weder der Uni-Alltag noch der im Büro ausschließlich aus festen Terminen bestand, konnten beide ihre Arbeitszeiten etwas aufeinander abstimmen. »Trotzdem gab es natürlich eine Menge Termine, und ich musste erst lernen, die Zeiten für die häusliche Übergabe genauso ernst zu nehmen.« Was zu einigen Konflikten in der Partnerschaft führte. Paare, die zusammen Kinder haben, haben damit zugleich ein gemeinsames Zeitkonto, sie sind dem anderen Rechenschaft schuldig, wenn sie für Betreuungsaufgaben nicht zur Verfügung stehen. Dass aus individueller, persönlich verplanbarer Zeit Familienzeit wird, ist für die meisten jungen Erwachsenen beim ersten Kind eine ungewohnte, konfliktträchtige Erfahrung.

Die Eltern der jungen Eltern sprangen gleich wochenweise ein, wenn die Terminüberschneidungen sonst nicht mehr zu organisieren waren, für spontane kürzere Betreuungseinsätze wohnten sie aber zu weit entfernt. Als Anton neun Monate alt war, meldeten seine Eltern ihn deshalb bei einer Tagesmutter an – nach langer Suche, denn es war schwer, überhaupt einen Platz zu finden.

»Die Frau, die wir schließlich fanden, war zwar sehr nett. Sie hatte aber selbst drei Kinder und hat sich mit der Aufgabe, noch ein Kind zu betreuen, einfach übernommen.« Nach zwei Monaten fanden die Eltern, dass man Anton nicht dort lassen sollte. Die Krippe, die sie inzwischen ausfindig gemacht und nach Begutachtung mehrerer Einrichtungen für recht geeignet befunden hatten, nahm Kinder allerdings erst an, wenn sie schon laufen konnten.

Wieder war also eine Zeit zu überbrücken. »Wir haben das große Glück, dass jeder von uns eine Schwester hat, die selbst keine Kinder hat. Beide Schwestern sind eingesprungen und haben halbe Tage auf Anton aufgepasst.« Ins Erinnerungsbuch, das die Eltern für Anton ganz liebevoll gestaltet haben, ist neben Fotos und Zeichnungen auch ein Stundenplan aus dieser Zeit eingeklebt: »Vormittags Claus, 13 Uhr Jutta, ab 15 Uhr Karin« ist da an einem Tag zu lesen. »Doch es gab keinen typischen Tag, jeder Tag war anders, es waren oft wilde Konstruktionen notwendig«, sagt Claus Herrmann im Rückblick. Anstrengend sei das aber nur für die Erwachsenen gewesen. »Anton mochte alle seine Betreuer und hat sich sehr wohlgefühlt. Ich glaube, weil er früh mit mehreren erwachsenen Bezugspersonen engen Kontakt hatte, ist er später so ein Familientier geworden.« Mit seiner Tante Jutta verbringt auch der 13-Jährige noch jede Woche einen Nachmittag und Abend, das ist beiden wichtig.

Als Anton sicher laufen konnte, kam er in eine »Laufkrippe«. Nun gab es von neun bis 15 Uhr für die beiden Berufstätigen eine feste Struktur. Claus Herrmann hatte außerdem seine eigenen Büroräume aufgegeben und arbeitete fortan zur Untermiete in einem anderen Büro mit – in Zeiten unsicherer Auftragslage eine finanzielle Entlastung für die Familie. Blieben die Termine, die sich nicht immer in dieser Kernzeit unterbringen ließen. »Man kam eigentlich immer gehetzt in der Krippe an«, erinnert er sich auch Jahre später noch mit einem Gesichtsausdruck, der das Lebensgefühl von damals wieder aufleben lässt.

Außerdem waren da noch die Schließzeiten der Krippe zu überbrücken, etwa die langen Sommerferien. Für diese Zeit hat sich das Ehepaar zusammen mit einem anderen Paar eine Babysitterin geleistet.

Als fünf Jahre nach Anton Tochter Marleen geboren wurde, hat ihre Mutter zwar wieder Elternzeit genommen. »Aber ganz bleibt man ja nie zu Hause, wenn man noch weiter Projekte laufen hat.« Die beiden kinderlosen Tanten waren mittlerweile nicht mehr für die regelmäßige Betreuung verfügbar, denn sie waren inzwischen selbst beruflich sehr eingespannt. Mit zwei Kindern wurde es nicht gerade einfacher, den Alltag zu organisieren. Für zwei bis drei Nachmittage in der Woche haben die beiden Berufstätigen deshalb eine Haushaltshilfe engagiert, die gleichzeitig auf das Baby aufpassen konnte.

Trotzdem bleibt, wenn Claus Herrmann zurückdenkt, auch die Erinnerung an zermürbende Diskussionen zwischen ihm und seiner Partnerin. Einerseits hat er die Vorwürfe verstanden. Andererseits waren da zum Vergleich die gleichaltrigen Kollegen, die man aus dem Studium kannte und die inzwischen ebenfalls Familien gegründet hatten. Deren Büros florierten nun, weil sie voll durchstarten konnten: Ihre Frauen hatten sich ganz dem Nachwuchs gewidmet. »Ich dagegen bin sozusagen mit angezogener Handbremse gefahren und dachte mir immer: Ich mache doch schon so viel in der Familie, warum wird das nicht anerkannt?« Seine Frau würde die Geschichte wahrscheinlich anders erzählen, vermutet Claus Herrmann. Er jedenfalls fühlte sich unter Druck gesetzt. Er wollte ja gern, dass sie beide in ihren interessanten Berufen weitermachen konnten. Und es war auch wirtschaftlich nötig.

Trotzdem habe das »konservative Modell«, das seine Kollegen lebten, auf ihn eine gewisse Verführungskraft ausgeübt. Schon weil es versprach, den Stress zu reduzieren, der mit der aufwändigen Organisation einherging. Aber auch, weil er und seine Frau immer wieder leise Kritik aus dem Verwandten- und Freundeskreis hörten: Mussten sie wirklich die Kinder schon in ihren ersten Laufschuhchen in die Krippe bringen? Und dann auch noch bis 15 Uhr? »Das Schwierigste ist vielleicht das eigene schlechte Gewissen, wenn man die Kinder schon so früh weggibt.«

Woher kommt dieses schlechte Gewissen eigentlich? »Irgendwie wird man das Gefühl nicht los, die eigenen Interessen über die des Kindes zu stellen«, sinniert der Mann einer Theologin, korrigiert sich aber gleich selbst: »Eigentlich stimmt das ja gar nicht, weil man doch gezwungen ist, das Geld für die Familie zusammen zu bringen.« Außerdem hat er nicht den Eindruck gehabt, dass es seinen Kindern in der Krippe nicht gut gegangen sei. »Ich finde, dass der Kontakt mit anderen Kindern für Kleinkinder zwischen eins und drei eigentlich ganz gesund ist.« Doch im West-Berlin der 90er Jahre fehlten für die frühe »Fremd«-Betreuung einfach die Vorbilder. »Rollenmodelle dafür, wie man als Mann Erziehungsurlaub nehmen konnte, gab es schon gar nicht.«

Inzwischen ist das alles einige Jahre her, Claus Herrmann hat längst wieder ein eigenes Büro mit mehreren Angestellten, seine Frau arbeitet festangestellt bei der Evangelischen Kirche, die Kinder werden selbständiger. Auch wenn er an die anstrengende Organisation und an die vielen Paar-Diskussionen denkt, findet Claus Herrmann es nicht so schlecht, wie alles gelaufen ist. »Wir sind eben beide Typen, die im Leben möglichst alles mitnehmen wollen, und das macht es auch spannend. Eigentlich blieb doch trotzdem viel Zeit für die Familie, die Wochenenden waren uns immer heilig, und auch die meisten Abende verbringen wir zusammen.« Zusammen, das heißt an vielen Wochenenden und im Urlaub auch: Im Kreis der Großfamilie und von Freunden, denn seine Frau und ihre drei Schwestern haben vor einigen Jahren in Mecklenburg ein geräumiges Anwesen gekauft, wo oft sechs Kinder und neun Erwachsene zusammen ein paar freie Tage verbringen. Es gab und gibt also immer ein Leben vor, nach und neben Krippe, Kindergarten, Schule, Büro und Uni.

»Ich fand es schön, dass ich meine kleinen Kinder morgens nicht wecken musste«

Ein Gespräch mit Monika Maria Kuhn, »Familienfrau«

Die 53-jährige Monika Maria Kuhn aus dem rheinland-pfälzischen Worms hat, rechnet man die Zeit der Ausbildung dazu, 14 Jahre ihres Lebens als Krankenschwester gearbeitet. Eine lange Zeit – doch im Jahr 1985 hat sie damit aufgehört.

Denn in diesem Jahr wurde ihr erstes Kind geboren. Und sie hatte sich vorgenommen, sich ihrer Tochter und den Geschwistern, die sie noch bekommen sollte, ganz zu widmen. »Ich wollte für meine Kinder da sein und ihnen mehr Aufmerksamkeit schen-

ken, als das meine Mutter seinerzeit tun konnte.« Monika Maria
Kuhn und ihr Mann haben also bewusst ein ganz anderes Fami-
lienmodell gelebt als Claus Herrmann und seine Frau. Sie führt
das nicht zuletzt auf die Erfahrungen in ihrer Herkunftsfamilie
zurück: Sie war selbst das siebte von acht Geschwistern, die älteren waren im Krieg auf die Welt gekommen.»Meine Mutter war
zwar den ganzen Tag bei uns, aber trotzdem war sie wegen ihrer
vielen Arbeit nur selten richtig für mich da.«

1987 kam ihr Sohn auf die Welt. Beide Kinder sind inzwischen
also erwachsen. Aber nun brauchen ihre 87-jährige Mutter und
ihre 83-jährige Schwiegermutter zunehmend ihre Hilfe. Mit einer zusätzlichen Bürotätigkeit bessert Monika Maria Kuhn außerdem das Familienbudget auf, denn durch das Studium beider
Kinder fallen derzeit einige Kosten an. Für die Gemeinschaft aktiv war sie schon in der Kindergartenzeit ihrer Tochter und ihres
Sohnes, später dann im Elternbeirat der Schule.»Wenn ich in
dieser ganzen Zeit in meinem Beruf gearbeitet hätte, wäre für
solches Engagement gar keine Zeit geblieben«, sagt die gelernte
Krankenschwester rückblickend.

»Familienarbeit ist die Basis der Gesellschaft«, meint denn
auch der Verband der Familienfrauen und -männer e.V., in
dem sich Frau Kuhn schon engagierte, als er noch weniger ge-
schlechtsneutral »Deutsche Hausfrauengewerkschaft« hieß. Seit
Jahren schon kämpft der Verein für die Bezahlung der Familienarbeit. Erst dadurch sei echte Wahlfreiheit gewährleistet.»Es
ist ein Armutszeugnis für unser Land«, sagt Frau Kuhn, »dass
Frauen nicht finanziell unabhängig sein können, wenn sie sich
ganz für Familienarbeit entscheiden, um ihre Kinder selbst
zu betreuen. Frau darf sie gebären, muss sie dann aber wieder
schnell abgeben, um voll erwerbstätig zu sein, denn nur so steht
sie wirtschaftlich auf eigenen Füßen. Dabei ist doch klar: Wo
Kinder sind, ist Betreuungsarbeit zu leisten. Und die muss bezahlt werden – auch den Eltern, wenn sie sich dafür entscheiden,
das selbst zu tun.«

Dass Eltern das alles aus Liebe tun, ist für Frau Kuhn kein Gegenargument.»Man kann auch anders argumentieren: Gerade
aus Liebe zum Kind ist die Forderung nach Bezahlung dieser Arbeit wichtig, denn man kann dann besser für es sorgen. Heute ist

so viel von Kinderarmut die Rede – als ob Kinder für sich alleine leben würden! Dabei ist das nichts anderes als Elternarmut.« Dass Eltern ein solches Betreuungsgeld – das ihrer Ansicht nach deutlich höher sein müsste als die derzeit vorgeschlagenen 150 Euro pro Monat – ganz egoistisch für sich selbst statt für ihre Kinder verwenden könnten, lässt Frau Kuhn als Gegenargument nicht gelten.»Darin drückt sich großes Misstrauen gegenüber den Eltern aus. Außerdem kann man auch das Geld, das man durch Erwerbsarbeit verdient hat, falsch einsetzen, auf Kosten der Kinder. So etwas gab es schon immer, denken Sie nur an den Roman »Die Asche meiner Mutter« von Frank McCourt. Dort wird sehr plastisch dargestellt, wie ein Familienvater zeitweise den ganzen Inhalt seiner Lohntüte versäuft!«

Ihre Entscheidung, den erlernten Beruf nicht wieder aufzunehmen, möchte sie andererseits aber keineswegs allen Frauen als die bessere empfehlen.»Jede soll das für sich selbst entscheiden können. Und dafür brauchen wir auch mehr Betreuungsplätze für kleine Kinder.« Dass zuverlässige Kinderbetreuung in ausreichendem Maß zur Verfügung steht, findet sie ausgesprochen wichtig – auch wenn sie persönlich eine hauptamtliche Familienmutter war, die ihre beiden Kinder, als sie noch ganz klein waren, ganztags bei sich hatte. Aber ohne Betreuungsplätze könne man nun mal nicht wählen.»Das Geld dafür sollte allerdings den Familien nicht an anderer Stelle weggenommen werden.« Für Frau Kuhn gibt es keinen Zweifel: Wir brauchen mehr Geld dafür, dass Mütter oder Väter sich ganz der Familienarbeit widmen können, aber auch mehr Geld für Kitas und Krippen.»Es muss einfach insgesamt viel mehr Geld in Familien und Kinder investiert werden!«

Ein Problem, das Monika Maria Kuhn seinerzeit dazu bewegte, sich im Verein zu engagieren, beschäftigt auch heute noch viele junge Eltern – Berufstätige und nicht Berufstätige: Die wenig aufeinander abgestimmten und im Fall der Grundschule auch sehr unregelmäßigen Zeiten, zu denen die Kinder in Halbtags-Kindergärten und Schulen betreut wurden.»Ich fand es damals erschreckend, dass von den nicht erwerbstätigen Müttern ganz selbstverständlich erwartet wurde, immer da zu sein und zur Verfügung zu stehen. Meine Tochter wurde in der

Grundschulzeit beispielsweise einmal zwei Stunden früher nach Hause geschickt und ich war nicht da. Auch eine Mutter, die nicht erwerbstätig ist, kann schließlich nicht immer zu Hause sein!«

Wenn sie überlegt, was für sie und ihre Kinder schön daran war, dass sie nicht zur Erwerbsarbeit an einen Arbeitsplatz gehen musste, fällt ihr zuerst ein: »Ich musste meine kleinen Kinder morgens nicht aufwecken, es gab keine Hetze, wir konnten uns mit allem Zeit lassen – zumindest so lange, bis sie dann in die Schule kamen.« Außerdem hat sie es damals genossen, viel lesen zu können – wenigstens in der Zeit, als sie nur ein Kind hatte. »Ich habe mein Baby gestillt und dabei ein Buch in der Hand gehabt, das war entspannend und schön.« Ohne den Druck, zu festen Zeiten arbeiten gehen zu müssen, habe sie ihre Zeit viel freier einteilen können.

Andererseits gebe es in einem Haushalt mit Kindern auch viel Hausarbeit – die zumindest ein Teil der Erwerbstätigen nicht selbst tut: »Viele nehmen dann eine Putzhilfe, lassen die Wäsche auswärts waschen und kaufen zum Essen Fertigprodukte. Das alles selbst zu machen, ist echte Arbeit, die in unserer Gesellschaft nicht genügend gewürdigt wird.« Natürlich gebe es hier gewaltige Unterschiede: »Manche haben wie ich ein ganzes Haus mit Garten zu versorgen, andere eine Dreizimmerwohnung.« Doch unabhängig vom Ausmaß der zu leistenden Hausarbeit gebe es in unserer Gesellschaft eine merkwürdige Schieflage: »Arbeiten, die belächelt oder sogar als ›Hobbys‹ bezeichnet werden, wenn eine Familienfrau sie bei sich zu Hause erledigt, haben als bezahlte Dienstleistungen von außen gleich einen ganz anderen Stellenwert.« Vielleicht, so überlegt sie, wäre es keine schlechte Idee, für die Arbeit als Familienmanager oder Familienmanagerin eine richtige Ausbildung anzubieten – oder wenigstens Fortbildungen, die junge Eltern während der Familienphase absolvieren könnten.

Familienmutter habe sie später nur mit innerlicher Zufriedenheit sein können, weil sie von vornherein den Kontakt zu anderen Müttern suchte und sich engagierte. »Eigentlich bin ich ein Mensch, der gut allein sein kann. Aber ich hätte es nicht ausgehalten, ständig mit den Kindern allein zu sein, denn das ist etwas

grundlegend anderes.« Deshalb empfindet sie auch die Eltern-
oder Mütterzentren, die in den letzten Jahren zunehmend als
Treffpunkte für junge Familien entstanden sind, als ganz besonders wichtig. »Familienmutter zu sein ist ja harte Arbeit, auch
wenn sie schön ist. Hart ist sie aber schon deshalb, weil es keine
Ferien davon gibt.« Insofern verstehe sie schon, was am Berufsleben für viele junge Eltern – abgesehen vom eigenen Geld – so
attraktiv ist: »Man erholt sich am Arbeitsplatz wahrscheinlich
auch von der Familie.«

Ihr persönliches Fazit: »Ich selbst hätte es schade gefunden,
die Entwicklung meiner Kinder in dieser frühen Phase nicht so
intensiv mitzubekommen. Aber ich finde es auch schade, dass
die Diskussion heute so polarisiert geführt wird. Man sollte er-
werbstätige Mütter und Frauen, die sich ganz der Familienarbeit
widmen, nicht dermaßen gegeneinander ausspielen.«

»Ich möchte die kurze Zeit mit meinen kleinen Kindern ganz genießen«

Ein Gespräch mit Marion K., derzeit nicht berufstätig und
Mutter einer Tochter (3)

Die 31-jährige Münchnerin Marion K. ist eine von den Frauen,
die auf die beliebte Party-Frage »Und, was machst du so?« ganz
cool antworten: »Im Augenblick bin ich Mutter.« Ein »nur« ein-
zuschieben verkneift sie sich bewusst.

Bis vor knapp drei Jahren war die Münchnerin Sekretärin in
einer großen Firma, dann kam ihre Tochter auf die Welt. Eigentlich hatte sie vor, nur ein Jahr Elternzeit zu nehmen. »Aber ich
habe gemerkt, dass das mir und meiner Tochter zu diesem Zeitpunkt noch nicht gut getan hätte. Außerdem muss ich ehrlich
sagen: Der Traum-Job für ein ganzes Leben ist es nicht, was ich
mir da jetzt entgehen lasse.« Die Entscheidung, die Stelle aufzu-
geben, wurde dadurch erleichtert, dass Marions Mann gut verdient. Die Familie kann es sich leisten, ein paar Jahre lang vom
Alleinverdiener zu leben.

Mehr als ein paar Jahre sollen es nach Marions Willen nicht
werden. Danach möchte sie sich beruflich umorientieren, vielleicht auch eine neue Ausbildung machen. Der Bereich Web-De-

sign wäre etwas, das sie reizen könnte. Eine Verlängerung der Familienzeit gibt es nun allerdings dadurch, dass sie noch ein Kind erwartet. »Ich will erst wieder anfangen zu arbeiten, wenn mein zweites Kind drei Jahre alt ist und in einen regulären Kindergarten gehen kann.«

Drei Dinge stellt Marion K. jedoch gleich klar, ehe man auf falsche Gedanken kommen kann, nur weil man hört, dass sie im Moment ein Leben als »Hausfrau« führt. Erstens: »Als Haushalts-Expertin fühle ich mich überhaupt nicht. Natürlich übernehme ich dort augenblicklich mehr Aufgaben, weil ich mehr Zeit zu Hause verbringe. Ich kaufe ein, fülle zwischendurch schnell eine Maschine mit Wäsche, räume auf und sehe auch eher, wenn das Bad geputzt werden muss.« Vor allem am Wochenende freut sie sich aber nach wie vor über die Kochkünste ihres Mannes. Und sie lebt in dem Bewusstsein, dass die Aufgaben eines nicht zu fernen Tages wieder gleichmäßiger verteilt werden. Im Unterschied zu Monika Maria Kuhn sieht sie keine Notwendigkeit, die Arbeit des »Familienmanagers« durch eine Ausbildung aufzuwerten. Für Marion K. ist das als hauptberufliche Beschäftigung eher eine »Durchgangsstation«.

Zweitens stellt sie klar, dass sie für ihre Tochter und für sich durchaus die Gesellschaft anderer Kinder und anderer Mütter sucht. Gerade für die Kinder, die noch nicht früh in eine Kita gehen, sei es sehr wichtig, erste Beziehungen zu Gleichaltrigen einzugehen, »die über den flüchtigen Kontakt im Sandkasten samt Streit um Eimer und Schaufel hinausgehen«. In der Babyzeit haben sie und ihre Tochter an einer Gruppe teilgenommen, in der die Kinder nach dem Prager Eltern-Kind-Programm (PEKiP) angeregt und gefördert wurden, später kam ein Kurs in Babyschwimmen dazu. Seit sie zwei Jahre alt ist, trifft sich die Kleine regelmäßig einmal in der Woche mit anderen Kleinkindern im kirchlichen Gemeindezentrum, zwei Mütter haben jeweils Dienst und spielen mit den Kindern.

Und noch eine dritte Botschaft möchte Marion K. im Gespräch unbedingt loswerden: »Ich habe einige Freundinnen, deren Kinder zu einer Tagesmutter oder in die Kita gehen. Ich hätte mich vielleicht auch dafür entschieden, wenn es mich mehr verlockt hätte, in meinen Job zurückzukehren. Ganz unabhängig von meiner eigenen Situation ist für mich auf jeden Fall klar, dass wir in Deutschland mehr Kita-Plätze brauchen. Ich bin keine von den Familienmüttern, die andere Frauen misstrauisch beäugen, weil die früher in den Beruf zurückgehen.«

»Nicht jedes Kind verbringt den Tag gern in einer größeren Gruppe«

Ein Gespräch mit Almut Klotz (44), Sängerin und Schriftstellerin, Mutter eines Sohnes (12)

Eigentlich möchte ich mit Almut Klotz über früher sprechen. Wir wollen uns darüber unterhalten, wie es damals war, vor mehr als zehn Jahren, als sie sich um einen Kita-Platz für ihren damals eineinhalbjährigen Sohn Aaron bemüht hat. Aber Almut Klotz beginnt mit einer aktuelleren Geschichte, die ebenfalls zum Thema passt: Eine Freundin mit einem knapp einjährigen Kind, die nach der Elternzeit wieder im Beruf einsteigen will, hat ihr gerade vor ein paar Tagen freudestrahlend erzählt, sie habe jetzt endlich einen Kita-Platz gefunden. Almut Klotz hat ihr spontan geraten, doch noch ein wenig mit der Kita zu warten. »Ihr Sohn kann noch nicht einmal richtig laufen. Ich habe ihr ganz ehrlich gesagt, dass ich ihn noch zu klein finde, um in einer größeren Gruppe betreut zu werden.« Wenn es denn überhaupt eine Betreuung außerhalb der Familie sein müsse, hat sie ihrer Freundin gesagt, dann empfinde sie eine Tagesmutter als die bessere Lösung für ein so kleines Kind.

Andererseits steht ihr jetzt, da sie vom Rat an die Freundin erzählt, auch wieder vor Augen, wie es vor mehr als zehn Jahren bei ihr selbst war. Wie das Leben sich für sie angefühlt hat, als ihr Kind klein war. Und dass sie es damals genauso gemacht hat wie ihre Freundin heute.

Ihr Sohn war ein Jahr und fünf Monate alt, man lebte in Berlin-Kreuzberg in einer lockeren Wohngemeinschaft mit anderen Erwachsenen und einem weiteren Kind zusammen, die Kinder hatten viel Bewegungsfreiheit und in einem überschaubaren Rahmen zugleich auch immer mehrere erwachsene Anlaufstellen. Trotz dieser guten Ausgangsbedingungen hatte Almut Klotz aber das Gefühl, dass ihr selbst das ausreichende Maß an Freiheit fehlte. Vielleicht auch deshalb, weil ihr Freund zu dieser Zeit besonders viel beruflich unterwegs war – »wie so viele Väter in dieser Phase« –, während sie den ganzen Tag mit dem Kind verbrachte.

Manches hatte sie sich anders vorgestellt, bevor das Kind auf der Welt war: Sie hatte gedacht, dass es gerade für sie nicht schwer sein würde, ganz ähnlich weiterzuleben wie bisher. Schließlich hatte sie keinen festen Arbeitsplatz verlassen müssen, sondern weitgehend freischaffend künstlerisch gearbeitet. Eine Viertelstelle bei einer Tageszeitung ruhte bis auf weiteres, weil sie dort Erziehungsurlaub genommen hatte. Aber singen und neue Texte schreiben, das müsste doch genauso gut möglich sein wie bisher. »Wo so ein Baby doch die Hälfte des Tages schläft.« Und wo die anderen Erwachsenen doch in der Nähe waren.

Tatsächlich war Almut Klotz in der Kleinkindzeit ihres Sohnes mit ihrer Band »Lassie Singers« auch weiter zweimal im Jahr auf Tournee. Doch dazu, neue Lieder zu komponieren und neue Texte zu schreiben, kam sie so gut wie gar nicht. Es fehlte die Ruhe, und es fehlte auch die Energie. »Da war ja plötzlich ununterbrochen so viel wuseliges kleines Leben um mich!«

Sie schaute sich also nach Kitas um. In einer Einrichtung der Arbeiterwohlfahrt, die ihr am besten gefiel, kam sie nur auf die Warteliste. In einer Elterninitiative fand sie dafür relativ leicht einen Platz für ihren Sohn. »Eine typische Einrichtung aus dem West-Berlin der Nach-68er Jahre«, so erzählt sie. Die Erinnerungen sind zwiespältig. »Dieses dauernde Diskutieren über Erziehungsmodelle war anstrengend. Und immer wieder mussten die Eltern einspringen, wenn die Erzieherinnen krank waren.«

Ein halbes Jahr später war ein Platz in der Kita der Arbeiterwohlfahrt frei, Aaron wechselte. Die perfekte Organisation dort empfand die Künstlerin als sehr angenehm. Aber ihr Sohn tat sich zunächst schwer, wie schon zuvor in der Elterninitiative. »Er ist so ein Kind, das nicht gern immer in Gemeinschaft ist, das auch lieber mal für sich spielt«, erzählt Almut Klotz.

Und damit sind wir bei einem Thema, das die Künstlerin in den letzten Jahren immer wieder beschäftigt hat. »Wenn man erst einmal darauf achtet, merkt man, dass viele Leute schlechte Erinnerungen an ihre Kindergartenzeit haben. Das muss nicht unbedingt damit zu tun haben, dass es dort in früheren Zeiten streng zuging. Ich glaube inzwischen, es gibt ein viel grundsätzlicheres Problem: Es ist einfach nicht jedermanns Sache, sozial so eingebunden zu sein und den ganzen Tag in einer Gruppe zu verbringen.« Vielleicht sollte man, so sinniert sie, »nicht automatisch davon ausgehen, dass der Mensch ein soziales Wesen ist«.

Die Berliner Künstlerin, die inzwischen getrennt vom Vater ihres Sohnes lebt, ist alles andere als eine Hausfrau und Familienmutter innerhalb eines gut situierten bürgerlichen Ehepaares mit klassischer Aufgabenteilung, das vom steuerlichen Ehegatten-Splitting profitiert. »Aber«, sagt sie, »mir gefällt diese Werbung, in der eine Dame bei einer Party auf die Frage, was sie beruflich denn so mache, diese entwaffnende Antwort gibt: ›Ich führe ein florierendes kleines Familienunternehmen.‹« Almut Klotz mag es, wenn Frauen dieses Modell selbstbewusst leben und auf ihre Kompetenzen stolz sind. Die beiden kennen sich nicht, aber Marion K. würde ihr gefallen.

Sie will jedoch nicht missverstanden werden: »Ich finde es prinzipiell gut, wenn jetzt das Angebot an Betreuungsplätzen für Kinder unter drei Jahren ausgebaut wird. Es sollte nur nicht den Druck geben, dass alle diese Möglichkeiten für sich und ihre Familie auch wahrnehmen.«

Wenn Eltern Betreuung für ihre kleinen Kinder brauchen, dann sollten sie ihrer Ansicht nach zudem auch die Möglichkeit Tagesmutter in Betracht ziehen. »Für die ganz Kleinen finde ich es schöner, wenn sie nur zu dritt oder zu viert sind, wenn sie nicht so viel Trubel und auch nicht so viel Programm haben und wenn sie im privaten Umfeld einer Wohnung zusammen spielen können.« Kurz und gut, wenn Almut Klotz es heute noch einmal entscheiden müsste, würde sie ihren Sohn zu einer Tagesmutter bringen, nicht in die Kita. Der Zeitpunkt aber bliebe wahrscheinlich ungefähr gleich. »Spätestens wenn er eineinhalb Jahre alt wäre, hätte ich wahrscheinlich wieder das Gefühl: Es muss etwas geschehen!« Zumindest für ein paar Stunden täglich würde sie Entlastung suchen. Zumal sie jetzt aus Erfahrung weiß, dass sie erst wieder kreativ arbeiten konnte, als sie für einen festen Abschnitt des Tages die Rolle der Hauptbezugsperson eines Kleinkindes abgelegt hatte.

»Unser zweites Kind kam schon früher als ursprünglich geplant in die Kita«

Ein Gespräch mit Tina und Jan Holtmann, Eltern von Benedikt (5) und Mathilda (2)

»Wenn man sich als Paar dafür entscheidet, Kinder zu bekommen, muss man sein Leben darauf einstellen, auch in beruflicher Hinsicht«, findet der Physiotherapeut Jan Holtmann. »Wenn ich manchmal bei meinen Patienten erlebe, dass sie ganztags arbeiten und ihre Babys oder Kleinkinder von einem Kindermädchen betreuen lassen, finde ich das persönlich nicht so gut. Wenn es irgend möglich ist, sollte man in dieser Zeit beruflich zurückschrauben.« Dass er es ernst meint, hat Jan Holtmann schon früh bewiesen, indem er nach der Geburt seines Sohnes Benedikt vor mittlerweile mehr als fünf Jahren einen Teil der Elternzeit nahm. Nach einem Jahr gab er die Aufgabe an seine Frau weiter. Tina Holtmann ist ebenfalls Physiotherapeutin, nahm aber das zweite Jahr Elternzeit und blieb mit ihrem Sohn zu Hause. Und zwar länger als ein Jahr, denn Benedikt kam erst mit dreieinhalb Jahren in den Kindergarten – halbtags, wie das im kleinen Ort in Schleswig-Holstein üblich war, in dem die Familie seit einigen Jahren wohnt.

Erfahrungen mit anderen Kindern hatte Benedikt im Jahr zuvor aber schon in einer Spielgruppe gemacht, an zwei Vormittagen die Woche für drei Stunden. »Das war eine private Gruppe, die eine ältere Dame ins Leben gerufen hatte. Sie hat mit den Kindern gespielt und gebastelt, ihnen vorgelesen und ist mit ihnen viel ins Freie gegangen. Außerdem gab es Rituale wie das gemeinsame Frühstück. Für Benedikt war diese Zeit sehr wichtig, die Spielgruppe war gut für den Ablösungsprozess«, sagt Tina Holtmann rückblickend.

Als ihr Sohn in den Kindergarten kam, war er schon großer Bruder geworden. Nach der Geburt ihrer Tochter Mathilda ging es der zweifachen Mutter nicht gut. »Ich glaube nicht, dass man es als echte postpartale Depression bezeichnen kann. Aber ich habe mich mit zwei Kindern zunächst überfordert gefühlt, und ich habe dann auch psychotherapeutische Hilfe in Anspruch genommen«, berichtet sie offen.

Eine Freundin, die ebenfalls kleine Kinder hatte und deshalb nicht erwerbstätig war, machte Tina in dieser Phase das Angebot, die kleine Mathilda für zwei Vormittage in der Woche zu sich zu nehmen. Das Baby war damals neun Monate alt. An diesen zwei Vormittagen konnte Tina ohne die beiden Kinder etwas zu sich kommen. »Ich hatte wieder mehr Freiraum. Nach einiger Zeit habe ich schließlich gemerkt: Ich habe mich erholt, und jetzt würde ich gern auch wieder arbeiten.« Eigentlich hatte Tina ja vorgehabt, in den ersten drei Lebensjahren ihrer Tochter noch nicht in die Praxis einzusteigen. »Dass ich meine Meinung geändert habe, hatte zunächst eigentlich egoistische Gründe«, sagt sie heute. Der zweite Grund ist jedoch in einem unverhofften Betreuungsangebot zu suchen.

Denn als Mathilda ein Jahr und neun Monate alt war, bot sich die Chance, beide Kinder von acht bis 16 Uhr in der kirchlichen Kita des Ortes unterzubringen. »Der Kindergarten hat eine Gruppe, in der zehn Kinder über drei und fünf Krippenkinder unter drei gemeinsam betreut werden. Für unsere Gegend ist das sehr revolutionär, und es hat auch einige Zeit gedauert, bis es durchgesetzt wurde«, erzählt Tina. Doch seit zwei Jahren gibt es die »kunterbunte Gruppe«, und vor knapp einem Jahr bekamen die Holtmann-Kinder dort ihre beiden Plätze.

Für Mathilda war es kein Problem, in der neuen Umgebung Fuß zu fassen. »Sie war ein Selbstgänger«, sagt ihre Mutter. »Sie hat vom ersten Tag an ganz selbstbewusst ihre Kindergartentasche hineingetragen und mich eher beiläufig über die Schulter verabschiedet.« Der Mutter, die eigentlich vorgesehen hatte, drei Jahre im Beruf auszusetzen, um ihrer Tochter optimale Startchancen zu bieten, war das fast ein bisschen zu wenig Trennungsschmerz. »Meine Tochter wollte nicht winken, sie hatte keine Zeit für Abschiedsszenarien, weil sie sozusagen gleich ihre ›Termine‹ hatte.« Eigentlich war geplant gewesen, die Kleine in der ersten Woche schon vor dem Mittagessen und in der zweiten Woche gleich danach abzuholen. »Die ganze Eingewöhnung wurde dann aber auf drei Tage gerafft. Mathilda wollte ja unbedingt dableiben, sie wollte mit den anderen Kindern zu Mittag essen, und sie wollte im Kindergarten schlafen.« Tina Holtmann hatte zwar etwas Bedenken, ob Mathilda das alles auch schaffen würde – und ob sie

anschließend die Stunden zu Hause noch würde genießen können. »Ich hatte Angst, dass sie dann nur noch müde sein würde.
Für ein noch nicht ganz zweijähriges Kind ist es schließlich ganz
schön anstrengend, so lange mit anderen Kindern zusammen in
einer Einrichtung zu sein. Aber alles hat super geklappt.« Die
Mutter kam also gar nicht so weit, auch nur den Gedanken an
ein schlechtes Gewissen aufkommen zu lassen.

Sie selbst arbeitet seitdem in der Krankengymnastik-Praxis,
die ihr Mann kurz nach Mathildas Geburt eröffnet hat, als
»Springer« mit. Sie macht Hausbesuche und übernimmt eine
Menge Papierkram. Terminlich gerät sie nicht unter Druck, sie
kann sich die Zeit ziemlich frei einteilen, »das ist der Vorteil,
wenn man mit seinem Chef verheiratet ist«.

Meist kauft Tina Holtmann auch ein, bevor sie die Kinder abholt. »Wenn wir nach Hause kommen, möchte ich wirklich Zeit
für die beiden haben.« Mit Benedikt wird Tina im nächsten Jahr
mehr Zeit verbringen. »Er ist ein schlaues Köpfchen und sollte
noch mehr gefördert werden«, finden Eltern und Erzieherinnen.
Deshalb wechselt er bald die Gruppe, und in der Regelgruppe
des Kindergartens, in die er dann kommt, ist um 14 Uhr Ab-
holzeit. Tina wird deshalb ihre Arbeit etwas reduzieren und will
die zwei Nachmittagsstunden mit ihrem großen Sohn bewusst
genießen. »Ich habe mich darauf eingestellt und finde es auch
schön, ein bisschen Zeit mit ihm allein zu haben. Dann können
wir endlich mal das Kartenspiel Uno nach normalen Regeln spielen, oder andere Sachen zusammen machen, die für ihn eine Herausforderung sind.« Wenn Benedikt ein Jahr später in die Schule
kommt, kann er dort auch Mittagessen bekommen und bis halb
vier in der Hausaufgabenbetreuung bleiben, der Tagesablauf der
Geschwister wird sich also wieder angleichen.

Das Verhalten ihrer Tochter hat es den Eltern leicht gemacht,
ihre Meinung über die Fremdbetreuung der unter Dreijährigen
zu revidieren. »Wir wissen natürlich nicht, wie unsere Tochter
wäre, wenn sie nicht so früh in den Kindergarten gekommen
wäre. Aber wir haben den Eindruck, dass es Mathilda gut getan hat«, sagen heute beide übereinstimmend. »Sie ist sprachlich
total fit und motorisch eine Eins, sie zieht sich allein an, isst,
ohne zu kleckern und schmiert sich ihr Frühstücksbrot allein.«

Möglicherweise komme das daher, dass sie in der Kindergruppe mehr Erfahrungen mit der Selbständigkeit machen konnte. »Die Erzieherinnen tolerieren mehr Dinge, bei denen die Eltern längst einschreiten würden, die Kinder lernen auch notgedrungen mehr durch Erfahrung. Schließlich kann dort nicht jedes Kind gefüttert werden.« Länger als bis nachmittags um vier würden Jan und Tina Holtmann ihre Kinder – ob nun unter oder über drei – aber nicht gern in den jeweiligen Einrichtungen lassen. »16 Uhr ist eine gute Zeit, es bleibt dann noch genug Raum für das Familienleben. Wir würden unsere Kinder nicht gern abholen und dann gleich ins Bett bringen. Allerdings reicht dieser Betreuungsrahmen natürlich nicht dafür aus, dass beide Eltern ganztags arbeiten können.«

Was die Vereinbarkeit von Familie und Beruf betrifft, fühlen sich die Holtmanns derzeit also doppelt privilegiert: Weil sie durch die Selbständigkeit flexibel sind, und weil ausgerechnet an ihrem Wohnort auf dem eigentlich westdeutsch-konservativen »flachen Land« rechtzeitig für ihre Bedürfnisse die »kunterbunte Gruppe« entstanden ist.

Was Langzeitstudien über die Folgen der Kleinkindbetreuung außer Haus sagen

Kita und die Langzeitfolgen:
Die Studie des amerikanischen NICHD

Wie der Londoner Entwicklungspsychologe Jay Belsky
die Daten interpretiert

Ab wann kann mein Kind in die Kita? Oder sollte es doch besser zu einer Tagesmutter? Die Fragen, die sich alle meine Gesprächspartnerinnen und -partner stellen und gestellt haben, werden nicht nur in Deutschland diskutiert – wenn auch bei uns derzeit besonders heftig. Auch jenseits des Atlantik erhitzt die Frage der bestmöglichen Kleinkindbetreuung seit Jahren die Gemüter. Denn auch dort hat sich in den letzten Jahrzehnten viel verändert. »Als ich selbst in den 50ern klein war, ging man erst mit vier oder fünf Jahren in einen Kindergarten, für den halben Tag«, erzählt der Entwicklungspsychologe Jay Belsky, der heute

das Institute for the Study of Children, Families and Social Issues
an der Birkbeck University in London leitet. Belsky war maßgeblich an Planung und Durchführung einer Mammutstudie beteiligt, die das National Institute of Child Health and Human De-
veloment (NICHD) der USA vor nunmehr 16 Jahren in Auftrag
gab. Das Institut, zuständig für alle Fragen des Kindeswohls und
der kindlichen Gesundheit, hatte sich vorgenommen, die auch in
den USA recht emotional geführte Debatte endlich auf ein sach-
liches Niveau zu bringen. Was lag näher, als mit einer großen
wissenschaftlichen Studie endlich Fakten auf den Tisch zu legen,
Fakten, die auch die Stammtische überzeugen könnten.

Gesagt, getan: Seit 1991 läuft in den USA die Study of Early
Child Care (SECC), ein Langzeitprojekt, für das 1364 Kinder aus
zehn Regionen der USA jetzt schon seit 16 Jahren beobachtet werden. Mit viel Geld wurden dafür die Kontrahenten der entwick-
lungspsychologischen Forscher-Szene der USA an einen Tisch
gelockt. »Aus der Kontroverse zwischen Kollegen geboren« sei
das Projekt, erzählt der Entwicklungspsychologe. »Hier mussten
Leute zusammenarbeiten, die sich intellektuell sozusagen an die
Gurgel gingen.« Doch sie alle wussten, dass ihnen die sichere Da-
tenbasis für ihre konträren Standpunkte eigentlich fehlte.

Die Wissenschaftler beeilten sich, die Mütter schon im Kreiß-
saal für ihre Beobachtungsstudie zu gewinnen. Die Babys
wurden bereits in der Klinik untersucht, zwei Wochen später
erkundigte man sich per Anruf bei den Eltern nach ihrem Wohlergehen, nochmals zwei Wochen später wurden sie zum ausführ-
licheren Interview gebeten. Weitere Dates mit den Familien gab
es zunächst, als die Kinder ein halbes Jahr, 15 Monate, zwei, drei
und viereinhalb Jahre alt waren. Schauplatz war zu Beginn die
elterliche Wohnung, später auch die Betreuungseinrichtung, falls
das Kind eine solche besuchte. In den Zeiten dazwischen gab es
weitere Telefon-Interviews.

Kernfrage der Studie: Wie wirkt sich die jeweilige Art der
Kleinkindbetreuung auf die Entwicklung von Kindern, später
Jugendlichen aus? Konkret: Sind Krippenkinder frecher oder
im Gegenteil schüchterner als ihre Altersgenossen, die länger
zu Hause bei der Mutter betreut wurden? Sind sie besser oder
schlechter in der Schule? Können sie sich besser oder schlechter

konzentrieren? Haben sie eher oder mit geringerer Wahrscheinlichkeit Probleme in ihren Beziehungen zu Eltern, Lehrern, Altersgenossen? Wie ist ihre Bindung zu den Eltern, vor allem den
Müttern?

Zu den Methoden gehören Interviews, Fragebögen und Tests,
dazu werden verschiedene Messverfahren eingesetzt, um intellektuelle und sprachliche Entwicklung, Gesundheit und Verhaltensauffälligkeiten zu erfassen. Teilweise gab es aus den frühen
Entwicklungsphasen auch Videoaufzeichnungen zur Dokumentation des kindlichen und mütterlichen Verhaltens.

In Etappen wird die Öffentlichkeit seit einigen Jahren mit den
Ergebnissen bekannt gemacht. In Phase 1 ging es um das Alter
von ein bis zu drei Jahren, in der nächsten Etappe wurden die
Kinder bis zum Eintritt in die zweite Grundschulklasse begleitet,
zwischen dem Jahr 2000 und 2005 waren die Schuljahre bis zur
siebten Klasse dran, in der laufenden Phase 4 sind es noch 1000
Familien, die bis in die Pubertät der »Versuchspersonen« hinein
beobachtet werden.

Eines der wichtigsten Ergebnisse, die die Studie bisher brachte:
Der Einfluss der Eltern bleibt groß, auch wenn das Kind »ganztags« von anderen betreut wird. Im Zweifelsfall, so Jay Belsky,
sind gute Eltern für ein Kind wichtiger als eine gute Kita. Am liebsten hätte jeder natürlich beides, doch Belsky formuliert bewusst
provozierend: »Wenn Gott Sie vor die Wahl stellte, ein Kind in
einer gut funktionierenden Familie aufwachsen und gleichzeitig
tagsüber in einer lausig schlechten Kita betreuen zu lassen – oder
es umgekehrt in eine schlecht funktionierende Familie zu geben,
aber bei guter Tagesbetreuung, dann gäbe es keinen Zweifel: Sie
müssen das erste wählen!« Die Auswirkungen von Faktoren wie
Eltern-Kind-Beziehung, Familieneinkommen oder auch Neigung
der Mutter zu Depressionen seien nämlich auf jeden Fall »über-
wältigend«, selbst wenn das Kind zehn Stunden am Tag außerhalb
des Elternhauses betreut wird, so der Entwicklungspsychologe.

Verkompliziert wird die Lage allerdings dadurch, dass Familien, die ihren Kindern aufgrund ihres Einkommens und ihres
Bildungsstands bessere Startchancen bieten können, es auch mit
größerer Wahrscheinlichkeit schon früh »fremdbetreuen« lassen – wenn auch nicht unbedingt gleich für 40 Stunden in der

Woche. Das gilt zumindest für die USA, wo es keine Elternzeit nach europäischem Modell gibt. »Familien, die für ausschließliche Betreuung durch die Mütter votierten, waren weniger privilegiert. Die Mütter hatten ein niedrigeres Einkommen, eine schlechtere Ausbildung, mehr depressive Symptome und auch ein weniger sensibles Verhalten in der Erziehung«, resümiert Jay Belsky. Umgekehrt gaben privilegierte Paare ihre Kinder im Schnitt nicht nur früher in ein »Child Care Center«, sondern sie kümmerten sich auch ganz bewusst darum, eine qualitativ gute Einrichtung zu finden.

Solche Probleme mit der Vergleichbarkeit der Gruppen wird keine Studie über die Betreuung von Kleinkindern umschiffen können. Wir brauchten dafür nämlich experimentelle Untersuchungen, für die die Kinder nach dem Zufallsprinzip verschiedenen Betreuungsarten zugeteilt würden. Doch Eltern haben meist konkrete Vorstellungen darüber, welche Art und welchen Umfang der Betreuung sie sich für ihre Kinder wünschen. Dazu gehört nicht unbedingt die Idee, ein Arrangement zu wählen, das dem Nachwuchs mit großer Wahrscheinlichkeit schaden wird. »Es ist unwahrscheinlich, dass Eltern an Studien teilnehmen würden, in denen ihr kleines Kind in eine schlechte Einrichtung gehen, eine schlechte private Betreuung erfahren oder an den jeweiligen Orten extrem lange Zeiträume verbringen müsste«, sagt Belsky. Man wird sich deshalb mit Beobachtungsstudien begnügen müssen, die unter Wissenschaftlern als etwas weniger präzise gelten. Umso wichtiger ist die vorsichtige Interpretation der gewonnenen Daten.

Sie betreffen zunächst die intellektuelle Entwicklung der Kinder. Auch wenn sie die unvermeidlichen Verzerrungen »herausrechneten«, kamen die Forscher zu dem Ergebnis, dass Kinder, die früh in einer Kita waren, im Kindergarten- und frühen Schulalter etwas bessere Ergebnisse beim Sprechen, Lesen, Schreiben und Rechnen vorzuweisen haben. Je besser die Einrichtung von den Experten bewertet wurde, desto größer auch der – dauerhafte – Vorsprung der Kinder in der kognitiven Entwicklung, vor allem bei der Sprache.

Etwas anders sieht es bei der Entwicklung des Sozialverhaltens der Kinder aus: Kinder, die schon sehr früh und dann kontinuierlich über viele Stunden des Tages in einem »Day Care Centre« betreut wurden, wurden später von ihren Erziehern und Lehrern häufiger mit Sätzen charakterisiert wie: »Redet zu viel«, »streitet viel«, »verlangt viel Aufmerksamkeit«.

Für neuen Sprengstoff in der Debatte könnten die kürzlich veröffentlichten Ergebnisse einer Teilstudie des NICHD-Projekts sorgen, die die Auswirkungen der Betreuungsform auf das Sozialverhalten bis ins zwölfte Lebensjahr hinein verfolgen. Dafür wurden auch Lehrer um ihre Einschätzung gebeten, die sie anhand von Checklisten abgaben. Dort waren 100 problematische Verhaltensweisen aufgelistet. Kinder, die schon früh in einer öffentlichen Einrichtung betreut werden, so zeigt der jetzt in der Fachzeitschrift »Child Development« veröffentlichte Teil der Untersuchung, tun sich auch mit zwölf Jahren etwas schwerer damit, sich zurückzunehmen, Anweisungen von Lehrern zu folgen und im Unterricht aufzupassen. Tendenziell sind sie also frecher, angriffslustiger und unkonzentrierter. Die Autoren vermuten, dass der gefundene Zusammenhang zwischen früher außerfamiliärer Betreuung und problematischem Verhalten sich durch mangelnde Aufmerksamkeit der Krippenerzieher für Gruppenprobleme erklären lässt. Möglicherweise lassen sie die kleinen Kinder mit Konflikten zu oft allein und zeigen ihnen nicht, wie man den Streit um ein Spielzeug gütlich regeln kann. »Auf die Dauer kann das dann Auswirkungen nicht nur auf das einzelne Kind, sondern auf ganze Schulklassen haben«, vermutet Belsky. Dieser Frage will der Entwicklungspsychologe nun in einer eigenen Studie nachgehen.

Als Munition für die kämpferischen Verfechter der Vollzeit-Familienmutterrolle taugen die neuen Ergebnisse dennoch nicht – und das aus mehreren Gründen. Zunächst sind die gefundenen Unterschiede dafür zu gering – auch die »Störenfriede« bewegen sich durchaus im Normbereich. »Es wird kaum möglich sein, in einen Klassenraum zu gehen und ohne zusätzliche Informationen die Schüler herauszufischen, die als Kleinkinder in einer Krippe betreut wurden«, sagte Belsky. Die Unterschiede sind keineswegs so groß, dass man schon im Kleinkinderalter anhand der Betreuungsform voraussagen könnte, wie das Kind sich entwickeln wird.

Dass »Krippenkinder« im Schnitt selbstbewusster und weniger schüchtern auftreten, mag man zudem als Vorteil der frühen Notwendigkeit zur Behauptung in der Gruppe betrachten. Auch wenn das für die Lehrer manchmal weniger bequem ist.

Die Forscher mahnen außerdem zur Vorsicht, weil noch nicht feststeht, was gegen Ende der Schulzeit aus ihren Schäfchen werden wird. Das wird erst die Phase-4-Studie zeigen, in der die Pubertierenden genauer unter die Lupe der Wissenschaftler genommen werden. Schon jetzt zeichnet sich aber ab, dass die Unterschiede im Verhalten mit der Zeit etwas abnehmen – weil die Kinder, die in den ersten Lebensjahren ganz von ihren Eltern betreut wurden, sich den anderen nach und nach im Verhalten angleichen.

Wichtig ist aber vor allem, dass sich in der Betreuungsfrage die Verhältnisse nicht eins zu eins von den USA auf Deutschland übertragen lassen. Die Qualität der Gruppenbetreuung von Kleinkindern ist dort deutlich schlechter als in vielen europäischen Ländern. Außerdem kommen, wie gesagt, viele Kinder schon mit wenigen Wochen in eine öffentliche Einrichtung – wenn deutsche Kinder meist noch von der Mutter betreut werden, die Elternzeit genommen hat.

»Trotzdem müssen wir die Ergebnisse ernst nehmen«, fordert Lieselotte Ahnert, die an der Uni Köln den Lehrstuhl für Entwicklungsförderung und -diagnostik innehat. Es könne keinen Zweifel geben, dass es für kleine Kinder eine Herausforderung darstellt, sich über weite Strecken des Tages in einer Gruppe zu behaupten.

In einer eigenen Studie möchte die Professorin jetzt der Frage nachgehen, ob und wie Eltern es fertig bringen, abends und am Wochenende einen Ausgleich zur Gruppenbetreuung zu schaffen – und wie sich das langfristig auswirkt. Denn vom Leben in der Familie hängt – Fremdbetreuung hin oder her – vieles ab: »Die Kita tritt schließlich nicht an die Stelle des Elternhauses.«

Dass das Elternhaus entscheidend wichtig bleibt, darin bestätigt die zuletzt veröffentlichte Teilstudie im Übrigen ihre Vorläuferinnen aus dem NICHD-Projekt. Die Kinder, die von ihren Eltern besonders liebevoll erzogen und intellektuell gefördert wurden, erreichten unabhängig davon, ob sie früher in einer

Krippe gewesen waren oder nicht, mit zwölf Jahren die besten Leistungen im Rechnen, Schreiben und Lesen. Sie hatten zudem weniger Konflikte mit Lehrern und Altersgenossen, und die Lehrer bescheinigten ihnen das beste Arbeitsverhalten.

Nicht zuletzt ist wichtig, was die Studie des NICHD über den Einfluss der Day Care auf die Bindung zur Mutter herausgefunden hat. Das war schließlich einer der wichtigsten Streitpunkte in der wissenschaftlichen Szene gewesen. »Bei den meisten Kindern, die eine Tagesbetreuungseinrichtung besuchten, fanden wir keine unsichere Bindung zur Mutter«, resümiert nun Belsky. Die Kinder, die in einer qualitativ schlechteren Einrichtung betreut wurden, hatten allerdings mit größerer Wahrscheinlichkeit auch eine wenig sensible Mutter. Und Kinder, die eine wenig sensible Mutter hatten, waren im Alter unter einem Jahr schon zehn Stunden oder mehr am Tag in der Einrichtung.

Konkrete Ratschläge an die Eltern möchte Belsky nicht aus der Studie ableiten – schon gar nicht für alle Welt. Vorstellbar sei etwa, dass Eltern in den USA sich für eine qualitativ gute größere Einrichtung entscheiden, weil die NICHD-Studie ihnen gezeigt hat, dass ihr Kind dort intellektuell besonders gut gefördert wird, dass sie aber gleichzeitig – vor allem bei den ganz Kleinen – die Anzahl der Betreuungs-Stunden begrenzen, um das Risiko zu minimieren, dass das Kind im Gegenzug später Verhaltensauffälligkeiten entwickelt. Sie sollten aus der Studie, die ihre überragende Rolle betont, aber auf jeden Fall den Schluss ziehen, »Qualitäts-Zeit« mit ihren Kindern zu verbringen, meint Belsky.

Die zweite wichtige Konsequenz aus der Studie besteht in seinen Augen aber in der grundsätzlichen Entlastung, die sie den Eltern, insbesondere den Müttern mit schlechtem Gewissen, bringen kann. Ausschließlich mütterliche Betreuung ging nicht mit besseren Ergebnissen der Kinder einher. »Es gibt folglich für Mütter keinen Grund, das Gefühl zu entwickeln, sie schadeten ihren Kindern, wenn sie beschließen, arbeiten zu gehen.«

Mit der NICHD-Studie habe man die alte Grundsatzfrage, ob die Krippenerziehung denn nun gut oder schlecht für die Kinder sei, endlich hinter sich gelassen, meint Belsky. Man sei jetzt in der Lage, das genauer an den Bedingungen festzumachen und Aussagen über die Auswirkungen der Kleinkindzeit auf Teilbereiche der späteren Leistungsfähigkeit und des sozialen Verhaltens zu machen. Damit ist Belsky bei seinem Lieblings-Vergleich gelandet, der dieses Buch schon einleitet: »Die Frage, ob Child Care für Kleinkinder gut ist oder schlecht, kann man ebenso wenig pauschal beantworten wie die Frage, ob es gut oder schlecht für die Gesundheit ist, im Restaurant zu essen.«

»Auch in der DDR hat die Krippe die Familie ergänzt und nicht ersetzt«

Ein Gespräch mit der Entwicklungspsychologin
Prof. Dr. Lieselotte Ahnert

Die Entwicklungspsychologin Lieselotte Ahnert wandert sozusagen zwischen den Welten der Kleinkindforschung – die inzwischen aber längst begonnen haben, sich zu einer einzigen Welt zusammenzufinden. Sie hat zu DDR-Zeiten am Institut für Hygiene des Kinder- und Jugendalters in Berlin über Krippen geforscht und nach der Wende das Interdisziplinäre Zentrum für Angewandte Sozialisationsforschung (IZAS) geleitet, das bis 2001 Studien zur Frühentwicklung von Kindern durchführte. Später war sie eine Zeitlang am National Institute of Child Health and Human Development in Washington beschäftigt. Einige ihrer Forschungsprojekte aus dieser Zeit sind in die amerikanische NICHD-Studie eingebunden. Inzwischen arbeitet die Professorin an der Uni Köln, wo sie den Lehrstuhl für Entwicklungsförderung und -diagnostik innehat.

Der amerikanischen NICHD-Studie gibt sie für ihr Fach immense Bedeutung – nicht allein für die USA. »Eine solche Mega-Studie über die verschiedenen Betreuungs-Umwelten von Kleinkindern ist bisher einzigartig in der Welt.« Wichtigstes bisheriges Ergebnis ist auch für sie, dass der familiäre Einfluss weitaus größer ist als bisher angenommen, dass er die kindliche Entwicklung dominiert, auch wenn Kinder ganztags außerhalb der Familie betreut werden.

Eine Erkenntnis, die nicht nur beruhigende Aspekte hat. »Wenn dieser Einfluss dominiert, dann tut er es im Guten wie im Schlechten: Ein Kind, das in seiner Familie fürsorglich betreut wird, hat optimale Ausgangsbedingungen für seine Entwicklung, es kann nicht so leicht aus dem Gleichgewicht gebracht werden. Umgekehrt bedeutet das aber auch, dass ungünstige Bedingungen, die ja bis zur Vernachlässigung des Kindes gehen können, zerstörerisch wirken. Das zu kompensieren und abzufangen ist unglaublich schwer.« An der Uni Köln versucht Professorin Ahnert momentan, im Bereich der Frühpädagogik eine Ausbildung zu etablieren, die die Heilpädagogik einbezieht. »Wir wollen künftig Experten haben, die etwas von Psychologie des Kleinkindalters und von früher Bildung verstehen, zugleich aber auch die krankhaften Veränderungen der kindlichen Entwicklung mit im Auge haben, also etwa Entwicklungsverzögerungen. Diese Studierenden sollen später bis in die Familien hinein wirken können, um den Kindern zu helfen.«

Denn die familiären Einflüsse bleiben auch erhalten, wenn Kind und Eltern über einige Zeit voneinander getrennt sind. Das hatte man in der Frühphase der Bindungsforschung unmittelbar nach dem Zweiten Weltkrieg noch deutlich anders gesehen, als Forscher wie der englische Arzt und Psychoanalytiker John Bowlby die öffentliche Debatte prägten. »Damals ging man davon aus, dass kleine Kinder noch kein vollständiges Gedächtnis von Personen aufbauen können, wenn Zeiten der Trennung dazwischen liegen«, erklärt Ahnert. »Bowlby hat wirklich geglaubt, dass die Mutter-Kind-Bindung nicht auf den Weg gebracht werden kann, wenn es keine Kontinuität in der mütterlichen Betreuung gibt. Heute wissen wir, dass schon kleine Kinder solche Trennungsphasen überbrücken können und dass die Eltern-Kind-Bindung immer wieder aufgefrischt werden und sich weiterentwickeln kann, auch wenn das Kind in der Zwischenzeit andere Betreuungserfahrungen macht.«

Damit ist das Hauptargument, das vor allem in den 50er und 60er Jahren in den Ländern der westlichen Welt gegen die frühe Fremdbetreuung ins Feld geführt wurde, zumindest in seiner absoluten Form wissenschaftlich überholt. Bowlby selbst hatte sich damals unter Verweis auf seine Forschungen in einem Bericht an die WHO über die Situation der Kinder im Nachkriegs-Europa gegen die »Public Nurseries« ausgesprochen.

Die dritte Einsicht, die wir der NICHD-Studie verdanken, ist für Lieselotte Ahnert, dass es inzwischen mit der einfachen

Pro- und Contra-Diskussion in Sachen Krippenbetreuung nicht mehr getan ist. Es kommt darauf an, wie gut die Einrichtung ist, in der ein kleines Kind betreut wird: »Die stimulierenden und lernfördernden Bedingungen, die eine gute öffentliche Tagesbetreuung bietet, wirken sich absolut positiv auf die Denkentwicklung des Kindes aus, sie bereiten seine Bildungsbiographie gut vor und haben einen positiven Einfluss auf seine Schulentwicklung.« Umgekehrt seien die schlechteren Betreuungsangebote aber »eher kontraproduktiv für die Denkentwicklung und die Aufmerksamkeitsspannen«. Das wirkt sich auf die Sprache, aber auch auf die Leistungen im Schreiben und Rechnen aus. Dass Kinder, die eine gute Gemeinschaftsbetreuung genossen haben, als sie klein waren, sich als Schüler später besser adaptieren können, kooperativer sind und auch häufiger Funktionen wie die des Klassensprechers übernehmen als Kinder, die länger zu Hause groß geworden sind, haben zuvor schon kleinere Studien gezeigt, zum Beispiel eine Untersuchung aus Schweden.

»Aus dem bisher letzten veröffentlichten Teil der NICHD-Studie haben wir aber auch gelernt, dass eine Kleinkindgruppe gut geführt werden muss, damit die Kinder mit der Zeit lernen, mit Konflikten richtig umzugehen.« Kleine Kinder müssen soziale Kompetenzen schließlich erst erwerben. Und das im Trubel und Lärm einer Kita-Gruppe. »Sie müssen merken, dass man mit Konflikten so umgehen kann, dass keine verfestigten Aggressionsmuster entstehen«, sagt Ahnert. »Wenn sie dabei zu sehr sich selbst überlassen bleiben, wird die Belastung oft so groß, dass emotionale Unausgeglichenheit daraus entsteht.«

Die außerfamiliäre Betreuung ist für ein kleines Kind eine Herausforderung, sie kann auch belastend sein, das ist für Lieselotte Ahnert klar. »Man muss nur an den Lärmpegel und an die Vielzahl der Kontakte denken, die zu verarbeiten sind.« Welchen Stress es für Kinder bedeutet, sich in einer Einrichtung behaupten zu müssen und die vielfältigen Eindrücke zu verarbeiten, das haben Forscher schon mehrfach versucht an einem Hormonwert festzumachen. Auch Ahnert und ihre Arbeitsgruppe haben das »Stresshormon« Cortisol im Blut von Kita-Kindern gemessen. Zeitweise unter erhöhter Beanspruchung zu stehen, ist nicht nur normal und gehört zum Leben, es nützt auch der Entwicklung.

Langfristig kann es aber die Gedächtnisleistungen mindern und das Immunsystem schwächen, wenn der Level dauerhaft hoch ist. Dass das Kita-Leben eine Herausforderung für die Kleinen ist, machten teilweise leicht erhöhte Werte deutlich. »Die Ausschüttung blieb aber innerhalb der normalen Variationsbreite«, versichert Ahnert. Trotzdem folgert sie aus dem leicht erhöhten Level, dass sehr empfindliche Kinder – etwa Frühgeborene – besonders behutsam und vorsichtig in eine solche neue Lebenssituation eingeführt werden sollten. Jetzt interessiert sie sich dafür, in einer weiteren Studie zu ermitteln, wie die Werte sich beim Wechsel zwischen den beiden Welten – Zuhause und Kita – verändern.

Dem Einfluss beider Lebensbereiche aufeinander und auf das Kind gilt überhaupt fast ihre gesamte Forscherinnen-Neugier. »Bisher wurde meist nur gefragt: Wie wirkt sich die Einrichtung auf das Kind aus? Mich interessiert aber auch, was Eltern leisten: Wie sie die gemeinsame Zeit nutzen, um das Kind aus den Belastungsphasen herauszuholen. Oder ob sie es umgekehrt am Wochenende noch weiteren Belastungen aussetzen, so dass es ständig von einer Belastungssituation in die andere gerät.« In manchen Fällen könnte dann umgekehrt die Zeit in der Kita für das Kind eine Erholung bedeuten.

Um herauszufinden, was in der gemeinsamen Familienzeit passiert, werden zum Beispiel Tagebuchaufzeichnungen von Eltern verwendet, die über ihren Tagesablauf und ihr Leben mit dem Kind Buch führen, die Familien werden beobachtet, es werden aber auch Familienszenen auf Video gebannt. Eine wichtige Frage: Wie groß ist das Zeitbudget, das den Eltern für das Zusammensein mit dem Kind netto wirklich zur Verfügung steht, wie viel Zeit brauchen sie für andere Dinge? Konkret wurde etwa untersucht, was eine Mutter, die den Tag mit ihrem Kind vor sich hat, und eine andere, die ihr Kind in zwei Stunden in einer Einrichtung abgeben wird, mit ihrem Kind zur selben Zeit am frühen Morgen machen. »Uns hat für diese Studie einmal wirklich die Alltagserfahrung von Kleinkindern interessiert, und zwar vom Aufstehen bis zum Ins-Bett-Gehen, wir wollten bewusst ganz pingelig vorgehen.« Was bei der vergleichenden Untersuchung von 70 Kita-Kindern und 70 zu Hause betreu-

ten Gleichaltrigen herauskam, ist einerseits für erfahrene Eltern
nicht erstaunlich, andererseits bisher noch nie wirklich wissenschaftlich nachgewiesen worden: Eltern, die den ganzen Tag zu
Hause sind, verteilen ihr »kindorientiertes« Verhalten über den
Tag, Spiel und körperliche Zuwendung finden typischerweise im
Wechsel mit Telefonaten und Hausarbeit statt. »Wenn das Kind
in einer Einrichtung betreut wird, sieht die Familiendynamik anders aus«, erklärt Ahnert. Extrem viel kindzentriertes Verhalten
konnten die Forscher dann morgens in der unmittelbaren Zeit
vor Kita-Beginn und vor allem beim Abholen feststellen. »Die
Kinder provozieren das natürlich auch, sie entwickeln Techni-
ken, mit denen sie die Mutter für sich reklamieren können. Man
hat den Eindruck, sie wollten ihr zeigen: ›So, nun wird es aber
mal wieder Zeit, dass sich jemand nur um mich kümmert!‹« So
interpretiert die Entwicklungspsychologin das Verhalten eines
Kita-Kindes, das zuvor noch konzentriert spielte und gut integriert war, aber zu quengeln beginnt, sobald es seine Mutter
sieht. Eine ähnliche Intensität erreicht der kindliche Wunsch
nach ungeteilter Zuwendung dann noch einmal abends vor dem
Ins-Bett-Gehen. »Nach unseren Beobachtungen sind die Rituale
in den Familien, in denen den ganzen Tag ein Elternteil für das
Kind da ist, nicht so intensiv. In diesen Familien sind eher kleine
Episoden von solcher Nähe über den ganzen Tag verstreut.« In
der Bilanz scheint also gleich viel ungeteilte elterliche Aufmerksamkeit für beide Gruppen von Kindern herauszuspringen.

Spätestens hier drängt sich aber doch die Frage an die Spezialistin für Krippenerziehung in der DDR auf: War das auch
schon vor der Wende so? Kamen, konkret gefragt, die Krippenkinder in der DDR in den Genuss von genauso viel elterlicher
Aufmerksamkeit wie, sagen wir, ein Kind aus Bayern, dessen
Mutter in den ersten drei Lebensjahren ganz zu Hause blieb? Die
Frage gefällt der Professorin. »Eigentlich war es ja die erklärte
urkommunistische Zielsetzung, dass die Familien sich auf die
Dauer auflösen. Allerdings sah die DDR-Wirklichkeit anders
aus. Die Krippe war hier eine Einrichtung, die die Familie ergänzte, nicht eine, die sie ersetzt hätte.« Trotzdem sei ein Grund-
gefühl der gemeinschaftlichen Verantwortung für Kinder vorhanden gewesen. »Da kam es schon einmal vor, dass ein krankes

Kind in der Krippe betreut wurde. Die Ärzte, die ohnehin in das System eingebunden waren und die die Kinder in regelmäßigen Abständen untersuchten und impften, kümmerten sich dann in der Einrichtung um das Kind. Man informierte zwar die Eltern, signalisierte ihnen aber auch: ›Wir machen das schon.‹ Manchmal kam es sogar vor, dass eine Erzieherin ein Kind mit sich nach Hause nahm und dort übernachten ließ.«

Trotzdem sei die Familie nicht in den Hintergrund getreten. »Familiensoziologische Analysen zeigen, dass das familiäre Netzwerk wichtig blieb. So holten oft die Großmütter ihre Enkel früher aus Krippe oder Kindergarten ab. Es gab das Bewusstsein, dass es für das Kind nicht optimal ist, jeden Tag zehn bis zwölf Stunden in der Einrichtung zu sein. Für jede Mutter war eigentlich klar, dass man das zumindest zeitweise anders regeln muss. Und auch in der Urlaubszeit war das familiäre Netzwerk wichtig: Die Kinder waren oft bei den Großeltern in deren Wochenendhäusern.«

Auch nach der Wende hat das Ost-West-Thema die Wissenschaftlerin Lieselotte Ahnert nicht losgelassen. Sie begann, die Bindungsmuster von West- und Ost-Berliner Mutter-Kind-Paaren vergleichend zu untersuchen. In beiden ehemaligen Teilen der Stadt hatte es vor der Wende Familien gegeben, die Erfahrungen mit institutioneller Betreuung gemacht hatten. »Wir haben dabei zunächst festgestellt, dass die besonders gute, sichere Form der Bindung in beiden Hälften der Stadt gleich häufig vorkam.« Mütterliche Fürsorglichkeit war also kein Privileg des Westens. »40 Jahre Trennung zwischen unseren Ländern haben die traditionellen Muster der Fürsorglichkeit nicht verändert.« Fast muss man an den berühmten Einleitungssatz von Tolstois Roman »Anna Karenina« denken: »Alle glücklichen Familien ähneln einander. Jede unglückliche aber ist auf ihre eigene Art unglücklich.«

Tatsächlich gab es denn auch Unterschiede, sobald die Wissenschaftler die »suboptimalen Mutter-Kind-Dyaden« genauer unter die Lupe nahmen. »In Ost-Berlin handelte es sich dabei typischerweise um Mütter, die mit Blick auf die Krippe, den Kindergarten und das Schulsystem versucht haben, ihre Kinder früh zur Selbstständigkeit zu bringen. Sie wollten es rechtzeitig

›funktionstüchtig‹ machen und haben es damit leicht überfordert.« In West-Berlin war das typische Muster der weniger gelungenen Mutter-Kind-Bindung anders. »Es ist wahrscheinlich aus der Rabenmutter-Debatte entstanden: Auffallend waren die vielen ambivalenten Mütter, die wahrscheinlich einerseits fürsorglich sein wollten, andererseits aber die Kinder auch in wichtigen Momenten allein gelassen haben. Dann hat es ihnen aber wieder Leid getan, sie haben zur Überfürsorglichkeit gewechselt.« Insbesondere sei der »desorganisierte« Bindungstyp ein Zeichen dafür, dass die Mütter im Westen mit ihren Entscheidungen für die gewählte Betreuungsform allein gelassen wurden. »In dieser Hinsicht hatten die Mütter im Osten es einfacher. Ihnen wurde signalisiert, dass die Gemeinschaft sich für das Aufwachsen der Kinder verantwortlich fühlt.« Sie konnten folglich eher mit sich im Reinen sein, zumal, wie Ahnert betont, nicht verschiedene Muttertypen gegeneinander ausgespielt wurden. »Das eigentliche Bild der emanzipierten, integrierten und stolzen Frau in der DDR war das der berufstätigen Mutter mit Kindern.« Vor allem die sensibleren Frauen hätten aber zugleich gespürt, dass die Kinder, solange sie klein waren, ein bestimmtes Maß an Privatheit brauchten. »Ihre eigenen fürsorglichen Gefühle, die sie auch während der einjährigen Elternzeit ausprägen konnten, haben ihnen oft gezeigt, dass elf Stunden Fremdbetreuung in einer Einrichtung für ein Kleinkind zu viel sind. Folglich haben sie nach Nischen gesucht, um ein kindgerechteres Betreuungsarrangement zu finden.«

Für die Entwicklungspsychologin ist faszinierend, wie ein von Staats wegen erwünschtes Betreuungsmodell von den Bürgerinnen und Bürgern wirklich angenommen wird und wie es das tägliche Leben prägt. »Dafür ist ja weniger wichtig, ob das Bild von Erich Honecker in jeder Krippe hängt, damit schon die Kleinkinder wissen, wer der erste Mann im Staat ist.«

Was können wir gesamtdeutsch aus den unterschiedlichen Erfahrungen lernen? Auf jeden Fall müsse man dafür sorgen, dass die vermehrten Angebote zur Kleinkindbetreuung, die die Politik uns jetzt verspricht, in der Gesellschaft auf Akzeptanz stoßen. Die sachlichen Grundlagen für die dazu gehörige Debatte sind noch nicht alt: »Die Frühpädagogik hat sich als Wissenschaft in den letzten Jahren erst wirklich entwickelt. Dass man danach fragt, welche Bedürfnisse die Kinder haben und was sie für ihre Entwicklung brauchen, ist eigentlich erst eine Entwicklung der letzten 50 Jahre.« Eine Entwicklung, die die Chance für verfeinerte Debatten bietet – von Grundsatzfragen weg zu der Frage nach der Qualität unserer Kitas und Krippen. Denn wir wissen inzwischen einiges darüber, was gute Einrichtungen auszeichnet.

Ein Aspekt ist der Krippenforscherin zum Abschluss unseres Gesprächs besonders wichtig: »Lange Zeit hatten wir ziemlich schlichte Vorstellungen über qualitativ gute Einrichtungen: Man glaubte, dass sie möglichst das Mutter-Modell nachahmen sollten. Heute weiß man, dass dies unangemessen und nicht die Richtschnur ist, nach der ein Kind sein Wohlbefinden in einer Kindereinrichtung ausrichtet. Den Kindern werden ihre Mütter ja nicht genommen. Sie bekommen nur eine andere Betreuung dazu.«

Die moderne Krippenforschung frage deshalb nach den ureigenen Möglichkeiten der Gruppenbetreuung und messe die einzelne Einrichtung daran, wie gut sie das realisieren und dabei auch noch die Eigenheiten eines jeden Kindes berücksichtigen könne. Gute Einrichtungen versuchten nicht, die Mutter-Kind-Dyade zu imitieren. »Hier sollte man auch mit dem Kind rechnen: Es ändert seine Perspektive, wenn es in eine Gruppe kommt, und zwar viel früher, als wir bisher geglaubt haben. Es weiß zum Beispiel, dass es in der Krippe nicht die alleinige Zuwendung bekommen kann. Es lernt früh Konzepte wie das der Fairness gegenüber anderen Mitgliedern einer Gruppe.«

Resümee

Das sterile Ja oder Nein, das die »stammtischartig« geführten öffentlichen Debatten zur »Krippenfrage« oft bestimmt, sollte passé sein. Diejenigen, die sich fachlich mit dem Thema beschäftigen, sind jedenfalls längst darüber hinaus.

Eltern, die die Betreuung eines Kindes unter drei Jahren teilweise an andere Erwachsene oder an eine Institution delegieren wollen, tun das heute sozusagen mit wissenschaftlicher Rückendeckung. Langzeitstudien zeigen, dass es den Kleinen unter bestimmten Voraussetzungen – von denen in den folgenden Teilen des Buches die Rede sein wird – gut bekommt. In bestimmten Bereichen profitieren sie sogar eindeutig davon. Bewiesen ist das für die sprachliche Entwicklung. Voraussetzung ist allerdings, dass die Kita, in der sie einen Teil ihrer frühesten Kindheit verbringen, qualitativ gut ist. (Kriterien dafür werden wir später kennenlernen.)

Eltern, die ihre kleinen Kinder regelmäßig mehrere Stunden am Tag außer Haus betreuen lassen, wenden sich ihnen dafür in der gemeinsamen Zeit umso intensiver zu. Auch das zeigen wissenschaftliche Studien. Deshalb ist es auch nicht ehrenrührig, wenn eine Mutter oder ein Vater ihre Pläne ändern und die Elternzeit gegenüber dem ursprünglichen Plan verkürzen. Wie es ist, für mehr als ein Jahr Familienfrau oder Familienmann zu sein und den Beruf an den Nagel zu hängen, kann man vorher schließlich nicht wissen. Keiner weiß auch im Voraus, was für ein Typ Vater oder Mutter er oder sie sein wird und ob er oder sie auf die Dauer in der Lage sein kann, dem Kind ein anregendes Umfeld zu bieten.

Eltern sollten außerfamiliäre Betreuung ihrer Kleinkinder nach Ansicht der Experten aber nur in Anspruch nehmen, wenn sie davon überzeugt sind, dass ihr Kind mit den Unterschieden zwischen verschiedenen Betreuungspersonen und -situationen gut umgehen kann – und dass auch sie selbst die Unterschiede, die es garantiert geben wird, gut verkraften werden.

Wichtig ist zudem, dass die Eltern diejenige Betreuungsform und denjenigen Betreuungsumfang wählen, für die sie selbst die größte Sympathie haben und hinter der sie hundertprozentig stehen können. Und von der sie auch meinen, dass sie ihrem Sohn oder ihrer Tochter besonders gut bekommt. Oder dass sie sich, wenn es keine Wahl gibt, mit dem bestehenden Angebot bei reiflicher Überlegung zumindest anfreunden können.

Dabei spielen nicht zuletzt eigene Kindheits-Erfahrungen eine Rolle. Man sollte sie ganz ausführlich mit seinem Partner besprechen, bevor man sich gemeinsam für eine Lösung entscheidet. Und man sollte sich darauf gefasst machen, dass man über das

Thema Kleinkindbetreuung auch mit Eltern und Schwiegereltern heftige Diskussionen führen wird: Wie man sich auch entscheidet, es ist nicht gerade wahrscheinlich, dass alle Menschen im eigenen sozialen Umfeld diese Entscheidung gutheißen werden. Aber man ist nicht allein sich selbst, sondern auch dem Kind eine selbstbewusste Haltung dazu schuldig.

Gibt es überhaupt einen Platz?

Angebot, Nachfrage und Qualität in der Kleinkindbetreuung

>*»Für die Kinder ist das Beste gerade gut genug.«*
>*(Johann Wolfgang von Goethe)*

Im ersten Teil klang es in jedem einzelnen Gespräch schon an: Mütter und Väter denken nicht nur darüber nach, ob sie ihr Kind schon mit ein oder zwei Jahren für einen Teil des Tages außer Haus betreuen lassen sollten. Sie klagen auch, dass es schwer ist, einen (guten) Platz zu finden. Alle meine Gesprächspartner plädierten dafür, das Angebot in Deutschland auszuweiten. Im folgenden Teil soll es darum gehen, Einblicke in dieses Angebot zu geben. Wie ist der Bedarf an Betreuungsplätzen tatsächlich? Was tun die Kommunen, warum engagieren sich auch die Kirchen? Und nicht zuletzt: Wie erkennt man, ob Kitas und Tagesmütter gute Qualität bieten?

Wie die Versorgungslage sich heute darstellt

Who is who in der Kleinkindbetreuung?

Den groben Rahmen stecken Bundes-Gesetze ab, für die Ausführungsbestimmungen sind Länder und Kommunen zuständig: Föderalismus, wie er in Deutschland in Fragen der Kinderbetreuung herrscht, kann leicht für babylonische Sprachverwirrung sorgen. Von den praktischen Schwierigkeiten beim Umzug von einem Bundesland ins andere ganz zu schweigen. Einige Begriffe werden jedoch inzwischen glücklicherweise republikweit verwendet.

Kinderkrippe oder nur kurz Krippe wird eine Einrichtung genannt, in der ausschließlich Kinder unter drei Jahren institutionell betreut werden. Manchmal wird dabei noch zwischen Liegekrippe oder Krabbelkrippe für die Babys und Laufkrippe für Kleinkinder unterschieden. (Obwohl, rein sprachlich gesehen, eine Krippe seit der christlichen Weihnachtsgeschichte eher ein Ort zum Liegen ist, für ganz kleine Babys.)

Kindergarten ist die entsprechende Einrichtung für Kinder von drei Jahren bis zum Schulanfang. Ein Begriff, der als deutsche Erfindung gelten kann und weltweit verwendet wird. Inzwischen haben in Deutschland Kinder ab drei Jahren einen gesetzlichen Anspruch auf einen Kindergartenplatz – zumindest halbtags.

In Kindertagesstätten, kurz Kitas (auch KiTas geschrieben), sind Einrichtungen für unter und für über Dreijährige unter einem Dach zusammengefasst. Sie sind sozusagen Krippe und Kindergarten in einem. (Manchmal kommt auch noch ein Hort hinzu, in dem nachmittags Schüler betreut werden.) Die Kinder werden dort in altersgemischten oder altershomogenen Gruppen betreut. Reine Krippen, die nicht als Krippengruppe unter dem Dach einer Kita angesiedelt sind, werden inzwischen seltener.

Betreiber dieser Einrichtungen sind meist Kommunen oder freie Träger, aber auch die Kirchen oder einzelne Betriebe. Plätze werden meist über die Jugendämter vermittelt. Der Anspruch auf einen Platz (und die entsprechende Betreuungs-Stundenzahl) ist meist an die Berufstätigkeit oder zumindest an die Arbeitssuche oder Ausbildungstätigkeit der Eltern geknüpft. In einigen Bundesländern haben Kinder ab zwei auch einen Anspruch auf einen Kita-Platz, wenn in ihrer Familie nicht überwiegend deutsch gesprochen wird. Außerdem gibt es meist Ausnahmeregelungen, wenn spezieller pädagogischer Bedarf besteht oder die Eltern das Kind wegen einer Krankheit nicht voll betreuen können.

Auch die Kosten regeln überall in der Republik unterschiedliche Gesetze. Beispiel Berlin: Dort ist das »Tagesbetreuungskostenbeteiligungsgesetz« maßgeblich. Wer unter 1875 Euro monatliches Einkommen (netto) hat, bezahlt für einen Ganztagesplatz nur den Mindestsatz von 25 Euro im Monat, wer mehr als 6755 Euro verdient, wird mit 405 Euro zur Kasse gebeten. Dazu kommt ein Verpflegungsanteil von 23 Euro. Gibt es zwei Erziehungsberechtigte, dann werden deren Einkünfte addiert, die Alleinerziehenden zahlen folglich weniger.

Elterninitiativen zur Betreuung von Kindern, die noch nicht schulpflichtig sind, heißen oft Kinderläden oder Eltern-Initiativ-Kindertagesstätten. Meist werden sie von einem Verein getragen, haben ein besonderes pädagogisches Konzept und erwarten von den Eltern, dass sie sich mehr engagieren als in einer kommunalen oder kirchlichen Einrichtung.

Wer eine solche Elterninitiative gründen will, hat verschiedene Hürden zu nehmen. Dabei hilft die Bundesarbeitsgemeinschaft Elterninitiativen e. V. (BAGE). Nach der Vereinsgründung muss man mit dem Jugendamt Kontakt aufnehmen, das darüber entscheidet, ob für die Einrichtung Bedarf besteht – entweder zahlenmäßig oder aufgrund des besonderen Angebots, das diese Elterninitiative macht und das in der Region noch fehlt. »Hier müssen wir inhaltliche Überzeugungsarbeit leisten«, sagt Hannes Lachenmair, Sprecher der BAGE. Ist der Bedarf anerkannt, dann geht es um die Betriebserlaubnis. Bauliche Voraussetzungen, Ausgestaltung der Räume, Genehmigung des Gesundheitsamts sind die Kriterien. Eigentlich will Lachenmair die Eltern nicht entmutigen, weil er Elterninitiativen wichtig findet. Aber dann sagt er es doch: »Die Behörden scheinen nichts anderes zu tun zu haben, als uns Eltern die Gründung einer solchen Initiative so schwer wie möglich zu machen.«

Tagespflege bezeichnet die Betreuung und Erziehung von unter Dreijährigen durch eine Tagesmutter oder (in bisher seltenen Fällen) einen Tagesvater, meist in deren Wohnung. In der Tageseinzelpflege betreut dabei ein »Tageselternteil« meist bis zu drei Kinder in der Wohnung. In einer Tagesgroßpflegestelle oder Großtagespflege werden dagegen mehr als drei Kinder betreut. Die Einzelheiten sind durch Landesgesetze geregelt, immer jedoch wird inzwischen vor allem von Personen, die mehr als drei Kinder tagsüber betreuen, der Nachweis von Erfahrung, Fortbildungen oder einer pädagogischen Ausbildung gefordert. Die Plätze werden auch hier meist über das jeweilige Jugendamt vermittelt. In vielen Kommunen gibt es Betreuungsbörsen, wo Angebot und Nachfrage zusammenkommen können.

Seit dem 1. 1. 2005 ist das TAG in Kraft – mit vollem Namen ein Wortungetüm namens Tagesbetreuungsausbaugesetz. TAG hat das Ziel, die Tagesbetreuung von Kindern unter drei Jahren in der gesamten Republik auszubauen. Das ist eine Pflichtaufgabe der Länder und Kommunen, bei denen der Bund ihnen jedoch kräftig unter die Arme greifen will.

Um das Angebot für Kinder unter drei Jahren zu erhöhen, bieten reguläre Kindergärten seit Inkrafttreten des TAG auch Plätze für unter Dreijährige an.

Der Betreuungsbedarf: Zahlen und Fakten

Natürlich kann man Babys, Ein- und Zweijährige nicht über einen Kamm scheren: Nicht nur von der Entwicklung her, sondern auch im Ausmaß, in dem sie »fremdbetreut« werden, gibt es erhebliche Unterschiede. Fragt man nur, wie viele unter Dreijährige in Deutschland derzeit für eine bestimmte Zeit des Werktages außerhalb ihrer Familie betreut werden, dann ergibt das ein viel zu grobes Raster. Unterschiede gibt es zwischen Ost und West, aber auch zwischen den verschiedenen Altersgruppen. Erwartungsgemäß sind es eher die Kinder über zwei, und hier wiederum eher die Kinder aus den neuen Bundesländern, die eine Gemeinschaftseinrichtung besuchen: 0,7 Prozent der Babys aus dem Westen, 4,7 Prozent ihrer Altersgenossen aus dem Osten besuchen eine Kindertageseinrichtung. Das sind im Jahr 2006 veröffentlichte Zahlen aus der vom Bundesfamilienministerium geförderten Kinderbetreuungsstudie des Deutschen Jugendinstituts (DJI) in München. Beim Jugendamt gemeldete Tagesmütter sind hier mitgezählt. Selbst im Bundesland Sachsen-Anhalt, dem einzigen, das einen Rechtsanspruch auf einen Betreuungsplatz für Kinder unter drei bewahrt hat, sind in den letzten Jahren nicht mehr als fünf bis sieben Prozent der Säuglinge zeitweise »fremdbetreut« worden.

Bei den Kindern zwischen zwei und drei Jahren sind es dagegen schon 16,8 Prozent (West) beziehungsweise 69,1 Prozent (Ost). Dazwischen, bei den Einjährigen, liegen die Zahlen bei 4,2 Prozent (West) und 36 Prozent (Ost).

Die Säuglinge aber werden in Deutschland fast alle zu Hause betreut. Das ist nicht in allen Ländern so. »Bei der Kleinkindbetreuung gibt es international sehr unterschiedliche Traditionen«, sagt Wolfgang Tietze, Leiter des Arbeitsbereichs Kleinkindpädagogik an der Freien Universität Berlin. Dass die deutschen Babys fast alle in ihrer Familie versorgt werden, liegt sicher vor allem an der Einrichtung namens Erziehungsurlaub oder Elternzeit. »In den USA geht die Mutter nach acht Wochen Mutterschutz häufig wieder arbeiten, das Kind wird dann entweder in der Verwandtschaft, bei Nachbarn, Tagesmüttern oder durch ›Day Care Centre‹ betreut.« Der Unterschied wird nach Tietzes Ansicht in der augenblicklichen Diskussion um die Kleinkindbetreuung zu wenig beachtet: Beim Wort »Krippe« denken viele automatisch an einen Säugling, der noch die meiste Zeit des Tages in der Wiege oder im Bettchen liegt. »In Deutschland diskutieren wir aber eigentlich über Kleinkinder im Alter zwischen einem und drei Jahren.« Und bei ihrer Betreuung klafft offensichtlich in Deutschland eine Lücke. »Im für die Sprachentwicklung relevanten Alter zwischen zwei und vier Jahren besuchen nur wenige Kinder eine Kindertageseinrichtung«, bedauert man beim Deutschen Jugendinstitut. »Insbesondere Migrantenkinder würden hier von einem weiteren Angebot profitieren, denn bei 60 Prozent der Kinder mit Migrationshintergrund ist Deutsch zu Hause nicht die Hauptsprache.« Verschärft wird die Knappheit für diese Familien noch dadurch, dass heute meist nur die Familien Anrecht auf einen Platz erheben können, in denen beide Eltern oder ein alleinerziehender Elternteil erwerbstätig sind. Dadurch kämen eher Kinder aus den »bessergestellten« Familien zum Zug, sagt man beim DJI.

Nicht ganz unwichtig ist auch der Zeitumfang der frühkindlichen Betreuung. In dieser Hinsicht bilden die Kinder nach den Zahlen des DJI drei etwa gleich starke Gruppen: 32 Prozent der unter dreijährigen Westkinder, die in eine Krippe, Kita oder zur amtlich gemeldeten Tagesmutter gehen, bleiben dort nur bis zu fünf Stunden. 29 Prozent sind zwischen fünf und sieben Stunden angemeldet. Und wiederum 32 Prozent haben einen Ganztagesplatz, dürfen also mehr als sieben Stunden bleiben. Erstaunt waren die Auswerter vor allem darüber, dass auch in den neuen Ländern eine große Gruppe von Eltern, nämlich 19 Prozent, nur ein Halbtagsangebot gewählt oder zugeteilt bekommen hat. Weitere 18 Prozent geben dort ihr Kind zwischen fünf und sieben Stunden ab, Ganztagsbetreuung haben die restlichen 63 Prozent der Eltern vereinbart.

Eine forsa-Umfrage aus dem Jahr 2005, für die 1001 Mütter und Väter von Kindern unter zehn Jahren interviewt wurden, ergab, dass die deutliche Mehrheit der jungen Eltern findet, es gebe in Deutschland zu wenige Betreuungsplätze für Kinder unter drei Jahren. 60 Prozent aller Befragten wünschten sich längere und flexiblere Öffnungszeiten, und es ist nicht überraschend, dass 71 Prozent der alleinerziehenden Mütter sich dieser Meinung anschlossen. Dass Wunsch und Wirklichkeit in Sachen Kinderbetreuung in Deutschland erheblich auseinanderklaffen, zeigte auch die Betreuungsstudie des DJI, in deren Rahmen 8000 repräsentative Privathaushalte mit Kindern unter sieben Jahren über ihre Wünsche befragt wurden. 31 Prozent der Eltern wünschten sich einen Betreuungsplatz für das zweite Lebensjahr, 60 Prozent für das dritte Lebensjahr der Kinder. Auf der Basis dieser Befragung kam das ehrgeizige politische Ziel zustande, 500 000 neue Krippenplätze bis zum Jahr 2013 zu schaffen.

Was wird von den Kommunen angeboten?
Das Beispiel München

Ein Gespräch mit Dr. Susanne Herrmann, Leiterin der Kindertagesbetreuung des Stadtjugendamtes München

Durchschnittswerte sagen – vor allem in der föderal organisierten Bundesrepublik – herzlich wenig darüber, wie es vor Ort tatsächlich mit den Krippenplätzen und dem Tagesmütter-Angebot aussieht. Ost und West, Stadt und Land sind in dieser Hinsicht sehr unterschiedlich ausgestattet. Selbst innerhalb ein und desselben Bundeslandes sind die Unterschiede groß.

»Im Verhältnis zu anderen Teilen Bayerns ist die Landeshauptstadt sehr gut mit Plätzen zur Kindertagesbetreuung versorgt, und wir sind stolz auf dieses Angebot«, sagt Dr. Susanne Herrmann, Leiterin der Kindertagesbetreuung des Stadtjugendamtes München.

Der neueste Stand der Dinge: Am 1. April 2007 gab es rund 36 800 junge Münchner unter drei Jahren. Nimmt man alle Angebote zusammen, dann ist derzeit für jeden Fünften von ihnen ein Platz in einer Krippe, einer Kita, einer Elterninitiative oder bei einer Tagesmutter vorhanden. Doch die Vormerklisten sind lang, und die Stadt hat ehrgeizigere Ziele: Mit Zustimmung des Stadtrats wurden Ende 2006 neue Planungsrichtwerte festgelegt. »Insgesamt wollen wir in den nächsten Jahren auf eine Quote von 43 Prozent kommen«, erläutert Frau Dr. Herrmann. Ein Viertel der kleinen Münchner Kindl soll einen Platz in einer Einrichtung finden, elf Prozent bei einer Tagesmutter, sieben Prozent in einer Elterninitiative. »Wir wollen auf jeden Fall die 35 Prozent überschreiten, die von Familienministerin von der Leyen anvisiert sind. Wir sind überzeugt, dass der Bedarf in einer Großstadt höher ist.«

Auch mit diesen Richtwerten bleibt die »Weltstadt mit Herz« wahrscheinlich hinter den Wünschen der jungen Eltern zurück. In einer repräsentativen Umfrage unter Münchner Familien haben kürzlich 53 Prozent der Eltern, die Kinder unter drei Jahren haben, Interesse an einer Möglichkeit der Fremdbetreuung bekundet. Auch wenn viele von ihnen damit vielleicht nur meinten, dass sie ihre Kinder gern stundenweise einmal »abgeben« würden, ist die Zahl bemerkenswert: Noch vier Jahre zuvor waren es bei einer gleich angelegten Umfrage lediglich 30 Prozent gewesen. Deutliche Zeichen der Veränderung: »Der Wunsch der jungen Mütter, Beruf und Familie zu vereinbaren, ist in den letzten Jahren nochmals gewachsen«, konstatiert die Leiterin der städtischen Kindertagesbetreuung. Speziell in München mag dazu beitragen, dass die Stadt ein teures Pflaster ist. »Doppelt« zu verdienen ist für viele Familien hier eine schlichte Notwendigkeit. »Die Eltern wünschen sich aber auch, dass ihre Kinder schon früh unter Kinder kommen, also ihre soziale Kompetenz schulen, und sie verstehen die Krippen als Bildungseinrichtungen«, sagt Herrmann. Nicht zuletzt die Medien, so vermutet sie, haben dazu beigetragen, die »Fremdbetreuung« auch in den alten Bundesländern salonfähig zu machen. »Als Mutter von drei Kindern, die alle in einer Krippe waren, kann ich das persönlich nur sehr begrüßen.«

Spätestens an diesem Punkt möchte sie aber nicht mehr nur von der Quantität, sondern auch von der Qualität des Angebots sprechen. In einer Studie wurde kürzlich die Zufriedenheit der Eltern mit den städtischen Krippen und Kitas ermittelt. 60 Prozent der Eltern aus den 37 Münchner Einrichtungen, die in die

Befragung einbezogen waren, hatten übrigens einen akademischen Background. »Bei der Krippenbetreuung geht es offenbar nicht mehr um eine Notlösung für ärmere Bevölkerungsgruppen, damit diese überhaupt berufstätig sein können, sondern um eine als sinnvoll erachtete Option der Verbindung von Berufstätigkeit und Kindererziehung«, folgern die Autoren vom Institut für Praxisforschung und Projektberatung, das mit der Studie beauftragt war.

Susanne Herrmann betont jedoch, dass die anderen Angebote nicht minder wichtig sind als die Kitas – und vor allem qualitativ nicht schlechter. Mit dem Bayerischen Kinderbildungs- und Betreuungsgesetz (BayKiBiG) wurden die Voraussetzungen dafür geschaffen, dass »Tagesbetreuungspersonen«, wie es amtlich-geschlechtsneutral heißt, bestimmten Vorgaben entsprechen müssen. »Für die Münchner Tagesmütter gibt es eine Qualifizierungsoffensive, wir legen hier strenge Maßstäbe an«, sagt Herrmann. Nicht nur in Sachen Qualität, sondern auch, was die Verlässlichkeit der Betreuung betrifft, ziehen die Münchner Tagesmütter und -väter inzwischen nach: Stetig wird die »Kindertagespflege mit Ersatzbetreuung« ausgebaut. Erzieherinnen oder qualifizierte Tagesmütter, die Kinder und Eltern kennen, springen hier ein, wenn eine Tagesmutter krank wird.

Nicht zuletzt haben, wie Herrmann betont, die Elterninitiativen in München – wie in allen Großstädten der alten Bundesrepublik – eine große Tradition. »Ich würde im Hinblick auf die Qualität all dieser Angebote keinen grundsätzlichen Unterschied machen. Wir wollen ein echtes Wahlrecht für alle Eltern und Angebote, die dem unterschiedlichen Bedarf entsprechen. Dabei geht es nicht allein um die Öffnungszeiten. Eltern sollen sich auch selbst entscheiden können, ob sie sich für ihr Kind das familiennähere, sehr flexible Tagesmutter-Modell oder die Betreuung in einer Einrichtung wünschen.«

Der Trend gehe dabei in letzter Zeit aber zu den Kitas und Krippen. Auf jeden Fall wünschen sich die Eltern, dass der Betreuungsort für ihr Kind in der Nähe der Wohnung liegt. »Sie wollen sich in ihrem häuslichen Umfeld vernetzen und die Hilfe anderer Eltern aus der Umgebung nutzen können.« Weniger beliebt sind Einrichtungen in der Nähe des Arbeitsplatzes – obwohl das die Zeiten, die vor und nach der Arbeit noch mit Bringen und Holen vergehen, verringern könnte.

Ohnehin haben aber Kinder, die im Umland wohnen und deren Eltern in der Stadt arbeiten, nur geringe Chancen auf einen der raren Plätze. Solche »Gastanträge« werden nur in wenigen Ausnahmefällen bewilligt, die Landeshauptstadt will nicht in großem Maßstab für die meist wohlhabenden Gemeinden im S-Bahn-Bereich die Betreuungskosten tragen. Aber auch dort, im unmittelbaren Umfeld der Großstadt, wird inzwischen das Krippen- und Kita-Netz ausgebaut.

Dass das Betreuungsangebot für Kinder unter drei Jahren konsequent erweitert werden soll, finden im Stadtrat der – sozialdemokratisch regierten – Landeshauptstadt Bayerns übrigens alle Fraktionen. »Die Beschlüsse sind einstimmig gefallen, alle stehen dahinter, es gibt eine echte Aufbruchsstimmung«, freut sich Herrmann.

Dabei geht es nicht allein um die vielzitierte »Laptop-und-Lederhos'n«-Vision eines Freistaats, der angesichts einer Fülle anspruchsvoller Dienstleistungsjobs auf qualifizierte Frauen nicht verzichten kann. Zwar ist der Anspruch auf einen Krippen- oder Kita-Platz heute – unter den Bedingungen des Mangels – noch an die Berufstätigkeit beider Eltern geknüpft. Aber auch die Integration von Kindern mit Migrationshintergrund ist ein wichtiger Gesichtspunkt. »Dass wir gut miteinander leben, ist schon heute ein Schwerpunkt unserer Arbeit. Je mehr Plätze wir in den kommenden Jahren haben werden, umso wichtiger wird dieses Thema werden.« In jeder Gruppe wird zudem ein Platz für ein »Hilfeplankind« reserviert, ein Baby oder Kleinkind also, das die außerfamiliäre Betreuung aufgrund ärztlicher Empfehlungen für seine Entwicklung dringend braucht.

Stolz ist die Stadt auch darauf, wie sie Angebot und Nachfrage allmählich zusammenfinden lässt. In vier »Sozialbürgerhäusern« sind Tagesbetreuungsbörsen eingerichtet. Dort erfährt man zum Beispiel, welche der über 450 Münchner Tagesmütter und -väter aktuell Plätze anzubieten haben. Welche Angebote es überhaupt für die Familien gibt, kann man seit kurzem auch ganz zentral im Rathaus am Marienplatz bei der Familieninfo erfahren. Wer sein Kind in einer Kita oder Krippe anmelden möchte, muss sich aber persönlich dorthin aufmachen. »Unser Anliegen ist, dass die Eltern die Einrichtungen von innen sehen«, sagt Herrmann. Auch in den Kitas und Krippen erfahren sie im Übrigen, welche Alternativen es in der Umgebung noch gibt. Für den Fall, dass sie keinen der begehrten Plätze für ihr Kind ergattern sollten.

Kirchliche Angebote
Ein Gespräch mit Frank Jansen,
Verband Katholischer Tageseinrichtungen

Die Kommunen leisten bekanntlich nicht die ganze Arbeit. Die beiden großen christlichen Kirchen sind aus der Landschaft der Betreuungs- und Bildungseinrichtungen für Kinder in unserem Land nicht wegzudenken. Vor allem in den alten Bundesländern haben sie auf diesem Sektor immense Bedeutung. Ganz besonderen Zuwachs hat es in den letzten Jahren bei den konfessionellen Schulen gegeben. Aber auch 10 000 katholische Kitas gibt es im Land, 8000 sind im Verband Katholischer Tageseinrichtungen für Kinder (KTK) zusammengeschlossen. Und was wenige wissen: Seit Jahrzehnten gibt es unter dem Dach der katholischen Kitas auch Plätze für Kinder unter drei Jahren – mit zunehmender Tendenz.

Frank Jansen ist Geschäftsführer des Bundesverbandes des KTK, der seinen Sitz in Freiburg hat. Wenn man ihn fragt, warum unser Land solche Gruppen für Kleinkinder braucht, zögert er keine Sekunde. »Die ganze Debatte, die in der letzten Zeit um die Kleinkindbetreuung geführt wurde, kreise um die Themen Wahlfreiheit und bessere Vereinbarkeit von Beruf und Familie. Das sind zwei wichtige Themen. Der wichtigste Aspekt ist für mich aber der Anspruch des Kindes auf frühestmögliche Bildung.« Man müsse einfach sehen, dass wir heute viele familiäre Konstellationen haben, in denen diese frühe Förderung nicht mehr sichergestellt sei. »Viele Kinder wachsen ohne Geschwister auf, hier bieten Kindertageseinrichtungen Lernanreize für die soziale Kompetenz.« Jansen denkt aber auch an Kinder aus »benachteiligten Lebenssituationen«, denen Lernanreize für die intellektuelle Entwicklung fehlen. Frühe außerfamiliäre Angebote müssten also schon aus Gründen der Bildungsgerechtigkeit gemacht werden. Hält die Kirche also Kita-Plätze für die Kinder unter drei vor allem aus kompensatorischen Gründen vor, weil viele Kleinkinder heute zu Hause nicht mehr die vorbildliche christliche Familie mit alleinverdienendem Vater, Ganztags-Familienmutter und mehreren Geschwistern vorfinden, die sich vom Papst über die Bischöfe bis zur Pfarrgemeindehelferin und zur katholischen Kindergärtnerin eigentlich alle wünschen würden? Sind die Krippen aus der Sicht der Kirche Notlösungen? Sozusagen das pädagogische Pendant der Suppenküchen, soziale Einrichtungen, in denen die sozial benachteiligten Kinder der Unterschicht, allenfalls im Verein mit den wohlstandsverwahrlosten Kids der ehrgeizigen Doppelverdiener, vor noch Schlimmerem bewahrt werden? Während die anderen, behüteter aufwachsenden Kinder besser warten, bis sie mit drei Jahren in den (Halbtags-)Kindergarten aufgenommen werden?

Jansen bleibt die deutliche Antwort auf die provozierenden Fragen nicht schuldig. »Ich bin der Meinung, dass das Lernumfeld einer Kindertageseinrichtung jedem Kind gut tut. Die Programme bieten Lernanreize, die Familien im Grunde nicht bieten können.« Auch schon unter drei? Jansen bejaht: »Ich sage: Je früher Kinder in den Genuss kommen, diese Angebote für sich zu entdecken, umso besser wirkt sich das auf ihre Bildungsbiographie aus.« Als Vorschlag zur Verstaatlichung oder »Verkirchlichung« der Bildung will er das allerdings nicht verstanden wissen. »Natürlich ist die Familie für das Kind vorrangig. Aber als Ergänzung bedarf es meines Erachtens der Kita, auch für Kinder unter drei Jahren.« Und Jansen legt Wert darauf, dass er damit auch die Position seines Verbandes vertritt. »Wir sagen ganz klar, dass wir mit den Kita-Gruppen für unter Dreijährige nicht allein ein Notfall-Angebot für Alleinerziehende machen wollen. Es geht um die Bildung aller Kinder.«

Und warum brauchen wir nun speziell katholische Kitas und Krippen? »In unseren Einrichtungen wird das Recht des Kindes auf Religion eingelöst. Das ist gerade dann wichtig, wenn man Kitas unter dem Aspekt der Bildung diskutiert. Wenn man Bildung umfassend versteht, dann greift sie alles auf, was Kindern in ihrem Leben begegnet. Und hier gehört Religion schlichtweg dazu.« Außerdem gehe man in christlichen Kitas anders mit den Sinnfragen um, die schon kleine Kinder stellen. »Heute sind ja die Naturwissenschaften ein neues Thema für die Kitas. Wenn man sich aber nur darauf konzentriert, den Kindern Kausalzusammenhänge beizubringen, dann beantwortet das noch nicht ihre weiterführenden Fragen nach dem Woher und Wohin.« Solche Antworten seien selbst für kleine Kinder schon wichtig. »Dazu kommt, dass die Strukturierung der Tage, Wochen und Jahre sich bei uns an christlichen Ritualen orientiert.«

Das wissen nicht nur katholische Familien zu schätzen, zunehmend bewerben sich inzwischen auch muslimische Eltern um einen Platz für ihr Kind in einer katholischen Kita. Ihnen gehe es darum, dass der Nachwuchs überhaupt in einer religiös geprägten Atmosphäre aufwächst, erklärt Jansen. »Sicher ist das Verhalten der Erzieherinnen in kommunalen Einrichtungen gleichermaßen liebevoll. Aber bei uns begründet sich das anders, aus dem Glauben heraus.«

Auch bei vielen Familien ohne Migrationshintergrund habe sich die Haltung inzwischen verändert: »Man glaubt nicht mehr, dass die Kinder von religiöser Prägung unbeeinflusst aufwachsen und sich später selbst für oder gegen die Kirche entscheiden sollten. Dagegen steht das Recht des Kindes, diese Dinge schon früh kennenzulernen.«

Genauso wichtig ist es Jansen aber auch, dass katholische Kitas sich hinsichtlich der grundlegenden pädagogischen und psychologischen Erkenntnisse und der praktischen Vorgehensweisen nicht von anderen unterscheiden. »Es gibt zum Beispiel keine speziell katholische Eingewöhnungsphase, sondern wir machen das in unseren Einrichtungen nach allen Regeln der Kunst.« Zweites Beispiel: In allen guten Kitas setze man für das Lernen heute bei konkreten Alltagssituationen der Kinder an. »In einer katholischen Einrichtung wird dieser situative Ansatz natürlich genauso praktiziert, er wird möglicherweise nur anders hergeleitet, nämlich aus der Subjektstellung des Kindes. Diese Vorstellung leiten wir aus der Bibel ab.«

Subjektstellung – denkt man dabei an die Eltern, so kommt man im Gespräch zwanglos auf das Thema Wahlfreiheit. Für einige – vor allem christdemokratische – Politiker ist sie eng verknüpft mit der Forderung nach einem Betreuungsgeld für Eltern, die sich dafür entscheiden, ihre Kleinkinder ganz zu Hause zu erziehen. »Ich bin der Meinung, wir brauchen diese ›Herdprämie‹ nicht«, sagt dagegen Jansen. Echte Wahlfreiheit gebe es, wenn es genug Krippen- und Kita-Plätze gebe. »Die Debatte um das Betreuungsgeld birgt aber eine Gefahr in sich: Sie suggeriert, dass den Eltern eher davon abzuraten ist, ihr Kind in eine Einrichtung zu geben. Dass es eigentlich besser ist, sie zu Hause zu betreuen.« Wenn überhaupt, dann solle das Geld zweckgebunden an die Familien gegeben werden, ausschließlich zur Förderung und Bildung der Kinder. Zum Beispiel als Scheck, den man in einer Familienbildungsstätte einlösen kann. »Ohne die Familien diffamieren zu wollen: Wir müssten sicherstellen, dass ein solches Angebot den Kindern zugute kommt und von den Eltern nicht für DVDs oder ähnliches ausgegeben wird.« Eigentlich aber brauche man diese Prämie gar nicht: »Es ist nicht einzusehen, warum die einen Eltern dafür zahlen, dass sie ihre Kinder in eine Kita mit gutem Bildungsangebot bringen, und die anderen mit Geld dafür belohnt werden, dass sie es länger zu Hause lassen.«

Schon seit 2002 tritt der Verband, dessen Geschäftsführer Jansen ist, für das Recht auf einen Kita-Platz für Kinder aller Altersstufen ein. Und zwar nicht nur für Kinder, deren Eltern beide berufstätig sind. »Wir gehen damit sogar noch weiter als die derzeitige Gesetzesvorlage, die ab 2013 einen Rechtsanspruch für über Einjährige vorsieht. In diesem Punkt sind wir uns auch mit dem Familienbund der Katholiken und anderen Gruppierungen innerhalb der Kirche völlig einig.«

Der Rechtsanspruch ist das eine. Während hier innerkirchlich eine starke Übereinstimmung bestehe, seien die Meinungen darüber, ob die Kita den Kleinsten auch gut tue, in Kirchenkreisen durchaus geteilt, gesteht Jansen ein. »Wie in der Gesellschaft überhaupt«, ergänzt er jedoch sogleich. Natürlich habe die Skepsis gegenüber der Frühbetreuung im Fall der katholischen Kirche aber auch mit der Frage des christlichen Familienbildes zu tun. »Kritische Stimmen wurden allerdings in der Öffentlichkeit sehr stark wahrgenommen. Die Meinung einzelner Bischöfe, die die außerhäusliche Betreuung für diese Altersgruppe strikt ablehnen, ist aber keineswegs repräsentativ für die katholische Kirche insgesamt. Der Berliner Kardinal Sterzinsky, Vorsitzender der Kommission Ehe und Familie der Deutschen Bischofskonferenz, hat schließlich deutlich gesagt, dass alle Familien, die das für sich richtig finden, das Angebot in Anspruch nehmen sollen.«

Die Einführung des Rechtsanspruchs auf einen Kindergartenplatz für Kinder ab drei Jahren habe seinerzeit sicher dazu geführt, dass die Bedeutung der Erziehung im Kindergarten vielen Familien in einem anderen Licht erschien. Der Kindergarten wird seitdem als wichtige Etappe des Bildungswegs gesehen. »Ich glaube, dass es mit der Kita für unter Dreijährige bald ähnlich sein wird«, sagt Jansen. Auch das Familienbild werde sich dadurch verändern. Kein Zweifel: In den Augen des KTK-Geschäftsführers ist das ein Fortschritt.

Woran sich Qualität erkennen lässt

»Eltern brauchen mehr Informationen, um ihr Wahlrecht ausüben zu können«

Ein Gespräch mit Prof. Dr. Wolfgang Tietze, Leiter des Arbeitsbereichs Kleinkindpädagogik an der Freien Universität Berlin

Wolfgang Tietze ist Hochschullehrer, unterrichtet selbst also sozusagen am anderen Ende der Bildungs-Skala. Aber sein Lebensthema ist die Bildung der Kleinkinder. Für Krippen und Kitas interessiert er sich nicht erst, seit solche Begriffe als Gesprächsthema auch bei gehobenen Gesellligkeiten zugelassen sind. Während andere sich neuerdings die Köpfe darüber heiß reden, ob der Ausbau des Angebots an Betreuungsplätzen für kleine Kinder nun dringend nötig sei oder aber den Anfang vom Ende der engen Mutter-Kind-Dyade einläute, beschäftigt ihn eher die Frage, wie gut unsere Krippen, Kitas und Tagesmütter eigentlich sind, und wie man die Betreuung und Bildung der Kinder hier verbessern kann.

Und während in den Medien oft der Eindruck erweckt wird, die Mütter (und Väter) wollten (oder sollten) heute »möglichst früh« wieder an ihren Arbeitsplatz zurückkehren, weiß er, dass

man das erste Lebensjahr weitgehend außer Betracht lassen
kann, wenn man über »Fremdbetreuung« spricht. Jedenfalls in
Deutschland, wo die allermeisten Mütter – und für einen Bruch-
teil der Zeit dank eines neuen Gesetzes nun auch verstärkt die
Väter – in diesem ersten Lebensabschnitt ihres Kindes Elternzeit
nehmen. »Wenn wir von Kleinkindbetreuung reden, sprechen wir
also nicht über das erste Lebensjahr, und wir sprechen meist auch
nicht über eine Betreuungszeit von 40 Stunden in der Woche.«

Sprechen wir also über ein Kind, das inzwischen zwölf oder
vierzehn Monate alt ist und für, sagen wir, 20 bis 30 Stunden pro
Woche von seinen Eltern in die Obhut anderer Erwachsener gegeben werden soll. Woran erkennen die Erziehungsberechtigten,
dass an diesem Ort die Qualität stimmt? Ein wichtiges Arbeitsge-
biet von Tietzes Institut ist die »Feststellung und Unterstützung
pädagogischer Qualität in Krippen«. Nach dem »Kindergarten-
Gütesiegel« für die Einrichtungen, die mit Kindern zwischen drei
und sechs Jahren arbeiten, wurde in seinem Institut ein ähnliches
Siegel jetzt auch für Tagesmütter entwickelt. Die Mess-Skalen,
die den Gütesiegeln zugrunde liegen, wurden im Rahmen von
Studien erprobt. Dafür wurde eine gemeinnützige GmbH gegründet. Nun soll das Gütesiegel – eine Art TÜV-Plakette für Bildungseinrichtungen – von einer eigens dafür gegründeten Firma
vermarktet werden. 200 Einrichtungen, über ganz Deutschland
verstreut, haben die Plakette schon. Für die Kitas ist es ein Mar-
keting-Instrument. Den Eltern verhilft es, wie Tietze findet, zu
ihrem Recht. »Eltern haben nach dem Gesetz ein Wunsch- und
Wahlrecht, was die Erziehung ihres Kindes betrifft. Es ist ihre
Entscheidung, in welche Einrichtung sie ihr Kind geben wollen.
Andererseits kennen sie die »Produkte« nicht, für oder gegen die
sie sich hier entscheiden. Sie müssen also viel Vertrauen aufbringen. Wir finden es aber auch wichtig, ihnen für ihre Wahl mehr
Sicherheit zu geben, sie sollen erkennen können: Hier ist geprüfte
pädagogische Qualität. Schließlich geht es um Entscheidungen,
die für ihr Kind langfristige Auswirkungen haben – Auswirkungen, die man nicht mehr ungeschehen machen kann.« Spätestens
hier kommen auch die Rechte der Kleinkinder ins Spiel. »Wir betrachten sie heute nicht mehr als Anhängsel ihrer Eltern, sondern
als kleine Staatsbürger mit eigenen Rechten, für die die staatliche

Gemeinschaft einzutreten hat«, sagt Tietze. Zum Beispiel das Recht auf Bildung.

Also machen sich trainierte Beobachter in die einzelnen Einrichtungen auf und betrachten dort mehrere Stunden lang das Geschehen. Getestet wird zunächst das, was Qualitätsmanager auch in anderen Bereichen als »Prozessqualität« bezeichnen. In der Kita heißt das: Wie gehen die Erzieherinnen mit den Kindern um? Welche Bildungserfahrungen dürfen sie machen, welche Anregungen für die Entwicklung erfahren sie? Also: Wie sprechen die Erzieherinnen mit den Kindern? Wie viel naturwissenschaftliche Aktivitäten gibt es? Wie viel Wert wird auf Bewegung gelegt? Aber auch: Wie geht man auf ihre individuelle Persönlichkeit ein?

Nächster Bereich, »Strukturqualität«: Wie viele Kinder betreut eine Erzieherin? Wie ist für die Sicherheit und die Gesundheit der Kinder gesorgt? »Dafür spielen so simple Dinge eine Rolle wie: Werden sie dazu angehalten, sich die Hände zu waschen? Wie dicht liegen die Schlafmatratzen nebeneinander?« Dazu kommen Voraussetzungen, die sich pädagogisch auswirken: Wie sind die Räumlichkeiten, welches Spielzeug und welche Materialien gibt es? Und nicht zuletzt: Können die Erzieherinnen während ihrer Arbeitszeit Dinge vorbereiten oder dokumentieren?

Im Bereich »Orientierungsqualität« wird schließlich danach gefragt, ob die jeweilige Einrichtung eine erkennbare pädagogische Konzeption hat, ob es Leitbilder gibt, auch im Umgang mit Kindern aus verschiedenen Kulturen. Ein weiteres Kriterium ist im Bereich der Frühpädagogik die Zusammenarbeit mit den Eltern. Erziehung ist eine gemeinsame Aufgabe von Kita und Erziehungsberechtigten. Deshalb ist es wichtig, dass Kitas ihren Anteil für eine vertrauensvolle Zusammenarbeit leisten.

Drei Jahre nachdem die Einrichtung das Gütesiegel bekommen hat, ist erneut eine »Hauptprüfung« vorgesehen, in den Jahren dazwischen gibt es kleinere Prüfungen. Hat sich dann etwas deutlich verschlechtert, wird nochmals gründlich geprüft. »Darüber hinaus erstellen wir auch ein detailliertes Qualitätsprofil der jeweiligen Einrichtung. Daran können die Mitarbeiter selbst ablesen, wo die Schwachstellen sind. In vielen Einrichtungen gibt es ja heute ein großes Bemühen um Qualität, es fehlen jedoch

die Standards und die Vergleichsmöglichkeiten. Die Beteiligten
wissen nicht, wo sie stehen.«

Der große Pluspunkt dieses Gütesiegels ist, dass eine universi-
täre Einrichtung mit ihrer wissenschaftlichen Expertise dahinter
steht. Langjährige Erfahrungen können jedoch auch die großen
Träger von Kinderbetreuungseinrichtungen für sich geltend machen. So ist es für viele in der Szene gewöhnungsbedürftig, von
außen evaluiert zu werden, zumal sie sich selbst um Qualitätsstandards in ihren Einrichtungen bemühen.

Das größte Problem eines solchen »Kita-TÜV« aber ist, dass
die Eltern heute kaum Konsequenzen daraus ziehen könnten.
Denn ob die Eingangstür einer Kita oder einer Tagesmutter-
Wohnung nun mit der Plakette geschmückt wäre oder ob sie dort
umgekehrt schmerzlich fehlte: Die Eltern haben oft gar keine Alternative, weil an ihrem Ort nur diese Kita oder diese Tagesmutter zur Verfügung steht. »Bei den unter Dreijährigen haben die
Eltern meist wenig Wahlmöglichkeiten, weil das Angebot immer
noch durch Knappheit gekennzeichnet ist«, sagt Tietze. Schon
damit es endlich mehr Wettbewerb gibt, würde er es begrüßen,
wenn das Angebot sich vergrößern würde.

Trotzdem nennt der Erziehungswissenschaftler ganz pragma-
tisch ein paar Kriterien, die Eltern auch unter den heutigen Bedingungen bei der Entscheidung für Art und Ort der Betreuung
anwenden können. An erster Stelle steht der Gesamteindruck,
den die Eltern von dem jeweiligen Angebot gewinnen. »Sind
sie zufrieden, dann wird es auch dem Kind mit größerer Wahrscheinlichkeit an diesem Ort gut gehen.« Um ein genaueres Bild
zu bekommen, sollten sie ruhig mit Fragen nach dem konkreten
Tagesablauf und der grundsätzlichen pädagogischen Orientierung löchern. Besser noch: Das alles wird ihnen von vornherein
bei einem einführenden Gespräch erläutert. Ein gutes Zeichen
ist es auch, wenn eine Kita Eltern einlädt zu hospitieren, wenn
sie in ein Familienzentrum eingebettet ist und »niederschwel-
lige« Angebote zur Erziehungsberatung macht. Nicht zuletzt
zählen die Öffnungszeiten: Kann man sie mit dem Job vereinbaren, arbeitet die Kita vielleicht sogar mit Tagesmüttern zusammen, die ein Kind in den Randzeiten übernehmen und mit
zu sich nach Hause nehmen können? »Was soll die Mutter sonst

machen, die als Verkäuferin bis um acht Uhr abends und am Samstag arbeiten muss?« Wenn man denn die Wahl hat zwischen zwei guten Angeboten, dann ist im Zweifelsfall das nähere Angebot das bessere – weil Bringen und Holen sonst viel Familienzeit verschlingen.

Aber schon davor kommt meist die Grundsatzfrage: Lieber zu einer Tagesmutter oder lieber in eine Einrichtung? Denjenigen Eltern, die in diesem Punkt unsicher sind – und die die Wahl haben – kann ein Detail-Ergebnis der schon vorgestellten NICHD-Studie möglicherweise weiterhelfen: »Ab dem Ende des zweiten Lebensjahres scheinen Kinder in einer Krippe oder Kita im kognitiven und sprachlichen Bereich im Durchschnitt etwas besser gefördert zu werden als bei einer Tagesmutter«, resümiert Tietze. Je kleiner die Kinder sind, desto kleiner sollte jedoch auch die Gruppe sein. Dieselbe NICHD-Studie hat schließlich auch gezeigt, dass Kinder, die von klein auf in Einrichtungen der Day Care betreut wurden, später in der Schule auf ihre Lehrer geringfügig aufmüpfiger und störender wirkten. »Für die ganz jungen Kinder ist deshalb ein gutes Tagespflege-Setting eine interessante Variante«, sagt Tietze.

Den Eltern müsse allerdings klar sein, dass sie hier einen größeren Vertrauens-Vorschuss leisten. »Wir wissen nicht, was bei der Tagesmutter im Alltag wirklich passiert. Im Unterschied zu einer Kita gibt es hier meist keine Kontrolle durch Kollegen und Kolleginnen, nur wenige Tagesmütter schließen sich zusammen.« Außerdem haben die Tagesmütter meist keine pädagogische Berufs-Ausbildung gemacht, sondern sich ihr Wissen in Qualifizierungskursen erworben. »Das System ist noch weitgehend ungeregelt. Wenn unter diesen Umständen die pädagogische Qualität immer genauso gut wäre wie in den Einrichtungen, in denen ausgebildete Erzieherinnen arbeiten, würde das doch gegen die Qualität der Erzieherinnen-Ausbildung sprechen.« In Vorbereitung des Gütesiegels wurden von Tietzes Arbeitsgruppe inzwischen annähernd 300 Tagespflegestellen in Berlin, Brandenburg, Mecklenburg-Vorpommern und Nordrhein-Westfalen geprüft. Etwa ein Viertel hat zum Untersuchungszeitpunkt die Voraussetzungen für das Gütesiegel erfüllt. Nach Tietzes Erfahrung steigt die Qualität der Arbeit von Tagesmüttern mit ihrer beruflichen Langzeit-Perspektive: Wer diese Aufgabe langfristig als Beruf ausüben möchte und nicht nur zur Überbrückung übernimmt, solange die eigenen Kinder noch klein sind, bildet sich auch besser fort, stattet die Wohnung kindgerecht aus, schließt sich mit anderen Tagesmüttern zusammen. »Aus diesem Professionalisierungswunsch kommt dann auch die Nachfrage nach dem Gütesiegel.«

Heute müssen sich die Eltern aber auch bei den Tagesmüttern meist auf ihren Gesamteindruck verlassen. Dazu gehört auch, ob sie die Art mögen, wie die Bezugsperson mit ihrem Kind spricht. Seine Mutter- (und Erzieherinnen-)Sprache gut zu beherrschen ist schließlich eine der großen Entwicklungsaufgaben, die ihr Kleinkind vor sich hat. Da ist die Wahl des Vorbilds nicht ganz unwichtig.

Ob nun Krippe, Kita oder Tagespflege, »die Qualität der Betreuungseinrichtungen für unter Dreijährige ist heute in Deutschland leicht niedriger als die im Kindergartenbereich«, sagt Tietze. Dass es daran noch hapert, erklärt sich zum Teil sicher dadurch, dass die Erzieherinnen auf diesem Sektor weit weniger Erfahrung haben. »Es hat aber auch damit zu tun, dass diese Einrichtungen im Westen immer noch als die ›Schmuddelkinder‹ der Pädagogik betrachtet werden«, kritisiert Tietze. »Sie können sich nicht entwickeln, solange man ihnen in der Gesellschaft nur eine Art Randlage zugesteht.« In den alten Bundesländern stecken die Krippen also sozusagen noch in den Kinderschuhen. Eltern, die ihre Kinder so früh schon hier »abgeben«, werden manchmal misstrauisch beäugt. »Neulich wurde ich Zeuge, wie eine Erzieherin sich mitleidig zu einem Kleinkind beugte mit den Worten: ›Ach, du armes Würmchen, jetzt musst du also auch schon so früh zu uns!‹ Wie will man gute Arbeit leisten, wenn das pädagogische Personal nicht dahinter steht, sondern einer Mutterideologie verhaftet ist, aus der es sich unbedingt lösen müsste?« Gute Qualität, davon ist Tietze überzeugt, ist in diesem Bereich auch an die Quantität des Angebots gebunden: »Erst wenn es normal wird, dass unter Dreijährige in eine Kita gehen, erst wenn es viel mehr davon gibt, erst wenn die Vorbehalte und das schlechte Gewissen verschwinden, werden die Einrichtungen für diese Zielgruppe besser werden.«

Wenn die regulären Kindergärten im Schnitt bei der Qualitätsprüfung besser abschneiden: Liegt es dann nicht nahe, ein unter Dreijähriges für einen der Plätze anzumelden, die Kindergärten neuerdings im Rahmen des Tagesbetreuungsausbaugesetzes (TAG) für diese Altersgruppe bereitstellen? »Damit wäre ich auf jeden Fall vorsichtig«, sagt der Kleinkind-Pädagoge. »Kindergärten nehmen heute im Schnellverfahren zwar Kinder unter drei Jahren auf. Damit ist aber nicht gesagt, dass sie deren Bedürfnisse erfüllen können. Gerade kleine Kinder brauchen auch kleine, überschaubare Gruppen, die individuelle Zuwendung der Erzieherin, die mit dieser Altersgruppe Erfahrung hat, und natürlich eine verlängerte Eingewöhnungsphase.« Der normale Kindergarten ist also allenfalls für Kinder zwischen zwei und drei Jahren, die ohnehin bald zu den »Großen« gewechselt wären, eine Lösung. Grundsätzlich stehen die Kindergärten, die sich nach dem Willen des Gesetzgebers für Kleinkinder öffnen, bei den Experten aber unter dem Verdacht, eine bequeme Mogelpackung darzustellen: Die Einrichtungen, die wegen des Geburtenrückgangs teilweise mit Kinderknappheit zu kämpfen haben, füllen sich, gleichzeitig entsteht der schöne, aber leider nicht ganz richtige Eindruck, dass so viele Krippenplätze doch gar nicht fehlen …

»Damit es Kleinkindern in einem Kindergarten für Drei- bis Sechsjährige gut geht, ist auf jeden Fall eine geschickte Pädagogik nötig«, sagt Tietze. Das beginnt schon mit der Ausstattung. »Zweijährigen würde man eher Lego-Duplo-Steine anbieten, während die älteren Kinder schon mit den kleinen Legosteinen spielen wollen, die die Kleinen aber verschlucken könnten – das in einem Raum anzubieten, erfordert schon gute Organisation.« Noch größer ist die Herausforderung, die Kleineren wirklich in die Abläufe zu integrieren. Malen, Basteln, im Stuhlkreis erzählen wie die Größeren können sie noch nicht. »Vielleicht sitzen sie äußerlich ganz friedlich dabei. Sie werden dann sozusagen vergessen: Die Erzieherinnen denken, dass sie interessiert zuschauen, dabei haben sie sich innerlich längst vom Geschehen abgekoppelt.« In den alten Bundesländern hatten die Erzieherinnen meist während der Ausbildung nicht mit Kleinkindern zu tun. »Krippen spielten ja allenfalls eine marginale Rolle, wo sollten sie ein solches Praktikum machen?« Deshalb sollten Eltern ruhig auch fragen, ob die Kindergarten-Erzieherinnen Fortbildungen gemacht haben, um mit den neuen Mitgliedern ihrer Gruppen angemessen umgehen zu können.

Auch wissenschaftlich sei vieles ungeklärt, betont Tietze: Ob es für beide Altersgruppen eigentlich gut ist, wenn die Größeren die Kleineren herumschleppen und sich um sie »kümmern«, wisse man streng genommen nicht. »Zu solchen Fragen fehlen wissenschaftliche Studien, argumentiert wird von beiden Seiten, von den Anhängern der altersgemischten und denen der altershomogenen Gruppen, heute eher ideologisch.« Was an Daten vorliege, spreche aber nicht für die Aufnahme der ganz Kleinen in Gruppen von Kindergartenkindern, meint der Wissenschaftler. »Wo sich ältere Kinder um die Kleinen kümmern, kommt sehr schnell ein Dominanzverhältnis, eine Form der Bemutterung, zustande. Das sollte man nicht unbesehen für gut halten.«

Wie können die Erziehungsberechtigten entscheiden, ob es in diesem konkreten Fall, in diesem besonderen Kindergarten, bei diesen Erzieherinnen doch zu verantworten ist, ihr Kleinkind in eine reguläre Kindergartengruppe zu geben? »Man sollte zuerst einmal fragen, was in dieser Einrichtung speziell mit den Kleinen gemacht wird. Wie ist der Tagesablauf? Machen alle Kinder den ganzen Tag alles gemeinsam? Oder werden die Kleinen extra beschäftigt, während die Älteren ein naturwissenschaftliches Experiment machen? Wichtig ist auch, dass es im Raum Ecken gibt, die nur den Kleinen vorbehalten sind, Rückzugsorte, die die Großen nicht betreten dürfen, um zum Beispiel mit Kissen zu werfen.« Die Eltern sollten sich vor Augen führen, dass ihre Kleinkinder in diesen Kindergartengruppen nicht nur die Kleinsten sind, sondern auch eine Minderheit darstellen. Und dass sie von ihrer körperlichen Entwicklung her andere Bedürfnisse mitbringen. »Man sollte deshalb auch schauen, ob es in diesem Kindergarten überhaupt eine Wickelecke gibt.«

Der Kindergarten, in den ein paar wenige Kleinkinder aufgenommen werden, ist also insgesamt eher eine problematische Lösung – die Eltern sollten ihn sich auf jeden Fall ganz genau anschauen und gezielte Fragen stellen. Tagesmütter sieht der Kleinkindpädagoge vor allem als gute Lösung für die Jüngsten, die

Zwei- bis Dreijährigen profitieren – wenn man denn die Ergebnisse internationaler Studien auf hiesige Einrichtungen übertragen kann – etwas mehr vom eigens für sie gedachten öffentlichen Betreuungsangebot. Schwierige Frage an den Wissenschaftler, der für die Qualität der kleinkindlichen Bildung streitet: Wie schneidet in diesem Qualitätsvergleich denn die ganz private Zwergenschule zu Hause ab? Wie viel Bildung erwerben die Kleinkinder, die in den ersten drei Lebensjahren ganztags von Mutter (oder Vater) betreut werden? »Eine gute Tagesbetreuung erhöht die Bildungschancen vor allem für die Kinder, die zu Hause weniger gefördert werden«, sagt Tietze. »Gerade jetzt sind die ersten Daten aus einer Studie bekannt geworden, für die der Bildungsweg von über 15 000 Kindern in Großbritannien verfolgt wird. Diese Kinder sind inzwischen drei Jahre alt. Es zeigt sich, dass es schon bei ihnen, abhängig von der sozialen Herkunft, große Unterschiede in der Sprachentwicklung gibt: Die sprachgewandtesten Kinder sind bis zu einem Jahr weiter als ihre Altersgenossen, die am schlechtesten sprechen. Bisher wussten wir das vor allem aus Schuleingangsuntersuchungen, aber die Unterschiede zeigen sich schon weit früher.« Das zeigt, wie viel in diesem jungen Alter schon passiert. Es zeigt aber auch, wie unterschiedlich die Herkunftsfamilien sind, und wie stark sich das auf die Bildungschancen des Kindes auswirkt. »Eine gute Kita oder Tagesmutter bietet eine deutliche Erweiterung über das hinaus, was viele Familien leisten können. Trotzdem plädiere ich nicht für die Schulpflicht ab eins«, sagt Tietze. Auch einen obligatorischen »Elternführerschein« möchte der Mann, der das Kita-Gütesiegel entwickelt hat, nicht einführen.

Interessant findet er allerdings, dass die frühen Betreuungsangebote heute vor allem von gut ausgebildeten jungen Eltern nachgefragt werden. Wir hatten am Beispiel der Großstadt München schon gesehen, dass die Akademikerquote in den kommunalen Krippen heute hoch ist. »Die Krippe ist heute keineswegs der Arme-Leute-Ort, das Gegenteil ist der Fall«, sagt Tietze, »es sind die gut qualifizierten Eltern, die ihre Kleinkinder schon früh von Tagesmüttern oder in Kitas betreuen lassen. Sie wollen nicht nur Beruf und Familie vereinbaren, sondern sagen auch: Wir möchten, dass unsere Kinder Erfahrungen mit anderen Kindern machen.« Dass es diesen Eltern keineswegs nur um ihre eigene Karriere zu tun ist, zeigt sich nach Tietzes Beobachtungen an den vielen (Bildungs-)Angeboten, die sie schon während der Elternzeit zusammen mit ihren Säuglingen wahrnehmen: Gruppen, die Säuglinge nach dem Prager Eltern-Kind-Programm (PEKiP) fördern, Babyschwimmen, Spielgruppen für Mutter und Kind.

Für Kinder, die bei ihrer Mutter bleiben und erst mit drei Jahren in den Kindergarten kommen sollen, sind solche Angebote mit zunehmendem Alter besonders wichtig. Nicht alles, was man lernen kann, lernt man zu Hause von selbst. Kinder, die in eine Krippe oder zu einer Tagesmutter gehen, sind in einigen Punkten meist selbständiger. Gerade neulich habe er in einer Kita einen kleinen Jungen gesehen, »er war vielleicht 20 Monate alt«, der sich seinen Anorak selbst angezogen habe, »das hat zehn Minuten gedauert und er hatte ihn nachher auch nicht ganz richtig an«. Seine Mutter hat sich auf jeden Fall gewundert: »Zu Hause macht er das nicht!«

Gerade weil besser ausgebildete Eltern heute verstärkt auf solche pädagogischen Effekte der zeitweiligen Fremdbetreuung setzen, findet es Tietze bedenklich, dass Krippenplätze heute Mangelware sind: »Es werden immer die Mittelschichtfamilien sein, die sich mehrere Einrichtungen anschauen und beim Kampf um einen Platz in einer guten Einrichtung die Nase vorn haben. Sie achten auf Qualität, sie können sich besser durchsetzen und stehen notfalls sieben Mal in der Kita auf der Matte. Kurz: Sie sind es, die den besten Zugang zu den Agenturen des sozialen Wandels haben.«

So oder so, ganz unter der Obhut der Eltern oder teilweise in der von anderen Bezugspersonen: Zwischen seinem ersten und seinem dritten Geburtstag hat ein Kind ein enormes Bildungs-Pensum zu bewältigen. Der Spezialist für Kleinkind-Bildung fasst auf Nachfrage gern zusammen, was es am Ende dieser Lebensphase unbedingt gelernt haben sollte – sozusagen das ›Weltwissen der Dreijährigen‹: »Von Dreijährigen, die in den Kindergarten kommen, können wir eigentlich schon eine Menge erwarten: Die Kinder können sich sprachlich schon gut verständigen, sie beherrschen die Sprache zwar noch nicht vollständig, das ist klar, aber die Erzieherinnen können sie gut verstehen, und es gelingt ihnen auch, sich mit den anderen Kindern in der Gruppe zu verständigen. Daran liegt ihnen auch viel: Sie sind im besten Neugier-Alter. Besonders wenn sie schon Erfahrungen mit Gruppen von Kindern haben, gehen sie auf andere Kinder zu. Sie haben gelernt, sich mit ihnen auseinander zu setzen, auch, sich zu behaupten. Sie haben schon eine Reihe von sozialen Erfahrungen hinter sich, haben Konfliktsituationen erlebt. Bei den Eineinhalb- bis Zweijährigen geht es dabei ganz wesentlich um Besitzstände, die umkämpft sind. Mit drei Jahren kann sich ein Kind dann tendenziell schon in andere Kinder hineinversetzen, es weiß, dass das andere Kind traurig ist, dass es ihm wehtut, wenn man es schlägt. Ein anderer Punkt, den wir heute allerdings nicht mehr so rigide betrachten: Die Sauberkeitserziehung ist im Wesentlichen abgeschlossen. Von seiner neurologischen Entwicklung her ist das Kind auf jeden Fall so weit, dass es seinen Schließmuskel kontrollieren kann. Wichtig ist der Bereich der selbständigen Erkundung: Kinder sollten bis zu diesem Zeitpunkt gelernt haben, dass es spannend ist, die Welt zu erschließen. Und sie kennen schon viele Zusammenhänge. Sie wissen zum Beispiel, dass die Oma, wenn sie am Telefon zu ihnen spricht, nicht in der Hörermuschel sitzt. Sie haben für ihre Erkundungen von der Bewegung her die nötigen Voraussetzungen: Sie klettern, sie rutschen, sie laufen herum, sie haben Freude an der eigenen Bewegung – nichts ist vor ihnen sicher.« Mit sichtlicher Freude beschreibt der Spezialist für Kleinkind-Pädagogik zum Abschluss unseres Gesprächs, was das Kind am Ende dieser aufregenden Lebensphase können sollte.

Wir wollen im nächsten Teil einige Familien in der Phase zwischen eins und drei begleiten, in der die Kinder all diese Dinge lernen: Ab wann sind die Kleinen reif für die »Fremdbetreuung«? Und wie sind die Erfahrungen, die ihre Eltern dabei gemacht haben?

Resümee

Dass mehr Betreuungsplätze für Kinder unter drei Jahren benötigt werden, zeigen Studien wie die des Deutschen Jugendinstituts eindeutig: Die Eltern wollen und brauchen die Plätze. Wenn es endlich mehr Kita- und Tagesmutter-Plätze gibt, bedeutet das zugleich mehr Wahlmöglichkeiten, und damit die Chance auf mehr Qualität.

Dadurch erhöhen sich vor allem für »sozial schwache« Familien die Chancen auf einen guten Betreuungsplatz. Die vielbeschworene Chancengleichheit erscheint zumindest als Möglichkeit am Horizont. Heute kann davon noch nicht die Rede sein. Der Mangel an Betreuungsplätzen für Kinder unter drei Jahren trifft die ohnehin benachteiligten Familien härter. Denn die gut ausgebildeten Eltern sind hartnäckiger beim Aufspüren und im Erstreiten von Plätzen in Einrichtungen mit gutem Ruf. Und sie haben heute mit größerer Wahrscheinlichkeit Anspruch auf einen Platz, weil sie die wichtige Eingangsvoraussetzung erfüllen: Sie haben Arbeit.

Um diese Ungleichheit zu beseitigen, ist es eine gute Idee, das Recht auf einen Kita-Platz für alle unter Dreijährigen gesetzlich festzuschreiben. Für einen (Halbtags-)Kindergartenplatz gilt dieses Recht heute schon. Dafür muss das Kind drei Jahre alt sein. Drei Jahre, das könnte sich aber als willkürliche Grenze erweisen.

Kitas sind Bildungseinrichtungen, gute Kitas fördern nachweislich die Sprachentwicklung. Deshalb sind sie für Kinder mit Migrationshintergrund besonders wichtig.

Ob es schwer oder leicht ist, einen Betreuungsplatz für ein Kleinkind zu bekommen, hängt in Deutschland besonders stark vom Wohnort ab. Auf jeden Fall empfiehlt es sich, schon während der Schwangerschaft, spätestens nach der Geburt des Kindes Erkundigungen anzustellen. Das klingt zwar verrückt, es erhöht aber nicht nur die Chancen auf einen Platz, sondern regt auch die Phantasie der Eltern zu einer konkreteren Lebensplanung an. Wenn ein Paar darüber gesprochen hat, wie es die Betreuung verteilen will, erhöht es damit auch die Chancen, dass Arbeit und Familie sich nach der Elternzeit harmonisch vereinbaren lassen.

Auch wenn die Nachfrage nach Kleinkindbetreuung heute weit höher ist als das einschlägige Angebot, sollte man die Einrichtungen, die in Frage kommen, doch auf ihre Qualität prüfen. Wenn man dort im Vorfeld nicht für Gespräche und Fragen offen ist, ist das schon ein schlechtes Zeichen und ist die Suche nach Alternativen angesagt.

Darüber, ob eine altershomogene oder eine altersheterogene Gruppe für kleine Kinder »besser« ist, ist wissenschaftlich das letzte Wort noch nicht gesprochen. Ein Aspekt könnte sein, ob das Kind Geschwister hat und Altersunterschiede schon zu Hause kennenlernen konnte.

Besonders kritisch prüfen sollten Eltern auf jeden Fall Kindergärten, die erst seit einiger Zeit wenige unter Dreijährige aufnehmen und in den regulären Gruppen mitbetreuen: Sind die Erzieherinnen darauf vorbereitet, stimmen die Einrichtung der Räume und der Tagesplan? Oder besteht die Gefahr, dass die Kleinsten nur »mitlaufen« und weniger von der Kita haben, als sie bei guter Förderung davon haben könnten? Eine gewissenhafte Prüfung im Vorfeld hat nichts mit Misstrauen zu tun, sondern trägt wesentlich zur eigenen inneren Sicherheit bei der Entscheidung bei.

Wie sind die Erfahrungen
mit den einzelnen Betreuungsformen?

Eltern und Experten berichten

»Um ein Kind zu erziehen, braucht es ein ganzes Dorf.«
(Afrikanisches Sprichwort)

Spätestens ab hier ist der Titel dieses Buches ohne Fragezeichen zu lesen: Die Menschen, die jetzt vorgestellt werden, haben die Frage »Unter drei schon aus dem Haus?« für sich bereits beantwortet: Sie sind Eltern von Kindern, die extern betreut werden oder sie sind selbst aktiv als Tagesmütter oder Kita-Betreiberinnen oder sie forschen darüber, wie die Rahmenbedingungen sein müssen, damit die Jüngsten sich »fremd«-betreut wohl fühlen. Wie sind die Erfahrungen, die Familien in und mit den verschiedenen Betreuungsformen machen? Welche elterlichen und kindlichen Bedürfnisse werden eher bei einer Kinderfrau oder Tagesmutter, welche in einer größeren Kita oder in einer kleineren Elterninitiative berücksichtigt? Welche Nachteile hat die jeweilige Form der Betreuung?

Zusätzlich wollen wir zumindest einen kleinen Blick über die Grenzen werfen und die Situation in Ländern betrachten, die in der Kita-Frage eher als Vorbilder gelten. Ein Verhaltensbiologe macht sich anschließend Gedanken darüber, wann ein Kind reif ist für die außerhäusliche Betreuung – und unter welchen Bedingungen umgekehrt die Kita reif ist für die kleinen Kinder.

Das sind Fragen, die auch die Kinderärzte beschäftigen. Obwohl sie wichtige Ansprechpartner junger Eltern und Experten für kindliche Entwicklung sind, haben sie bisher in der aktuellen Debatte als Berufsstand noch wenig Gehör gefunden. Am Ende dieses Buchteils attestieren gleich mehrere Vertreter ihres Berufsverbandes der Tagesbetreuung eine wichtige Funktion für die körperliche und psychische Entwicklung der Ein- bis Dreijährigen.

Von kommunaler Kita bis Kinderfrau: Betreuung konkret

»Unser Kind soll sich nicht als Mittelpunkt der Welt fühlen«

Ein Gespräch mit Anna S., Mutter von Emil (3) und Timo (1 Monat)

So schön kann sich Elternzeit ausnehmen: Eine geräumige Dachterrasse in Berlin-Mitte, der Fernsehturm ist fast zum Greifen nah und glitzert in der Frühlingssonne. Auf dem Tisch liegen noch die Frühstückssets. Es ist später Vormittag, die junge Mutter hat ihr vier Wochen altes Baby an der Brust. Der Kinderstuhl neben ihr ist aber im Moment nicht besetzt. Er gehört ihrem bald dreijährigen Sohn, der gerade im Haus nebenan in der Kita spielt – und an den auch in seiner Abwesenheit viele Spielsachen in der Wohnung erinnern.

So idyllisch es jetzt auch ist, am helllichten Tag auf der Terrasse Stilltee zu trinken: Die Mutter der beiden kleinen Jungen ist keinesfalls gewillt, die Elternzeit auf mehrere Jahre auszudehnen. »Mein Mann und ich, wir waren uns beide schon vor Emils Geburt einig, dass Kleinkinder in die Kita gehören«, sagt die 30-jährige Juristin Anna S. »Ich wollte auf keinen Fall länger zu Hause bleiben, ich wusste, da werde ich wahnsinnig!«

Ihr Mann Christian, Projektmanager für IT-Projekte in einem großen Unternehmen, stammt aus Schweden und lebt schon länger in Berlin, sie selbst ist im Berliner Bezirk Prenzlauer Berg aufgewachsen. Die DDR-Bürgerin und der Schwede, beide sind in Ländern groß geworden, in denen es das Normale war, dass Babys schon vor ihrem ersten Geburtstag einen Teil des Tages außerhalb der Familie in einer Einrichtung verbrachten. »Wir sind uns darin einig, wie wichtig es ist, dass Kinder in Gruppen zurechtkommen, weil das im späteren Leben immer wieder gefordert ist«, sagt Anna. »Soziales Verhalten, Teilen, Toleranz, aber auch Durchsetzungsvermögen kann man nur in einer Gruppe lernen. Die Mutter und der Vater können das dem Kind zwar immer wieder sagen und auch soziales Verhalten im Familienverband vorleben, wirklich verinnerlichen wird es das Kind aber erst in einer Gruppe von Gleichaltrigen, wo es auf diese Fähigkeiten ankommt, wenn man zusammen Spaß haben will.«

Wie das damals bei ihnen selbst war, wissen Anna und ihr Mann natürlich nur noch aus Erzählungen der Eltern. Anna jedenfalls kam schon mit sechs Monaten in die Krippe der Hochschule für Ökonomie in Berlin-Karlshorst. »Meine Eltern waren beide sehr jung und haben noch studiert, als ich geboren wurde.« In der Krippe war sie ganztags untergebracht. Als sie drei Jahre alt war, zog sie für ein paar Jahre mit ihren Eltern nach Afrika. Als Kind von Botschaftsangehörigen kam sie dort in den Botschaftskindergarten.

Christian ist in der Nähe von Göteborg auf dem Land aufgewachsen und hat im Unterschied zum Einzelkind Anna noch einen älteren Bruder. Auch er kam schon früh in eine Einrichtung für Kleinkinder: Mit fünf Monaten, aber nur für den halben Tag. »Während ich ein Stadtkind war, konnte er den ganzen Nachmittag mit seinem Bruder im Wald herumstromern«, erzählt Anna. Dass ihr Mann schon als Baby den halben Tag in einer Kita verbrachte und dass seine Mutter in dieser Zeit berufstätig war, ist auch in seinem Land seit den 70er Jahren ganz normal – und das nicht nur in den Großstädten. Anna schätzt die schwedischen Wurzeln ihres Mannes – vor allem im Vergleich zu deutschen Männern aus dem Westen. »Er wollte eigentlich immer, dass ich in meinem Beruf Karriere mache.« Unter den Freunden in Schweden, die die Familie jedes Jahr im Sommer besucht, sind einige Männer, die ein halbes Jahr oder länger Elternzeit genommen haben. Christian selbst wird die zwei zusätzlichen Monate, die nach der neuen Regelung Paaren nur zustehen, wenn beide sich an der zeitweiligen Arbeitsniederlegung beteiligen (den sogenannten »Wickel-Bonus«), ans Ende der Elternzeit legen. Wenn alles so geht wie geplant, wird dann der kleine Timo, der jetzt noch an der Mutterbrust liegt, auch schon ein Kita-Kind sein – wie sein großer Bruder Emil.

»Mit acht bis neun Monaten wurde es Emil zu langweilig, nur in meiner Gesellschaft zu sein«, erzählt Anna. Sie hatte das Gefühl, dass Abwechslung her musste. »Wenn der Postbote kam, war das Kind fröhlich.« Auch für Anna war eine Veränderung wichtig, denn es wurde zunehmend schwierig, die juristische Heimarbeit zu schaffen. Die Schlafphasen ihres Kindes wurden kürzer und unregelmäßiger.

Einen Kita-Platz hatte sie schon sicher – allerdings erst für den Sommer, wenn Emil 15 Monate alt sein würde. Die Familie fand schließlich eine andere Kita, in der ihr Sohn auch gleich aufgenommen wurde. Während der Eingewöhnungsphase, in der Anna stundenweise mit ihrem Sohn in der Kita blieb, ging alles gut. Emil spielte konzentriert und fühlte sich sichtlich wohl. Später, als er allein und länger dort blieb, zerriss es Anna allerdings zwei Wochen lang fast das Herz, wenn sie ihren Sohn abholte: Weil er sich mit dem gemeinschaftlichen Mittagsschlaf noch schwer tat, war er von den Erzieherinnen regelmäßig in einen Nebenraum verfrachtet worden. Und dort schrie er jämmerlich, wenn sie ihn gegen 14 Uhr abholte. »Immer wenn ich kam, stand er allein im Gitterbett, ich bekomme noch heute eine Gänsehaut, wenn ich daran denke.« Ehe Anna jedoch so weit war, den Versuch abzubrechen, war Emil im gemeinschaftlichen Mittagsschlafzimmer angekommen und schlief dort prächtig. Noch heute überlegt sie, ob ihm diese Eingewöhnungsphase geschadet haben könnte. »Aber danach ging alles so großartig, er fühlte sich sichtlich wohl.« Nach einigen Monaten ging das allerdings den Eltern anders, denn sie hatten das Gefühl, dass ihr Kind, das inzwischen kein Baby mehr war, in der Gruppe nicht genügend angeregt und gefördert wurde. »Der Schwerpunkt der Arbeit lag in dieser Kita eindeutig auf der Betreuung, nicht auf frühkindlicher Förderung.«

Mit einem Jahr und einem Monat kam Emil deshalb in die Kita, die gleich neben seinem Elternhaus liegt – und in der gerade durch einen glücklichen Umstand schon zwei Monate früher als gedacht ein Platz frei geworden war. Hier ist er seitdem, und hier soll auch sein kleiner Bruder in einigen Monaten sein außerfamiliäres Leben beginnen. Die Eingewöhnung gestaltete sich diesmal problemlos, »Emil war offensichtlich an das Gruppenleben schon gut gewöhnt und hatte die Erfahrung gemacht, dass man an einem solchen Ort seinen Spaß haben kann«. Und die Eltern sind zufrieden, weil in dieser Kita viel mit den Kindern gebastelt, gemalt, gesungen und getanzt wird.

Emils Werktag beginnt mit dem gemeinsamen Frühstück gegen acht Uhr, nach Mittagessen, Mittagsschlaf und anschließendem Nachmittagsimbiss wird er gegen drei Uhr abgeholt. »Die

Kinder sind dann ausgeruht, satt und zufrieden, so dass man am Nachmittag zusammen etwas Schönes unternehmen kann«, erzählt Anna. Bei schönem Wetter gehen gleich ein paar Mütter und Väter mit ihren Kindern zusammen zu einem der nahe gelegenen Spielplätze. Für Anna ist das im Moment besonders angenehm, weil immer jemand hilft, Emil auf die Schaukel zu heben, wenn sie gerade das Baby auf dem Arm hat.

Fünf Stunden Familienzeit bleiben an solchen Werktagen, bis Emil nach Baden, Abendessen, Gutenachtgeschichte und Gesang gegen acht Uhr todmüde ins Bett sinkt. In der Kita ist er für sieben Stunden angemeldet, einschließlich Mittagsschlaf. Seit zwei Jahren hat der kleine Junge, der bald drei Jahre alt wird, also zwei Lebensmittelpunkte. »Mein Kind verbringt mehrere Jahre lang einen guten Teil des Tages in dieser Einrichtung. Deshalb will ich auch etwas Einfluss auf das Leben dort nehmen«, sagt seine Mutter. Sie ist eine tatkräftige und engagierte Frau, und sie hat sich als Elternsprecherin zur Verfügung gestellt. Dafür gibt es, neben dem Wunsch zur Mitgestaltung, für die Juristin auch ein zweites Argument: »Ich habe einfach lieber Informationen aus erster Hand.« Kein Wunder, dass sie mittlerweile auch Sprecherin der Gruppensprecher geworden ist und als solche auch eine »Etage« höher sitzt, im Bezirkselternausschuss.

Eine staatliche Kita ist keine Elterninitiative, man muss als Mutter oder Vater weniger mithelfen. Aber man kann auch weniger gestalten, denn die Strukturen sind klar vorgegeben. Trotzdem gibt es eine Menge kleiner Dinge, auf die die Elternsprecher der verschiedenen Gruppen Einfluss nehmen können: Man kann etwa organisieren, dass Eltern in ihrer Freizeit bei der Pflege des Gartens helfen, der zur Kita gehört, man kann Flohmärkte und Nikolaus-Basare organisieren, um an etwas mehr Geld für Materialien und Spielzeug zu kommen. Und man kann Einfluss auf den Umgangston oder den Speiseplan nehmen, indem man die diesbezüglichen Klagen der Eltern an die Erzieher und an die Kita-Leitung weitergibt.

Eigentlich aber würde Anna auch gern öfter während einer Elternversammlung mit den Erzieherinnen und den Müttern und Vätern aus der Gruppe ihres Sohnes über Themen reden, die im engeren Sinn die Erziehung ihrer Kinder betreffen, solche Treffen gibt es ihrer Ansicht nach zu selten. »Gerade bei den kleineren Kindern, die noch nicht sprechen können, ist der Informationsfluss zwischen Erzieherinnen und Eltern ja extrem wichtig.« Aber auch ein Kind wie Emil, das schon früh sehr gut (in zwei Sprachen) sprechen konnte, erzählt ja längst nicht alles, was eine Mutter aus dem Kita-Alltag interessieren könnte. »Ich habe zum Beispiel nur per Zufall erfahren, dass er jetzt zum Schlafen keine Windel mehr braucht.« Anna wüsste auch gern mehr darüber, mit wem Emil eigentlich in letzter Zeit aus der Sicht der Erzieherinnen am liebsten spielt. »Wenn man die Erzieherinnen gezielt fragt, erfährt man natürlich eine ganze Menge, aber ich fände es schön, wenn sie auch mehr von sich aus berichten würden.« Bei Gruppen von 16 Kindern ist das für die zwei Erzieherinnen aber schwer realisierbar.

Deshalb wurde inzwischen das halbstündige Entwicklungsgespräch eingeführt, das nach dem neuen Berliner Bildungsprogramm für Kitas einmal im Jahr angesetzt ist: Dort berichten die Erzieherinnen den Eltern über die Fortschritte, die das Kind im letzten Jahr gemacht hat. Und sie wollen auch von den Eltern hören, wie die ihr Kind eigentlich sehen.

Dass Emil für sein Alter ausgesprochen selbständig ist, gut mit anderen Kindern spielen kann und offen auf »neue« Menschen zugeht, führt Anna zu einem guten Teil auf seine Kita-Erfahrungen zurück. Die Debatte darüber, ob es für Kinder unter drei denn gut sei, in der Gruppe betreut und erzogen zu werden, bringt bei der jungen Frau, die in den 70er Jahren in der DDR aufwuchs, Geschichten aus längst vergangenen Tagen an die Oberfläche: »Meine Tante ist mit ihren zwei Kindern kurz nach der Wende in den Westen gegangen, in einen Vorort von Köln. Wir hörten immer wieder, dass meine Cousine und mein Cousin es dort schwer hatten, weil sie anders waren als ihre Altersgenossen aus dem Westen, selbständiger. Und dass meine Tante als Rabenmutter beschimpft wurde, weil sie arbeiten ging.« Bei Anna verfestigte sich da schon früh der Gedanke, dass ihre Kinder später einmal nicht zu lange bei Mami bleiben, sondern auch das Leben in der Gruppe lernen sollten. »Ich wollte nicht, dass sie sich als Mittelpunkt der Welt fühlen.« Anna glaubt, dass Kinder in einer Gruppe von Altersgenossen leichter Regeln lernen, weil die auch für die anderen gelten, und dass sie früher lernen, selbständig zu essen, sich anzuziehen und ohne Schnuller und Windeln auszukommen.

Mittlerweile ist es Mittag geworden, der Fernsehturm leuchtet immer noch, das Baby schläft selig und süß auf dem Arm der Mutter. »Vor allem für die ganz Kleinen wäre es schon schön, wenn die Gruppen kleiner wären«, sinniert Anna. Timo wird bald einer von ihnen sein. Jeder stillenden Mutter kommen wohl ein paar Bedenken, wenn sie an diese Zeit denkt, von der sie und ihr Kind nur noch ein paar Monate trennen. »Immer wenn ich anfange zu zweifeln, überlege ich mir: Was würdest du zu Hause besser machen?«, sagt Anna. Dann fällt ihr zuerst das Kuscheln ein, das Trösten und das ganz persönliche Miteinander-Reden. Sie sagt sich aber immer wieder, dass all das auch nach dem Abholen noch in den gemeinsamen Teil des Tages hineinpasst. Und sie hält sich den Frust vor Augen, der sie schnell überfallen würde, wenn sie ganz zu Hause bliebe. »Vielleicht gibt es Frauen, die das können, drei Jahre mit einem kleinen Kind den ganzen Tag zusammen sein und immer geduldig bleiben. Ich wäre wahrscheinlich nach kurzer Zeit total genervt, und das würde auch mein Kind spüren.«

»Meine Tochter ist morgens in der Kita die Erste«

Ein Gespräch mit Corinna Zywietz, alleinerziehende Mutter von Julia (3)

Obwohl sie wirklich kaum eine Minute ihrer knappen Zeit zu verschenken hat, erzählt Corinna Zywietz bereitwillig von den organisatorischen Lösungen, die sie für ihren Alltag mit Tochter und Beruf gefunden hat. »Ich finde es gut, wenn andere Eltern beim Start schlauer sind als ich.«

Der Tag beginnt früh für Corinna und die dreijährige Julia. Meist steht Corinna um zehn nach vier auf, allerspätestens darf es halb fünf werden. Denn um fünf muss sie ihre Tochter wecken. »Montag ist immer der schwerste Tag, danach fällt Julia das Aufstehen von Tag zu Tag leichter«, erzählt sie. Um zehn nach sechs, spätestens aber um halb sieben kommen die beiden in der Kita an. Die noch nicht ganz dreijährige Julia ist dort morgens das erste Kind. Die Möglichkeit zur frühmorgendlichen Betreuung gibt es überhaupt erst, seit die Pflegehelferin sie für ihre Tochter brauchte, die zu diesem Zeitpunkt schon seit einigen Monaten in der Kita war. Damit war ein Bedarf für ein solches Zusatzangebot vorhanden. Inzwischen machen auch andere Eltern aus allen Gruppen dieser großen Kita vom frühen Angebot Gebrauch. Am frühen Morgen werden die Kinder noch gruppenübergreifend betreut.

Corinna Zywietz ist selbstverständlich froh darüber, dass sie Julia so früh abgeben kann. Als ihre Tochter mit etwa 14 Monaten in die Kita kam, hat sie sich die Betreuung noch mit dem Vater des Mädchens geteilt. Sie hat zu diesem Zeitpunkt in ihrem Krankenhaus im Schichtbetrieb gearbeitet, der Vater hat das Kind gebracht, wenn sie Frühdienst hatte, und abgeholt, wenn sie im Spätdienst eingesetzt war. Das ging jedoch nur fünf Wochen gut. Dann hat sie gemerkt, dass sie sich auf ihren Ex-Freund nicht so verlassen konnte, wie das nötig ist, wenn ein Kleinkind gut behütet aufwachsen soll. »Als er einmal völlig betrunken nach Hause kam, habe ich mir endgültig gesagt, dass das so nicht geht.«

Aber wie sollte es sonst gehen? Regelmäßige familiäre Unterstützung konnte die 37-Jährige nicht erwarten, denn ihre Eltern sind dazu gesundheitlich nicht in der Lage. Sie ließ sich in ihrer Not erst einmal fünf Wochen krankschreiben. In dieser Zeit konnte sie sich hinsichtlich ihrer Rechte ein wenig schlau machen, sie bekam auch einen Termin bei der Frauenbeauftragten ihres Arbeitgebers, der Berliner Charité. So fand sie heraus, dass ihr als alleinerziehender Mutter ohne Hilfe aus der Familie oder der Nachbarschaft nach dem Bundesarbeitszeitgesetz das Recht auf eine feste Arbeitszeit zusteht – bis sich ihre Lage ändert, oder bis ihr Kind sein zwölftes Lebensjahr vollendet hat. Inzwischen arbeitet sie regelmäßig in der Frühschicht, von sieben bis 15 Uhr. In ihrem Arbeitsbereich ist sie weit und breit die Einzige, die ein kleines Kind hat. »Das Gesetz sieht vor, dass 15 Leute eine Mutter tragen müssen«, weiß Corinna Zywietz inzwischen. Als sie vor dreieinhalb Jahren mit 34 schwanger wurde, fehlte ihr diese Gesetzeskenntnis noch. »Überhaupt bin ich auf die Mutterschaft nicht vorbereitet gewesen.«

Nun trägt sie die gesamte Verantwortung, und sie erzählt, dass ihre Tochter bisher nur zwei Nächte von ihr getrennt war –

als sie noch Schichtdienst hatte. Schon deshalb findet sie es gut, dass es die Kita gibt: Wegen der anderen Bezugspersonen. »Wenn die Kita nicht wäre, gäbe es keinen echten Gegenpol zu meiner Person.«

Am frühen Morgen wechseln in dieser großen Einrichtung die Bezugspersonen fast täglich: Erst ab acht Uhr, wenn alle Kinder zum Frühstück eintrudeln, werden sie in ihren festen Gruppen von ihren festen Erzieherinnen betreut. Am Anfang hatte die junge Mutter Bedenken, ob es für ein kleines Kind überhaupt zumutbar ist, jeden Morgen als Erste zu kommen und immer von einer anderen Erzieherin begrüßt zu werden. »Inzwischen weiß ich aber, dass das für Julia auch Vorteile hat. Sie ist ganz anders mit der Kita vertraut als die anderen Kinder. Gleich in der Früh geht sie mit der Erzieherin, die gerade Dienst hat, in die Küche, dort trinken die Erwachsenen erst einmal zusammen Kaffee. Julia genießt ihre Sonderrolle und die Aufmerksamkeit, die sie dann bekommt.« Corinna Zywietz gibt ihre Tochter inzwischen mit gutem Gewissen schon so früh ab. Sie arbeitet bis 15 Uhr, gegen 16 oder 16.30 Uhr ist sie zum Abholen in der Kita. »Zeit für einen Friseurbesuch bleibt da nicht, und auch zum Zahnarzt müsste ich mal wieder.«

Natürlich ist Julia von allen Kindern immer zuerst müde. »Als sie noch kleiner war, ist sie manchmal schon am Frühstückstisch eingeschlafen. Heute hält sie bis zum Mittagessen durch. Doch dann schläft sie mindestens drei Stunden.« Corinna Zywietz gönnt es ihrer Tochter, dass sie mindestens einmal am Tag richtig ausschlafen kann und nicht aus dem Schlaf gerissen wird. Abends genießt Julia, obwohl sie am nächsten Morgen wieder früh raus muss, das Zusammensein mit der Mutter. »Ich gehe dann bei schönem Wetter möglichst lange mit ihr nach draußen, und ich habe auch nichts dagegen, ihr vor dem Einschlafen noch länger vorzulesen.« So kommt die Kleine selten vor acht ins Bett. Am Wochenende werden Mutter und Tochter meist gegen halb sieben wach, sie gönnen sich später einen gemeinsamen Mittagsschlaf.

Beide haben sich ganz gut an diesen Rhythmus gewöhnt. »Dabei war der Frühdienst früher immer mein Hassdienst!«, staunt Corinna. Für Spätdienst oder Nachtdienst könnte sie als alleinerziehende Mutter ohne familiären Rückhalt aber nicht die geeignete Betreuungsform finden. Damit die Mitarbeiter(-innen) mit Kindern Schichtdienst machen könnten, müssten die Krankenhäuser schon betriebseigene Kitas einrichten.

»Elterninitiativen sind klasse, aber auch sehr zeitaufwändig«

Ein Gespräch mit Andrea Müller, Mutter von Clara (4) und Mitglied der Elterninitiative »Sandflöhe« in Nürtingen

Anna und Corinna würden sich wünschen, dass die Erzieherinnen den Eltern beim Abholen öfter von sich aus erzählen, was am Tag in der Kita-Gruppe so gelaufen ist und wie es ihrem eigenen Kind erging. Solche Informationen fließen bei den »Sandflöhen« im schwäbischen Nürtingen reichlicher. Kein Wunder: In dieser Kleinkindgruppe sind nur acht Kinder, und die werden reihum von zwei Eltern aus der Gruppe betreut. Da bleibt Zeit für den Austausch – und jedes Mitglied hat ein eigenes Interesse daran.

Andrea Müller ist Anfang 2004 mit ihrer Tochter Clara zu den »Sandflöhen« gestoßen, als sie von einem Auslandsaufenthalt zurückkam und ihre Tochter eineinhalb Jahre alt war. Einerseits brauchte die Soziologin damals ein wenig Freiraum, »kinderfreie« Zeit«, um sich in Ruhe an ihre Doktorarbeit setzen zu können. Andererseits wünschte sie sich für Clara die Gesellschaft anderer Kinder. »Und ich wollte auch gern, dass sie in der ›Mama-und-Papa-freien‹ Zeit zu anderen Erwachsenen ein Vertrauensverhältnis aufbauen kann.«

Clara verbrachte in den nächsten eineinhalb Jahren nun vier Vormittage in der Woche im Spiegelsaal, einem Raum, der zur Kinderkulturwerkstatt des Trägervereins Freies Kinderhaus e. V. in Nürtingen gehört. Der Verein ging aus einer 1985 gegründeten Elterninitiative hervor. Vorbild war die Kinderladenbewegung der 70er Jahre, die sonst eher in den Großstädten der alten Bundesländer Fuß gefasst hatte. In seinen Einrichtungen und Projekten verfolgt der Trägerverein erklärtermaßen das Ziel, »selbstbestimmtes und sozial verantwortliches Handeln von Kindern und Jugendlichen zu ermöglichen, sowie die freie Entfaltung ihrer Persönlichkeit und Kreativität zu fördern«. »Das Kind hat ein Recht auf seinen Tag«, das ist eine der Maximen. Zum pädagogischen Konzept der »Sandflöhe« gehört es daher ausdrücklich, dass die Kinder viel Zeit für das freie Spiel bekommen. Außerdem sollen die lieben Kleinen lernen, Konflikte möglichst untereinander auszutragen, ohne dass die Erwachsenen sich gleich einmischen. Die etwas älteren Kindergartenkinder regeln vieles sogar noch selbständiger in einem regelmäßigen »Plenum«.

Zum Trägerverein Freies Kinderhaus gehören außer den »Sandflöhen« noch die Kindergruppe Freies Kinderhaus für Null- bis Sechsjährige, ein Waldkindergarten, die Kinderkulturwerkstatt, die Jugendwerkstatt, ein Beratungszentrum für junge Familien, sowie das Veranstaltungszentrum KulturKantine. Außerdem gibt es inzwischen die Elterninitiative »Wi-Wa-Wuschels«, eine andere Kleinkindgruppe, in der ganztags an allen Wochentagen professionelle Betreuung durch Erzieherinnen geboten wird.

Die »Sandflöhe« jedoch treffen sich nur von Montag bis Donnerstag zwischen neun und 12.30 Uhr, der Freitag ist frei. Zwei Eltern – meist Mütter – spielen mit den Kindern im Alter zwischen ein und drei Jahren. »An drei Vormittagen in der Woche hat man also frei, am vierten engagiert man sich«, erklärt Andrea Müller. In Vollzeit berufstätig sein kann man unter diesen Umständen natürlich nicht. Die Mütter studieren noch, sind in geringem Ausmaß freiberuflich tätig oder strecken ihre Fühler nach einer familienbedingten Pause langsam wieder in Richtung Berufstätigkeit aus. »In einer solchen Elterninitiative mitzuarbeiten, bedeutet einen hohen Zeitaufwand«, sagt Andrea Müller. Zum allwöchentlichen Engagement als Betreuerin kommen die regelmäßigen Elternabende. Dort werden nicht nur organisatorische und grundsätzliche pädagogische Fragen besprochen, sondern auch die Probleme einzelner Kinder behandelt. Und nicht zuletzt geht es um Konflikte zwischen den Eltern. »Es kann schon vorkommen, dass Eltern Kritik an bestimmten Verhaltensweisen ihrer Kinder zu persönlich nehmen, als wären sie daran schuld und würden nicht genug dagegen unternehmen. Natürlich kommt es auch immer darauf an, wie solche Kritik geäußert wird. Jedenfalls muss dann überlegt werden, wie die Gruppe hier angemessen und pädagogisch sinnvoll reagieren kann.« Und auch die Frage, wie im Umgang mit den Kleinen das pädagogische Konzept der Gruppe gelebt wird, wer was und wie viel macht, gibt manchmal Anlass zu Auseinandersetzungen.

Von der Grundstruktur her ist der Ablauf des Vormittags aber immer vergleichbar: Wenn alle Kinder eingetroffen sind, gibt es zuerst einen Singkreis und Fingerspiele. Die Lieder, die die Eltern aus ihrer eigenen Familientradition in die Gruppe mitbringen, werden übrigens in einem Liederheft gesammelt – neben der Konzeption die zweite bleibende schriftliche Überlieferung der »Sandflöhe«. Dann kommt ein gemeinsames Frühstück. Jedes Kind bringt etwas zu essen mit, meist wird alles miteinander geteilt. Immer bleibt viel Raum für das freie Spielen. Nebenbei gibt es das Angebot zum Vorlesen, Tanzen oder zum Kneten und Malen in der angrenzenden Kulturwerkstatt. Zum Kinderhaus gehört eine große Sandkiste, im Sommer trifft man sich gleich zu Beginn auf einem schönen Spielplatz im Grünen.

So lange, dass sie in der Kindergruppe auch Mittag essen oder schlafen, bleiben die Kinder nicht. Die Kosten sind denkbar gering, was die »Sandflöhe« auch für einkommensschwache Familien attraktiv macht: 20 Euro pro Kind und Monat. Es fallen keine Lohnkosten an, der Raum wird zu Vorzugsbedingungen genutzt.

Die Hauptvorteile der Elterninitiative sind für Andrea Müller aber psychologischer und pädagogischer Natur. »Mit einem Kleinkind sind viele Eltern ja sehr isoliert und haben zu kämpfen mit der Überforderung, die das verantwortungsvolle Sorgen für das Wohl eines Kindes mit sich bringen kann, und mit der Unterforderung, wenn aufgrund der Betreuung des Kindes nur wenig Freiraum für Dinge wie Berufstätigkeit, Freundschaften, Ausgehen, usw. bleibt. In einer Initiative wie den »Sandflöhen« kann man sich mit Eltern austauschen, die in der gleichen Lebenssituation sind und hat Gelegenheit, den eigenen erzieherischen Ansatz kritisch zu hinterfragen.« Außerdem gewinnen die Kleinkinder neue erwachsene Bezugspersonen. Sie kennen die Eltern ihrer Spielkameraden, die ja zugleich ihre regelmäßigen Betreuer sind, wirklich gut. »Daraus ergibt sich ein Netzwerk, das man auch für die zusätzliche private Betreuung auf Gegenseitigkeit nutzen kann«, sagt Andrea Müller. Obwohl ihre Tochter schon längst in den Kindergarten geht, ist sie noch immer ausgesprochen gern bei den Freundinnen und Freunden aus den Reihen der

»Sandflöhe« zu Hause und übernachtet dort auch manchmal. Als Mutter fühlt man sich wiederum sicherer, wenn man sein Kind anderen Eltern anvertraut, mit denen man schon über Erziehung gesprochen hat und die man in der gemeinsamen Arbeit mit den Kindern erleben konnte.

Andrea Müller ist überzeugt davon, dass schon Kinder unter drei Jahren vom Gruppenleben profitieren. »Beweisen wird man das natürlich nicht so leicht können, aber ich bin ziemlich sicher, dass Clara durch die »Sandflöhe« an Eigenständigkeit und sozialer Kompetenz gewonnen hat.« An den ersten Vormittagen ist sie natürlich mit ihrer Tochter dageblieben – schon, um ihre eigene neue Aufgabe kennenzulernen. Nie wird Andrea Müller aber den Moment vergessen, als ihre Tochter sie ganz ausdrücklich nach Hause schickte. »Nach ein paar Wochen hatte sie sich eingelebt und sagte nur: ›Mama, du kannst jetzt gehen!‹«

Andrea Müller hat beobachtet, dass die Kinder, die im Trägerverein Freies Kinderhaus schon als Kleinkinder das Gruppenleben kennengelernt haben, sich mit drei Jahren im Kindergarten leichter tun. Vor allem meint sie aber, dass ihre Tochter durch den zeitweiligen Abstand von ihr selbstbewusster geworden ist. »Sie grenzt sich als Person ab und sagt gern Sätze wie ›Du bestimmst nicht über mich!‹«

Elterninitiativen entstehen nicht allein aus solchen hehren pädagogisch-entwicklungspsychologischen Erwägungen. Dass die Väter und Mütter zupacken, ist auch nötig, um das spärliche öffentliche Angebot zur Tagesbetreuung der unter Dreijährigen zu ergänzen. »Wenn man berufstätig sein möchte und ein Kind hat, das noch nicht drei Jahre alt ist, wird es in unserer Region, vor allem in kleineren Städten, ziemlich schwierig«, sagt Andrea Müller. Inzwischen haben zwar auch dort im Rahmen des Tagesbetreuungsausbaugesetzes (TAG) einige Kindergärten ihre Türen für Kinder zwischen zwei und drei geöffnet. Doch für die noch Jüngeren ist das keine Lösung. Außerdem sind die meisten Kindergärten in Baden-Württemberg nach wie vor auf Halbtagsbetrieb eingestellt.

»Ich finde Elterninitiativen klasse. Meiner Meinung nach sollten sich mehr Eltern in dieser Form organisieren und die Kommunen dieses Engagement – auch finanziell – voll unterstützen«, sagt Andrea Müller. Initiativen wie die »Sandflöhe«, in denen ausschließlich Eltern die Kinder betreuen, bereichern eindeutig das Angebot der Kleinkindbetreuung. Sie bedeuten für die Erziehungsberechtigten jedoch auch eine Mehrbelastung: Mütter oder Väter müssen einmal in der Woche den ganzen Vormittag da bleiben und die organisatorische Arbeit übernehmen. »Man muss sich klar machen, dass das einen Zeitaufwand bedeutet, den nicht alle leisten können«, sagt die engagierte Mutter. »Ich würde mir wünschen, dass eine Flexibilisierung der Arbeitszeiten im Erwerbsleben es mehr Eltern ermöglicht, die Betreuung ihrer Kinder aktiv mitzugestalten.«

Ohne Klettergerüst und Bobbycar?
Kleinkinder im Waldorf-Kindergarten

Ein Gespräch mit Ellika Maass und Holger Ohlenburg,
Eltern von Malin (3) und Loris (1)

»Wir reiben, wir reiben, wir reiben ganz fest, und wenn genug gerieben ist, dann bleibt kein Rest.« Beim Gespräch an ihrem Wohnzimmertisch demonstrieren Ellika Maass und Holger Ohlenburg eines der Rituale, die ihre Kinder im Kinderladen kennengelernt haben: Nach dem Händewaschen bekommt dort jedes Kind ein Tröpfchen Duft-Öl, das es zwischen den Handflächen verteilen darf. Dazu wird gesungen.

Zuhause tragen die jungen Eltern neuerdings auch manchmal banalere Botschaften als Gesangseinlage vor. Beliebt ist zum Beispiel: »Aufräumzeit, es ist soweit – alle Leute räumen auf. Große Leut', kleine Leut', dicke Leut', dünne Leut' – alle Leut', alle Leut', räumen jetzt auf.« »Manche Dinge gehen entspannter von der Hand, wenn man dabei diesen Singsang hat«, sagt Ellika. Jetzt sitzen wir beim ganz erwachsenen Gespräch in der gemütlichen Wohnung der Familie in Berlin-Friedrichshain. Bis 15 Uhr sind die Kinder nämlich in der Kleinkindgruppe des Hollerbusch e. V., der nach dem Konzept Rudolfs Steiners arbeitet.

Inzwischen gibt es nach einem Bericht der Zeitschrift »Eltern« in Deutschland schon 50 Kinderkrippen, die sich an den Prinzipien der Waldorf-Pädagogik orientieren. Dazu kommen noch Kleinkind-Gruppen, die in Waldorf-Kindergärten integriert sind.

»Wenn man es von den Wurzeln her betrachtet, dann passt es eigentlich nicht zur Waldorf-Pädagogik, ein Kind bereits mit eineinhalb Jahren in die Fremdbetreuung zu geben«, sagt der Landschaftsplaner Holger Ohlenburg, der auch im Vorstand »seines« Kindergartens tätig ist. Das kleine Kind gehöre in den ersten Lebensjahren nach anthroposophischer Anschauung doch eigentlich besonders stark zur Mutter. »Aber die Waldorf-Kindergärten öffnen sich zunehmend auch für Kinder dieses Alters, denn sie haben gesehen, dass der Bedarf da ist, weil viele Eltern heute beide arbeiten wollen oder müssen. Erstens geht man davon aus, dass das Waldorfkonzept noch am allerbesten den frühkindlichen Bedürfnissen entspricht. Zweitens denkt man aber auch an den Bruch, den es für Kinder bedeuten könnte, wenn sie zunächst in einer öffentlichen Krippe untergebracht sind und erst später in Waldorf-Einrichtungen wechseln, zum Beispiel, was das Spielzeug betrifft. Auf Bobbycars aus Plastik zu verzichten fällt eben nicht leicht, wenn man sie in seiner ersten Kita schon hatte.«

Andererseits steht auch im Flur der Wohnung von Ellika und Holger ein solches Fahrzeug. Sie kommen beide nicht aus anthroposophischen Elternhäusern und haben vorher nur wenige Berührungspunkte mit der Waldorfpädagogik gehabt. Wie kam es, dass sie sich für die Kleinkindgruppe im Kreuzberger Kinderladen »Hollerbusch« entschieden haben, die noch dazu nicht einmal in unmittelbarer Nähe ihrer Wohnung gelegen ist?

»Wir waren mit der Suche nach einem Kita-Platz für unsere Tochter Malin spät dran, sie war schon ein Jahr alt, als wir uns umgesehen haben«, erzählt Ellika, die neben ihrer Rolle als Mutter zu diesem Zeitpunkt auch ihr Studium der Rehabilitationswissenschaften an der Berliner Humboldt-Universität wieder intensivieren wollte. Die Chancen, zwischen mehreren Einrichtungen wählen zu können, standen so kurzfristig nicht einmal in Berlin, das in Kita-Fragen ja eigentlich verwöhnt ist, sonderlich gut. Eine Freundin, selbst anthroposophisch orientiert, riet der jungen Mutter zudem davon ab, ihr Kind so früh schon in eine große Einrichtung zu geben. Am ehesten, so meinte sie, komme vielleicht eine Kleinkindgruppe in einem Waldorf-Kindergarten in Frage, allein schon aufgrund des meist besseren Betreuungsschlüssels und der wesentlich kleineren Gruppen. »Ich war völlig

überrascht davon, dass es solche Gruppen für Kleinkinder dort
überhaupt gibt«, erzählt Ellika.

An ein und demselben Tag hatten die jungen Eltern dann
zwei Termine – einen in einer großen kommunalen Kita und
einen im Kinderladen »Hollerbusch«. »Dadurch sind uns die
Unterschiede sehr stark aufgefallen«, erzählt Holger. »Hier die
Informationsveranstaltung mit großem Publikum, bei der unter
anderem aufgezählt wurde, was den Kindern in der Einrichtung
programmatisch alles geboten wird, da das Gespräch mit den
Erzieherinnen im kleineren Rahmen, bei dem betont wurde,
dass man sich bewusst eher als ›Kinder*gärtnerin*‹ denn als *Erzieherin* verstünde: Das Kind lerne in den ersten Lebensjahren
primär durch die Nachahmung ihm vorgelebten Verhaltens. Die
Kinder würden daher nicht ›erzogen und geformt‹, ihnen werde
vielmehr positives Verhalten vorgelebt, und sie würden bei der
Entdeckung und Entfaltung der eigenen Individualität unterstützt.«

Auch bei den Räumlichkeiten fielen den jungen Eltern die
Unterschiede sofort ins Auge: »Hier der PVC- und Nadelfilz-
Bodenbelag, da der geölte Dielenboden mit dem von den Kindern der ›großen Gruppe‹ handgewebten Teppich, dazu Kuschel-
ecken mit Lammfellen. Hier eine Fülle von Plastikspielzeug,
da verschiedene Körbe, gefüllt mit Kastanien, Kiefernzapfen,
Muscheln, bunten Tüchern und gestrickten Bändern, die im alltäglichen Spiel der Kinder bald Fluss, bald Pferdehalfter, bald
Puppenschal sind. Hier die Großküche, da die Vollwertköchin,
die zum Teil mit Hilfe der größeren Kinder die Mahlzeiten zu-
bereitet.«

Das Konzept und Ambiente der kleinen Einrichtung haben den
beiden auf Anhieb so gut gefallen, dass sie sich spontan beworben haben. »Dafür waren wir auch bereit, den relativ weiten Weg
in Kauf zu nehmen.« Glücklicherweise konnte man sich individuell bewerben und musste sich nicht darauf beschränken, sich
auf eine Warteliste setzen zu lassen. Wie Holger aus seiner Praxis
als Vorstandsmitglied inzwischen weiß, kann eine ansprechend
gestaltete, mit Bedacht formulierte schriftliche Bewerbung, der
auch noch ein schönes Familienfoto beigeheftet wird, bereits
einen guten Eindruck machen und somit die erste Hürde für

einen Platz überwinden helfen. »Den eigentlichen Ausschlag dafür, dass Malin genommen wurde, gab dann allerdings das persönliche Gespräch mit den Erzieherinnen und einer Vertreterin
aus dem Vorstand. Dabei wird geschaut, in welcher individuellen
Situation sich die jeweilige Familie befindet, und vorgespürt, ob
das Kind in die Gruppe passt. Wie bei jeder Elterninitiativ-Kita
spielen nicht zuletzt auch Sympathie und die Bereitschaft, sich in
der Elternarbeit aktiv einzubringen, eine gewisse Rolle.«

Nach wie vor begeistert die Ästhetik des Waldorf-Kindergartens die jungen Eltern: »Begrünter Innenhof, der wie ein verwun-
schenes Gärtchen wirkt, heimelige Räume, Garderobenschilder
aus Emaille mit kleinen Tieren darauf, Spielbereich mit Koch-
Utensilien, in dem selbst für Spaghetti aus Wolle-Fäden gesorgt
ist, Kindertisch aus geölter Buche, gleich daneben die Küche, in
der die Kinder ihre eigenhändig geformten Brötchen im Back-
ofen beobachten können, nicht zuletzt die Wickelkommode mit
der kleinen Treppe, die die Kinder selbst besteigen können«, so
beschreibt der Landschaftsplaner den Anblick.

Bedenken hatten die jungen Eltern jedoch, was ihre eigenen
Voraussetzungen betrifft, auch weil sie die der Anthroposophie
zugrunde liegende christliche Religion nicht aktiv in der Familie
leben. Es wurde ihnen jedoch versichert, dass die Eltern selbst
nicht Anthroposophen sein müssten, um Aufnahme für ihre
Kinder zu finden. »Man wünscht sich allerdings, dass die Eltern
sich auf die Pädagogik einlassen und nicht quer schießen«, erklärt Ellika. Das sei jedoch in einer katholischen Kita auch nicht
anders, wenn der Besuch des Nikolaus vorbereitet werde.

Für das Spielzeug gelten im Waldorf-Kindergarten spezielle
Regeln. So gibt es ganz bewusst einfache Gegenstände aus natür-
lichen Materialien, die die Phantasie der Kinder anregen sollen.
Vor allem kleinere Kinder würden durch zu viele oder unange-
nehme Sinnesreize belastet, ist im Flyer der Einrichtung zu lesen.
»Wir schaffen deshalb eine harmonische und eher reizarme Umgebung, in der sich die Kinder wohlfühlen.« »Das pädagogische
Konzept steht, daran können die Eltern nicht rütteln, auch wenn
der Kindergarten eine Elterninitiative ist«, kommentiert Holger.
Dazu gehört auch, dass die Kinder zu jeder Jahreszeit und bei
jedem Wetter draußen spielen. »Dabei ist auch immer Raum

für die kleinen Entdeckungen des Alltags«, erzählt Holger. »So
wird zum Beispiel dem Betrachten eines Käfers am Wegesrand
gegenüber dem Zoobesuch eindeutig der Vorzug gegeben. Und
es macht nichts aus, wenn auf dem täglichen Gang auf einen der
Spielplätze in der Umgebung ein ausgedientes Staubsaugerrohr
mitgeschleppt wird, das die Kinder unterwegs gefunden haben.«
Gebuddelt wird aber mit klassischem Plastik-Buddelzeug, und
auch Rutschen und Klettergerüste sind keineswegs tabu für die
Kinder.

Ein wichtiges Element der Steinerschen Pädagogik sind rhyth-
mische Wiederholungen im Tages-, Wochen- und Jahresablauf.
Das unterscheidet jedoch die Waldorf-Einrichtungen weniger
auffällig von öffentlichen Krippen und Kitas. Denn der feste
Rhythmus, der das kindliche Weltvertrauen stärken soll, ist heute
in der Kleinkindpädagogik allgemein als wichtig anerkannt. So
gut wie alle Einrichtungen, in denen unter Dreijährige betreut
werden, bemühen sich folglich, feste Tagesstrukturen zu bieten.

Besonderen Wert legt man im »Hollerbusch« darauf, dass es
kein starr festgelegtes Wochen-Programm, sondern einen je nach
Jahreszeit und Gruppenkonstellation veränderlichen Wochen-
rhythmus gibt. Während in der warmen Jahreszeit oft schon morgens der Spielplatz auf dem Programm steht, gibt es im Herbst
und Winter in der morgendlichen Spielzeit eher Aktivitäten im
Haus. Dann wird einmal in der Woche gebacken, einmal in der
Woche ist »Turntag«. Der freitägliche Ausflugstag, bei dem die
Kinder ihr eigenes Frühstück in Rucksäcken mitnehmen, ist allerdings seit langem eine feste ganzjährige Tradition. Im Winter
geht man dann gern auf den nahe gelegenen Kinderbauernhof,
in dessen Räumlichkeiten die Gruppe das Essen ganz stilvoll am
Kaminfeuer einnimmt.

Träger des Waldorfhorts und des Kinderladens »Hollerbusch«
ist ein Verein, der als gemeinnützig anerkannt ist. Er wurde bereits 1985 gegründet, die Gruppe für die Kleinkinder kam aber
erst im Jahr 2004 hinzu. Die Kosten für die Eltern entsprechen
nahezu denen der kommunalen Einrichtungen.

Seit kurzem ist auch Malins kleiner Bruder Lovis im Kindergarten, der schon eineinhalb Jahre nach seiner Schwester auf die
Welt kam – eine Besonderheit in der Kleinkind-Gruppe, denn

Geschwister, die vom Alter her so dicht beieinander liegen, gibt es heute selten. Lovis' Geburt sorgte dafür, dass die ausgebildete Hebamme Ellika trotz des Kita-Platzes, den sie für ihre Tochter errungen hatte, ihr im Studienverlauf eigentlich anstehendes Praktikum noch nicht gleich aufnehmen konnte. Jetzt wird es endlich ernst damit. Die Eingewöhnungsphase hat der kleine Junge mit Papas Hilfe gerade gut bewältigt.

Sollte es Lovis nach Ansicht der Erzieherinnen allerdings im Kindergarten nicht gut gehen, dann werden sie das offene Gespräch mit den Eltern suchen und gemeinsam mit ihnen Lösungsmöglichkeiten erörtern. Eine besteht darin, dass die Eltern beruflich zurückstecken und dem Kind zum Beispiel einen Pausentag in der Woche ermöglichen.

In Malins »Hollerbusch«-Zeit gab es zu Beginn solche Situationen, in denen die Kindergärtnerinnen zu einer Pause rieten. Für Ellika war es damals schwer, die Rückmeldungen der Erzieherinnen nicht persönlich zu nehmen. »Ich habe das so interpretiert, als fänden sie es falsch, dass ich mein Kind so früh in eine Fremdbetreuung gebe«, erzählt sie. Nach einem klärenden Gespräch wusste Ellika dann aber, dass primär ihr eigenes schlechtes Gewissen der Grund für diese Deutung war. Sie brauchte nach der Geburt des zweiten Kindes dringend für ein paar Stunden am Tag Entlastung, zumal Lovis zu Beginn sehr viel schrie. Aber sie wusste, dass die Situation auch für die kleine Malin schwierig war. »Mitten in der Ich-Werdungsphase, in der zudem auch noch ihr Bruder als ›Konkurrenz‹ hinzukam, brauchte sie eigentlich ihre Mama umso mehr. Aber sie hätte eine andere Mama gebraucht, eine, die nicht von einem Baby in Beschlag genommen war. Ich konnte das in diesem Moment nicht leisten«, sagt Ellika heute. »Die Erzieherinnen haben uns einfach nur die Lage gespiegelt«, ergänzt Holger. »Sie sind sehr engagiert und ausgesprochen reflektiert, sie haben die Stimmung der einzelnen Kinder und die Dynamik der Gruppe ständig im Blick.«

Auf den Elternabenden gibt es darüber regelmäßig Feedback für die Eltern. Alle sechs bis acht Wochen finden diese Treffen statt. Für einige Eltern die einzige Gelegenheit, sich überhaupt einmal zu sehen. Denn durch die gestaffelten Abholzeiten treffen sich manche von ihnen im Alltag nur selten. Die Erzieherinnen halten dann kleine Vorträge über pädagogische Themen. »Gerade bei den Eltern der Kleinen ist aber auch das Bedürfnis groß, mehr über den Alltag im Kindergarten und die Gruppe zu erfahren, weil die Kinder selbst ja noch nicht viel erzählen können«, meint Holger.

Nicht zuletzt werden bei den Elternabenden auch praktische Aufgaben verteilt. Die Eigenarbeit der Familien hält sich in diesem Kinderladen allerdings in Grenzen. Für die Kinderbetreuung werden sie nicht herangezogen, das Essen kocht eine Vollwertköchin. Alle elf Wochen ist für jede Familie Putzdienst – als Vorstandsmitglied ist Holger mit seiner Familie davon aber befreit.

Eine Besonderheit des Waldorf-Kindergartens sind die Hausbesuche der Erzieherinnen. »Das sind aber keine Kontrollbesuche, vor denen man das Plastikspielzeug verstecken müsste«, versichert Holger. Sie dienten eher dazu, dass die Erzieherinnen sehen, wie die Kinder in ihrem familiären Umfeld leben. Hauptanliegen ist, dass man ausgiebig Zeit hat, über das jeweilige Kind, seine Entwicklungsfortschritte, das Verhalten und die Position in der Kindergartengruppe zu sprechen. »Vielleicht trauen sich Eltern in diesem Rahmen auch eher, heikle Themen anzusprechen, als zwischen Tür und Angel im Kindergarten oder bei Telefongesprächen«, vermutet Ellika.

Wenn man die beiden fragt, was sie als besonders charakteristisch für den Waldorf-Kindergarten empfinden, kommen sie sofort auf den sanften, freundlichen Ton zu sprechen, mit dem die Erzieherinnen ihre Ziele erreichen. »Wird es allzu laut, dann dimmen die Kindergärtnerinnen den Geräuschpegel ganz bewusst, damit die Kinder zur Ruhe kommen können, und zwar eben nicht durch übertönendes Gebrüll, sondern mit nachahmenswert ruhigem, aber zugleich bestimmtem Tonfall.«

Bei den Tagesmüttern, zu denen Ellika ihren Sohn zunächst geben wollte, weil sie schon Betreuungsbedarf hatte, als er noch zu klein für den »Hollerbusch« war, sei das ganz anders gewesen: »Es war dort eigentlich immer laut und lebendig, selbst bei den Mahlzeiten. Die Kinder haben sich nicht alle gleichzeitig zum Essen gesetzt, die Erzieherinnen kamen und gingen.« Durch ihre »Hollerbusch«-Erfahrung mit Tochter Malin wusste Ellika, dass es auch anders geht.

Zum Beispiel mittels der kleinen rituellen Gesänge, die in der Waldorf-Kleinkindpädagogik zur Methode gehören. »Inzwischen kann ich gut nachvollziehen, dass das funktioniert«, sagt Ellika. »Den Kindern geben die häufigen Wiederholungen Sicherheit. Und wenn schon neun Kinder singen, dann wird auch der Zehnte aufhören herumzuschreien und wieder in eine bessere Stimmung kommen.« Das Duft-Öl ist da nur die kleine Beigabe.

Eine Kita für alle Fälle: Kleinkindbetreuung maßgeschneidert

Ein Gespräch mit Patrizia Kaben, Gründerin und Inhaberin der privaten gemeinnützigen Kindertagesstätte »Kinderzeit Gute Zeit« bei Frankfurt am Main

Fünf Jahre ist das jetzt her. Patrizia Kaben, gelernte Buchhändlerin und zu dieser Zeit 31 Jahre alt, hat in einer Marketingagentur gearbeitet. Ihr Mann war mit dem Studium noch nicht fertig, aber dass die beiden irgendwann einmal Kinder haben wollten, war klar. Dass sie dann in ihrem Job würde weitermachen wollen, ebenso. Als sie im Gespräch mit ihrem Chef einmal ganz beiläufig auf dieses Thema zu sprechen kam, sagte der, wenn sie regelmäßige Arbeitszeiten brauche, dann könne sie als junge Mutter ja wohl nur noch in der Telefonzentrale des Unternehmens beschäftigt werden.

Keine so tolle Perspektive. Patrizia Kaben überlegte, wie andere Frauen das eigentlich hinbekommen, voll berufstätig zu sein und ein Kind zu haben. Noch dazu fragte sie sich, ob es auf Dauer gerade dieser Job sein sollte. »Mir hat der Gedanke nicht gefallen, mein Leben lang nur zu überlegen, wie man Menschen dazu bringen kann, mehr Geld auszugeben.« Berufliche Sinnkrise plus Kinderwunschgedanken für die Zukunft plus schöne Erinnerungen an die eigene, sehr naturverbundene Kindheit, aus dieser Mischung wurde eine kreative Idee geboren: Warum nicht eine Firma gründen, die Eltern Kleinkindbetreuung nach Maß anbietet?

Passend für Eltern, die in Frankfurt am Main arbeiten und im Grünen wohnen, ist schließlich vor knapp zwei Jahren – nachdem etliche bürokratische Hürden genommen waren – »Kinderzeit Gute Zeit« entstanden. Eine Kinderbetreuungseinrichtung in freier Trägerschaft in Schwalbach am Taunus, in der man »Module« buchen kann für Kinder von sechs Monaten bis zum Alter von sechs Jahren. »Kinderzeit Gute Zeit« öffnet um 7.30 Uhr, dann ist offene Bringzeit bis neun Uhr. Manche Kinder bleiben jeden Tag zehn Stunden da, es ist bis 18.30 Uhr geöffnet. Andere werden nach acht Stunden abgeholt, wieder andere bleiben nur bis kurz vor dem Mittagessen, während die Nachmittagskinder dann erst kommen, vielleicht sogar erst um zwei oder drei. Manche Eltern entscheiden sich für eine stundenweise Betreuung nur an einzelnen Wochentagen. Ein Kommen und Gehen, bei dessen Planung Patrizia Kaben zuerst vorwiegend an die Eltern und an deren individuellen Betreuungsbedarf gedacht hat:

»Ich hatte die Mutter vor Augen, die arbeiten gehen will und eine Lösung braucht. Ich wollte deshalb flexible Öffnungszeiten anbieten, mit denen jeder Mutter in ihrer individuellen Situation gedient ist.« Der Blickwinkel hat sich seitdem etwas verschoben: »Inzwischen denken wir auch bei der Flexibilität verstärkt in pädagogischen Kategorien, fragen uns, wie viele geteilte Plätze eine Gruppe vertragen kann.«

Das Angebot ist immer noch vielfältig, aber man kann nur noch zu bestimmten Zeiten kommen und gehen. »Wir müssen von den Eltern Pünktlichkeit fordern, es gibt Kernzeiten, zu denen die Arbeit mit den Kindern nicht gestört werden soll«, sagt Patrizia Kaben heute. Wenn sie das den neuen Eltern erklärt, merkt die »Kinderzeit Gute Zeit«-Chefin, dass manche Eltern es manchmal sogar eher lästig finden, auf die Bedürfnisse der Kinder zu achten, wenn dadurch ihre beruflichen Belange gestört werden. »Sicher ein Ergebnis des hohen Drucks, dem sich die meisten Berufstätigen stellen müssen«, vermutet sie.

Sie selbst hat gewissermaßen im Schnellverfahren eine pädagogische Ausbildung absolviert, learning by doing. Aber ihr Feld ist die Organisation. Insgesamt 17 Erzieher und Erzieherinnen betreuen die Gruppen, und es gibt eine pädagogische Leitung. Nachdenklich merkt sie an, dass die meisten Kinder das Modul-System zwar gut verkraften, dass andere sich aber selbst nach einer gewissenhaft strukturierten Eingewöhnungszeit schwer damit tun. Das ist der Preis der Flexibilität, die den berufstätigen Eltern zugute kommt.

Manchmal fehlt einem Kind aber auch die Kontinuität, weil die Eltern es besonders gut mit ihm meinen und es nur an den Tagen zur Betreuung schicken, an denen sie selbst beruflich eingespannt sind. Dann ermutigen die Erzieher sie, es doch an allen fünf Tagen der Woche zu schicken, oder zumindest an drei oder vier Tagen. »Zu Beginn war das ein ganz schwieriger Punkt, es gab da auch Misstrauen, wenn wir vorgeschlagen haben, auf vier oder fünf Tage zu erhöhen, manche Eltern dachten, es gehe uns dabei ums Geld.« Inzwischen hat sich aber herumgesprochen, dass viele Kinder sich in der Gruppe leichter tun, wenn sie regelmäßig dabei sind. »Wir sind jetzt seit fast zwei Jahren in Betrieb und haben uns einen guten Ruf erworben. Die Eltern glauben uns inzwischen, wenn wir so etwas sagen.«

120 Kinder gehen bei »Kinderzeit Gute Zeit« ein und aus, für 75 Kinder gleichzeitig ist die Einrichtung ausgelegt. Tatsächlich sind »nur« 65 auf einmal da, man möchte für unvorhergesehenen zusätzlichen Betreuungsbedarf der Eltern flexibel bleiben. Wer nur zwei oder drei Tage gebucht hat, kann nämlich kurzfristig immer nach einem »Flexiplatz« für einen weiteren Tag fragen, für den Fall, dass ein Arztbesuch oder ein anderer zusätzlicher Termin ansteht.

Bei »Kinderzeit Gute Zeit« kann man sehen, wie viel ein guter Ganztagsplatz für Kinder unter drei Jahren wirklich kostet – wenn er nicht von der Kommune subventioniert wird, die andernorts zwei Drittel der Kosten übernimmt. 1200 Euro für einen Ganztagsplatz, dazu die Kosten für die Verpflegung, das kommt erst ab einem bestimmten Einkommen in Frage, nur wenige Eltern bekommen einen Zuschuss vom Jugendamt, und auch der ist nicht üppig. Eine Einrichtung, die nicht jede Familie finanzieren kann, zweifelsohne. »Unsere Eltern sind jedoch keineswegs alle reich. Sie zahlen die Kinderbetreuung nicht aus der Portokasse. Wir haben Familien, die es sich leisten können, dass ihre zwei Kinder für zehn Stunden täglich betreut werden. Einige kommen aber auch mit einem verbeulten Auto an, sie setzen eben Prioritäten«, versichert Frau Kaben.

Neben der Flexibilität der Betreuungszeiten lockt es diese Eltern auch, dass die Babys und Kleinkinder schon englisch hören und sprechen. Auch das war einer der Träume, die Patrizia Kaben mit ihrer Firma in die Wirklichkeit umsetzen wollte: Die Kinder sollten es mit Englisch einmal leichter haben als sie. »Wir arbeiten nach der Sprachbad-Methode und tauchen die Kinder einfach in die beiden Sprachen ein: Einige Erzieher sprechen nur deutsch, andere nur englisch mit ihnen. So verbinden sie die Sprache mit der jeweiligen Person, die ihnen auch Reime oder Lieder in ihrer Muttersprache vorspricht und vorsingt.« Eine Entwicklungschance, die man sich, wenn man Patrizia Kaben so erzählen hört, auch für die Kinder wünscht, die in einer »ganz normalen« kommunalen oder kirchlichen Kita untergebracht sind.

Ein weiterer Pluspunkt, der die Eltern für »Kinderzeit Gute Zeit« einnimmt, ist das große naturbelassene Außengelände. Da gibt es einen Spielhügel, im Sommer blüht dort eine hohe Blumenwiese. Und es leben hier draußen auch ein paar Tiere: Häschen, zwei Ponys, ein Schaf. »Die Kinder freuen sich jeden Tag darauf, die Tiere zu besuchen«, erzählt Patrizia Kaben. »Die Beziehung zu ihnen hilft ihnen auch dabei, mit der Unruhe fertig zu werden, die in so einer Einrichtung zwangsläufig manchmal herrscht.«

Die Tiere sind einfach da – wie die Materialien zum Spielen und Basteln, das Atelier, der Bewegungsraum. Zu viel vorgefertigtes Programm will man den Kindern aber nicht anbieten. »Wir wollen sie nicht von vorne herein mit Angeboten zuschütten, die sie passiv konsumieren, sondern ihnen Zeit lassen, damit sie selbst herausfinden können, worauf sie neugierig sind und was sie lernen möchten.«

Das erzählen die Erzieherinnen auch den Eltern in der ersten Informationsveranstaltung, in der sie die Grundideen von »Kinderzeit Gute Zeit« darlegen. Vor dem Betreuungsbeginn gibt es zudem noch ein gesondertes Aufnahmegespräch. In der Eingewöhnungsphase können die Eltern dann beobachten, wie die Erzieher mit dem Kind umgehen. »Unser Konzept finden alle Eltern immer wunderbar«, sagt Kaben. »In der gelebten Umsetzung und der Art, wie Kinder bei uns gefördert werden, gibt es dann aber oftmals Anlass zu Gesprächen.« Denn es ist einfach, Konsens über die großen Erziehungsziele zu finden – konkrete Einigkeit im gewählten Weg zu erreichen, bedarf dagegen vieler Gespräche und Informationen. »Nun haben wir angefangen, Themenabende anzubieten. Da hören die Eltern noch einmal ganz anders zu und öffnen sich für den Dialog.«

Wie nehmen die Erzieher Einfluss, wenn sie vermuten, dass es zu Hause nicht ganz so gut läuft? Neben individuellen Entwicklungsgesprächen gibt es in regelmäßigen Abständen Elternabende. Viele junge Eltern haben nach Frau Kabens Eindruck zunächst genug damit zu tun, wie sie ihren Alltag mit Kind organisieren können.»Dabei finden sie nicht immer Raum, um ihre eigenen Verhaltensweisen gegenüber dem Kind zu reflektieren. Und viele ›Erziehungs‹-Ratgeber, die mit pauschalen Einheitsrezepten aufwarten, arbeiten oft genug in die – aus unserer Perspektive – falsche Richtung. Die Eltern nehmen aber unsere Vorschläge meist dankbar an, da sie inzwischen unserer Fachkompetenz sehr vertrauen.«

Es sind privilegierte Eltern, die in den noblen Vorort-Gemeinden der Finanz-Metropole Frankfurt am Main leben. In vielen Familien ist die Mutter nicht berufstätig, steht ganztags für ihre kleinen Kinder zur Verfügung. Wo beide Eltern arbeiten, haben sie typischerweise eine gute Ausbildung und sind in leitender Funktion tätig. Auch für ihre Kinder sind sie meist ehrgeizig. Wünschen sich schon in der Krippe ein veritables Tages-Programm.»Manche wollen abends gern ein Resultat sehen, ein Bild, einen nachgemalten Buchstaben. Wir müssen ihnen dann erklären, dass die ganz Kleinen besser gefördert werden, wenn man kein so verschultes Angebot macht.«

Mit sechs Monaten kommen die ersten.»Noch früher sollten die Kinder nicht fremdbetreut werden«, findet Frau Kaben. Für die ganz Kleinen ist auch die Pflege wichtig, das Wickeln und Füttern – und dass dabei emotionale Nähe entsteht. Auf vier Kinder zwischen sechs Monaten und eineinhalb Jahren kommt ein Betreuer.»Wir setzen auf Behutsamkeit, wir sagen einem Kind, wenn wir ihm die Nase putzen möchten und überfallen es nicht damit.«

Das alles wird die »Kinderzeit Gute Zeit«-Chefin demnächst auch privat umsetzen können: Patrizia Kaben erwartet nämlich selbst ein Kind. Aber so schön sie sich das auch gedacht hat, als sie ihre eigene Kinderbetreuungseinrichtung ins Leben rief: Sie wird ihr Baby nicht dort hinbringen können. Ihr Mann hat nämlich einen guten Job in München gefunden, bald wird auch sie umziehen. Wie das Leben so spielt. »Dabei hatte ich bei der Planung meiner Einrichtung ja auch an mein eigenes Kind gedacht«, sagt sie ein wenig wehmütig. »Da habe ich nun meine eigene perfekte Krippe und kann sie nicht für mich nutzen!«

Die Verwaltung ihrer Kindertagesstätte wird sie auch von Bayern aus per Telefon und E-Mail managen können – der Laden läuft inzwischen schließlich, und ab und zu wird sie im Taunus vorbeischauen. Vielleicht entsteht eines Tages zudem eine »Filiale« in München. »Mit der zweiten geht es garantiert viel leichter als mit der ersten. Aber wer weiß, wie stark mich mein Kind dann beanspruchen wird.«

Sicher wird sie berufstätig bleiben und eine passende Einrichtung für die Betreuung suchen, wenn ihr Kind ein halbes Jahr alt ist. Sie kann sich allerdings gut vorstellen, dass sie zu Beginn zwiespältige Gefühle haben wird, wenn sie ihr Kind in einer Kita abgibt. »Ich befürchte, dass ich eifersüchtig werde, wenn mein Kind seine Erzieherin sehr liebt!« Aber sie wird aus tiefster Überzeugung handeln, wenn sie diesen Schritt dennoch geht. »Ich bin der festen Meinung, dass es schon kleinen Kindern gut tut, im richtigen pädagogischen Rahmen mehr als ein, zwei Bezugspersonen zu haben. Und ich glaube, dass sie vom Zusammenleben mit anderen Kindern enorm profitieren.«

Familienfreundlichkeit als betriebliches Qualitätsmerkmal: Wenn der Arbeitgeber sich um die Betreuung kümmert

Ein Gespräch mit Gabriele Chrubasik
von der Firma Boehringer Ingelheim

Die Städtchen Ingelheim am Rhein und Biberach an der Riss haben mehrere Dinge gemeinsam: Sie haben beide etwa 25 000 Einwohner, einer der größten Arbeitgeber vor Ort ist in beiden Fällen die Pharmafirma Boehringer Ingelheim. Dritte Gemeinsamkeit: Die Hälfte der Kleinkind-Plätze in der kommunalen Kita ist jeweils für den Nachwuchs der Mitarbeiter des Pharma-Unternehmens reserviert. »Hier in Ingelheim sind das derzeit 30 Plätze für Kinder von neun Wochen bis zu drei Jahren, im nächsten Jahr sollen zehn weitere dazu kommen, in Biberach haben wir

20 Plätze«, erzählt Gabriele Chrubasik. Sie ist Leiterin des Teams
»Mitarbeiterorientierte Services« im Geschäftsführungsbereich
Personal, das sich neben den Fragen zu familienfreundlicher Personalpolitik, wie Kinderkrippen und Ferienbetreuung auch um
die Darlehensvergabe an Mitarbeiter, das Wohlergehen der Pensi-
onäre und die Vermittlung von möblierten Appartments für neue
Mitarbeiter kümmert.

Die Kooperation mit der städtischen Kita hat in Ingelheim im
Jahr 2003 begonnen, in Biberach ein Jahr später. Träger der Kitas sind die jeweiligen Städte, ein Kooperationsvertrag sichert
aber der Firma, die den Ort Ingelheim im Namen trägt und in
Deutschland ca. 12 000 Mitarbeiter beschäftigt, zu, dass sie die
Hälfte der Plätze in Eigenregie vergeben kann. Die Firma beteiligt sich dafür bei der Kommune anteilig an den laufenden Kosten. Die Kinderkrippenbeiträge zahlen die Eltern dann an die
Stadt – ganz regulär, gemäß der Kindertagesstättenverordnung.

Dass der Bedarf da ist, zeigt schon die Warteliste. »In unserem
Unternehmen arbeiten viele Akademikerinnen, die zunehmend
nicht komplett drei Jahre Elternzeit nehmen wollen, in den Kommunen gab es aber einfach zu wenig Angebote für die Betreuung der ganz Kleinen.« Weil die adäquaten Betreuungsangebote
fehlten, blieben bisher einige der jungen Mütter notgedrungen
länger zu Hause – und hatten Angst, beruflich den Anschluss
zu verlieren. »Sicher gibt es auch unter unseren Mitarbeiterin-
nen viele, die sich bewusst dafür entscheiden, einige Jahre zu
Hause zu bleiben und das Leben mit ihren kleinen Kindern zu
genießen«, sagt Frau Chrubasik. »Aber das Bild wandelt sich erkennbar: Bei einigen Frauen aus der Notwendigkeit heraus, Geld
zu verdienen, bei anderen aber auch, weil sie beruflich am Ball
bleiben wollen.«

Es gab für die Firma also angesichts des Mangels an Betreuungsplätzen in den Kleinstädten Handlungsbedarf. Bei Boehringer Ingelheim hat man sich aber bewusst dafür entschieden, keine firmeneigene Kita zu gründen, wie das einige andere
Unternehmen in den letzten Jahren getan haben. Man fand es
angemessener, das vor Ort vorhandene Angebot zu nutzen. »Wir
wollen mit den Kommunen nicht in Konkurrenz treten, sondern
kooperieren, schließlich gehört die Kleinkind-Pädagogik nicht

zu unseren Kernkompetenzen«, erläutert Frau Chrubasik. Als Kooperationspartner könne man aber durchaus im Bedarfsfall Vorschläge und Anregungen einbringen, und bislang sei die Zusammenarbeit ausgesprochen gut. Auch die andere Hälfte der Plätze, die nicht für die Firma reserviert ist, ist inzwischen zum Teil von Mitarbeiter-Kindern eingenommen, die sich ganz normal bei den Kommunen beworben haben.

Praktisch aber stellt sich die Frage, wie es mit den Mitarbeiter-Kindern weitergeht, wenn sie ihren dritten Geburtstag hinter sich haben. Im kommunalen Kindergarten steht dann eigentlich nur denjenigen unter ihnen ein Platz zu, die tatsächlich in der jeweiligen Gemeinde wohnen. In einem Firmen-Kindergarten wäre das anders. Boehringer Ingelheim hat deshalb mit den Städten Ingelheim und Biberach eine – wie Gabriele Chrubasik betont, »relativ außergewöhnliche« – Vereinbarung getroffen, die Ausnahmen zulässt – auch für den späteren Schulbesuch. »Das wird zumindest wohlwollend geprüft.« So können auch diejenigen Mitarbeiter-Familien Plätze in Kindergarten und Schule bekommen, die nicht in einer der beiden Städte Ingelheim und Biberach, sondern im näheren Umland wohnen.

Boehringer Ingelheim tut damit nicht nur einiges für die Mitarbeiter, sondern nebenbei auch eine Menge für das eigene Image. Familienfreundlichkeit ist schließlich zu einem wichtigen Bewertungskriterium für die Qualität von Unternehmen geworden. »2007 haben wir in der Kategorie der Unternehmen mit über 3000 Mitarbeitern den dritten Platz bei der Befragung zum besten Arbeitgeber Deutschlands gemacht«, erzählt die Leiterin der Mitarbeiterorientierten Services nicht ganz ohne Stolz. Die Firma nimmt auch am »Audit Beruf und Familie« der Hertie-Stiftung teil, das vom Bundesfamilienministerium unterstützt wird. Hinter dem Begriff verbirgt sich eine gründliche Anhörung und eine Untersuchung der Unternehmensstrukturen im Hinblick auf die Familienfreundlichkeit der Personalpolitik. Über 500 Unternehmen und Institutionen vom mittelständischen Betrieb bis zur Stadtverwaltung, aber auch einige Hochschulen lassen sich inzwischen auf diese Art begutachten und ihre individuellen Entwicklungspotenziale aufzeigen. Der Firma Boehringer Ingelheim wurde im Jahr 2005 mit dem begehrten Zertifikat die Familienfreundlichkeit attestiert. Für 2008 strebt man die erneute Zertifizierung an. Als eines der wichtigsten Kriterien dafür, wie familienfreundlich ein Betrieb ist, gilt neben der Kinderbetreuung die Arbeitszeitgestaltung. Boehringer Ingelheim bietet flexible Arbeitszeiten, für außertarifliche Mitarbeiter am Standort Ingelheim auch »Vertrauensarbeitszeiten«. Praktizierbar wird das Ganze aber nicht zuletzt durch die Kita-Öffnungszeiten von 6.45 bis 17.30 Uhr.

»Gelobt sei die Tagesmutter«

Ein Gespräch mit Dorothee Nolte, Hans Otto Bols, Timmy (7) und Lucas (4)

»Es ist Frühling, die Kinder gehen in den Garten«, steht in schönster Schreibschrift auf der Schiefertafel, die mit einer dicken Schnur an einem Baum aufgehängt ist. Davor steht ein Kindertisch, die Stühle streng mit Blick zur Tafel ausgerichtet. In der Kleingartenkolonie »Württemberg« spielen ein paar Mädchen Schule – obwohl heute doch frei ist. Ein Kinder- und Familienparadies mitten in der Großstadt, mit Sandkisten, Schaukeln, Papas und Mamas bei der Gartenarbeit oder im Liegestuhl.

Ein paar Parzellen weiter genießen auch Dorothee (44), Hans Otto (58), Timmy (7) und Lucas (4) diesen sonnigen »Tag der Arbeit«. Die Familie ist bei Earl Grey, Apfelsaft und Schokoladenkuchen um den Gartentisch versammelt. Und erinnert sich, der Interviewerin zuliebe, mit vereinten Kräften an einen anderen Platz im Grünen, aus dem die beiden Söhne inzwischen allerdings schon herausgewachsen sind.

Dieser Platz ist ein Hof, und er liegt hinter der Wohnung von Edith Fahrentholz. Die ist Tagesmutter in Berlin-Wilmersdorf, betreut regelmäßig drei Kinder im Alter zwischen einem halben Jahr und drei Jahren, und sie hat in ihrem Haus gleich zwei Kolleginnen wohnen, die tagsüber ebenfalls auf Kleinkinder aufpassen. »Ihre Wohnung im Erdgeschoss ist klein, und wir haben sie in all den Jahren eigentlich nie ganz kennengelernt«, erzählt Dorothee. Zwar wurde dort gekocht, gegessen, bei schlechtem Wetter gespielt und im Ehebett Mittagsschlaf gehalten, doch sonst spielte sich ein großer Teil des Lebens in besagtem Hof ab.

Auch für Timmy, der mit einem guten Jahr, und für seinen Bruder Lucas, der später schon mit vier Monaten in Ediths Obhut kam, montags bis donnerstags von neun bis 16 Uhr, freitags ein wenig kürzer. »Auf dem Hof war so ein Zelt, eine Rutsche und noch so ein Häuschen, da konnte man klettern«, erinnert sich Lucas. Das alles ist auch in dem Fotoalbum zu sehen, das er vorletztes Jahr von Edith zum Abschied geschenkt bekommen hat, bevor er in den Kindergarten kam und damit aus Ediths Einflussbereich verschwand.

Außer Rutsche, Zelt und Kinderhaus sieht man auf den Fotos ziemlich viele Kleinkinder. »Während sie spielten, saßen die Tagesmütter zusammen auf der Bank, konnten sich unterhalten, es gab immer eine Thermoskanne mit Kaffee«, erinnert sich Dorothee. Eine Idylle, die sie und ihr Mann rückblickend sehr positiv beschreiben: Die Frauen konnten sich gegenseitig unterstützen, ihr Bedürfnis nach Kontakt zu anderen Erwachsenen befriedigen, sie wirkten auf die Eltern ausgeglichen. »Sie saßen nicht frustriert oder genervt in ihrer Wohnung rum, sondern hatten Austausch mit den anderen Erwachsenen und wirkten angeregt und entspannt.« Und die Kinder hatten durch diesen informellen Tagesmütter-Zusammenschluss praktischerweise ein größeres »Angebot« an passenden gleichaltrigen Spielgefährten. Dorothee und Otto hat auch gefallen, dass die Kinder so viel an die frische Luft kamen.

Doch auf Ediths Hof kam Timmy erst, als er schon 15 Monate alt war, sie war nämlich schon seine zweite Tagesmutter. Bei der ersten war er nur etwas mehr als ein halbes Jahr. Diese Zeit musste überbrückt werden, bis Edith einen Platz frei hatte. »Von Anfang an war es mein Plan, ein halbes Jahr nach der Geburt meines Kindes wieder journalistisch zu arbeiten oder einen Roman zu schreiben«, erzählt die Redakteurin des »Tagesspiegel«, die inzwischen zwar keinen Roman, aber zwei Bücher mit Kolumnen über ihr Leben als Mutter verfasst hat.

Dass ihr Kind stundenweise Betreuung brauchen würde, hatte sie von vornherein fest eingeplant. Zu Hause sollte das nicht stattfinden, denn dort wollte sie in Ruhe schreiben. Und ihr Mann Otto hat zugleich sein Architekturbüro in der geräumigen Altbauwohnung. Auch bei einer Elterninitiative mitzumachen fanden beide nicht verlockend: »Wir wollten keine zusätzliche Arbeit haben, wie sie bei solchen Elternprojekten anfällt. Deshalb hatte ich aber kein schlechtes Gewissen: Schließlich wollten wir die Kinder ja weggeben, um arbeiten zu können.« Also Gemeinschaftseinrichtung oder Tagesmutter. Der Gedanke, ihr Baby zu einer Tagesmutter zu bringen, gefiel den beiden besser als der an eine Krippe, weil sie es sich schön vorstellten, das Kind in ein familiäres Umfeld zu geben. Das sehen sie auch heute noch so.

Schon während der Schwangerschaft hat Dorothee sich deshalb beim Jugendamt erkundigt, wie sie an eine Tagesmutter kommen könne. Vor der Geburt könne man da noch gar nichts sagen, wurde ihr mitgeteilt, sie solle sich später wieder melden. Im Juli kam Timmy, und als sie mit ihm Mitte August wieder beim Amt vorstellig wurde, war es schon zu spät: Die Plätze waren zum ersten August vermittelt worden. Pech für Eltern, deren Kinder zu diesem Zeitpunkt gerade erst geboren waren. Eigeninitiative bei der Suche war zudem schwierig. »Listen aller Tagesmütter mit Namen und Adressen gibt es bei diesem Jugendamt erstaunlicherweise nicht, man war also völlig abhängig vom Amt.« Das ist bei anderen Jugendämtern anders – allerdings läuft vieles bei der Kinderbetreuung eher informell, von Familie zu Familie. Von Edith hörte Dorothee denn auch über eine befreundete Familie, die mit der Tagesmutter einige Jahre zuvor sehr zufrieden gewesen war. Noch dazu wohnte Edith praktisch gegenüber. Sie konnte aber erst für den nächsten Herbst einen Platz in Aussicht stellen.

Dorothee ließ nicht locker und fragte regelmäßig beim Jugendamt nach, ob nicht doch woanders früher etwas zu machen sei. Kurz vor Weihnachten, als Timmy ein halbes Jahr alt war, rief das Amt an, weil eine Familie abgesprungen war.

Der resoluten, versierten ersten Tagesmutter, die Timmy dann in der zweiten Hälfte seines ersten Lebensjahrs betreute, hat Dorothee Nolte in ihrem Buch »Wie eine Mutter entsteht« ein kleines Denkmal gesetzt. Schon weil sie es dieser Frau verdankt, dass sie zumindest zeitweise in ihr früheres Erwachsenen-Leben zurückkehren konnte. »Aufgrund langjähriger Berufstätigkeit bin ich charakterlich derart deformiert«, heißt es zu Beginn des selbstironischen Textes, »dass mir nach einer gewissen Zeit der

Abstinenz die Arbeit zu fehlen beginnt.« Um ihr Kind vor den Launen seiner Mutter zu schützen, so die Autorin, bringe sie es deshalb zu einer Tagesmutter, einem »ausgebufften Profi in Sachen Kinderbetreuung«.

Tatsächlich haben Dorothee und Otto nicht lange überlegt, ob sie ihr Kind dieser Tagesmutter anvertrauen sollten. »Wir sind keinen Kriterienkatalog durchgegangen, ich hatte aber letztlich auch nicht die Wahl, ich wollte ja einfach etwas Zeit für meine Arbeit, und ich hatte auch das Gefühl, es verantworten zu können«, sagt Dorothee im Rückblick. »Wir waren außerdem viel zu unerfahren, um beurteilen zu können, wie man eine gute Tagesmutter von einer nicht so guten unterscheidet«, sagt Otto ganz nüchtern. Jedenfalls fühlte sich das Baby in der neuen Umgebung wohl, gewöhnte sich ohne größere Probleme ein. »Später habe ich diese Tagesmutter einem befreundeten Paar empfohlen, das mit ihr aber gar nicht klarkam und ganz unglücklich war. Seitdem hüte ich mich, in solchen Fragen Empfehlungen auszusprechen«, sagt Dorothee.

Wie geplant wechselte Timmy mit 15 Monaten dann zu Tagesmutter Edith Fahrentholz – der mit dem Hof, die noch dazu in der unmittelbaren Nachbarschaft wohnte. Ein Alter, in dem sich nach Ansicht von Entwicklungspsychologen viele Kinder mit der Eingewöhnung schwer tun. So war es auch bei Timmy, aber diese Phase dauerte glücklicherweise nicht lange. Erst sei er nur ein paar Stunden, nach einiger Zeit aber gern von neun bis 16 Uhr bei der neuen Tagesmutter geblieben, erinnern sich die Eltern. Eine eigentliche Eingewöhnungszeit, in der einer von ihnen mit dem Kind zusammen in Ediths Wohnung oder auf dem Hof geblieben wäre, hat es nicht gegeben. »Edith war nicht dafür, dass die Eltern da bleiben, weil die Kinder sich dann anders verhalten. Keine Fraternisierung, würde ich sagen.« Ediths Reich war nicht das Reich der Eltern.

Im eigenen Reich machte die Tagesmutter sicher auch einiges anders, als die Eltern es zu Hause für gut befinden würden. Zum Beispiel ließ sie die Kleinkinder fernsehen, wenn sie mit Kochen beschäftigt war. »Auf dem Bett haben wir dann immer die Teletubbies geguckt«, erinnert sich Timmy. Die Eltern sehen es im Rückblick gelassen – obwohl die Filmfiguren dem Architekten

Otto »blöd und hässlich« erscheinen. »Ich muss nicht unbedingt eine Tagesmutter haben, die so ist wie ich«, sagt Dorothee. Dass beide so ruhig bleiben, wenn sie an gewisse Erziehungs-»Sünden« denken, liegt nicht zuletzt an den pädagogischen Vorzügen, die sie dem außerhäuslichen Leben und Erleben der Söhne zuerkennen: »Eine Tagesmutter macht nicht nur einiges anders, sondern auch vieles besser als man selbst«, meint Dorothee. Zum Beispiel sei Edith sicher konsequenter, »während wir heute doch eher zu einer Generation von Laissez-faire-Eltern gehören«. Dazu komme, dass es bei der Tagesmutter einen festen Rhythmus und große Verlässlichkeit gebe. »Sie konnte manchmal recht ruppig sein, aber sie hatte die besseren Nerven«, urteilt Otto. Beide Eltern haben sich auch Gedanken darüber gemacht, dass die Tagesmutter die Kinder vielleicht mehr hätte fördern können, mehr mit ihnen basteln, malen und spielen oder mit ihnen kleine Ausflüge machen. »Andererseits hätten wir das ja am Wochenende besser machen und ein Programm anbieten können, und das haben wir auch nicht im großen Maßstab getan«, sagt Otto.

Was können Eltern tun, wenn sie mit dem Erziehungsstil oder mit dem Tagesablauf im Reich der Tagesmutter nicht einverstanden sind? Das sei ein heikler Punkt, meint Dorothee. Die alltäglichen Abläufe, die die »neuen« Eltern kritisieren, haben sich aus der Sicht der professionellen Betreuerin schließlich schon gut eingespielt. Weil sie keine Institution vertritt, fühlt sie sich zudem leichter persönlich angegriffen, wenn Mütter oder Väter mit Verbesserungsvorschlägen kommen. Da ist Feinfühligkeit und Vorsicht am Platz. »Für Kritik oder Veränderungsvorschläge gibt es keine geregelten Verfahren«, hat Dorothee festgestellt. In einer Kita ist das anders, dort gibt es Elternvertreter und Elternversammlungen. Dorothee, die bei einer Freundin erlebt hat, dass man sich mit einer Tagesmutter auch überwerfen kann, hat es deshalb vorgezogen, Ediths Reglements zu akzeptieren. »Kinder lernen ja schnell, dass es verschiedene Systeme gibt, die funktionieren können.« Dazu kommt, dass Dorothee und Otto voller Bewunderung sind: Schon allein dafür, dass es Edith gelungen ist, alle Kinder gleichzeitig zum Mittagsschlaf zu bewegen.

Zur Familie, die die Kleinkinder bei der Tagesmutter vorfanden, gehörten auch deren Mann und die zwei erwachsenen

Söhne, die sich ab und zu während der Betreuungszeit blicken ließen. Manchmal war beim Abholen auch nur ihr Mann da, ein Polizist mit Schichtdienst. »Der war sehr nett, und einmal habe ich ihn auch in Uniform gesehen«, schwärmt Timmy.

Dass auch Lucas bei Edith landen würde, war schon während der Schwangerschaft klar. »Er kam mit vier Monaten zu Edith, und das war absolut unproblematisch«, erinnert sich Dorothee. Zu diesem Zeitpunkt hat sie das Baby nur noch morgens und ab dem Nachmittag gestillt. Lucas machte ihr die Trennung nicht schwer, denn er fremdelte nicht und begrüßte seine Mutter nachmittags freudestrahlend.

Erleichtert wurde der Einstieg sicher auch dadurch, dass Dorothee und Otto sich in der Kinderbetreuungs-Frage von vorne herein einig waren. »Er hat nicht erwartet, dass ich so ein Muttertier werde«, sagt die promovierte Literaturwissenschaftlerin, die beruflich und privat vor Ideen nur so sprüht. Heute könne man eigentlich von keiner gut ausgebildeten jungen Frau mehr verlangen, dass sie mehrmals im Leben für drei Jahre ihre Berufstätigkeit unterbricht, bis das jeweilige Kind in den Kindergarten geht. Die Alternative, die heute 40 Prozent der Akademikerinnen wählen – ein Leben ohne Kinder – kam für sie jedoch nicht in Frage.

Auch für Otto ist es selbstverständlich, dass beide Eltern arbeiten und dass mehrere Erwachsene sich um die kleinen Kinder kümmern. »Ich komme vom Bauernhof, mich hatte meist nicht meine Mutter, sondern meine Großmutter oder eine der Mägde auf dem Arm.«

Die Kosten für Edith und später die für die Kita haben sich die beiden immer geteilt. »Ich finde es einen großen Fehler, wenn Frauen ihr Gehalt gegen die Kinderbetreuungskosten aufrechnen und dann womöglich zu dem Schluss kommen, dass sich das Arbeiten nicht lohnt«, sagt Dorothee. »Dabei ist doch klar, dass der Mann für die Hälfte der Betreuungskosten aufkommen muss, er profitiert ja genauso davon. Und dann lohnt sich das Arbeiten für die Frau auf jeden Fall.«

Beide Eltern sind überzeugt, dass es gewissermaßen zur »artgerechten Haltung« von Kindern gehört, ihnen die Kontaktaufnahme zu mehreren Bezugspersonen zu ermöglichen. »Wenn man ein Mensch ist, der Kinder anzieht wie Motten das Licht und in dessen Wohnung sich ständig alle Nachbarskinder treffen, dann klappt das vielleicht auch zu Hause«, sinniert Otto. Er persönlich steht jedoch dazu, dass er in seiner Wohnung bisweilen auch seine Ruhe braucht, schon weil sie sein Büro beherbergt. Weniger Leben in der Bude, das bedeute aber auch weniger Anregung für die Kinder, weniger Austausch für die Erwachsenen. »Und dass eine Mutter, die mit der Kindererziehung noch überhaupt keine Erfahrung hat, mit einem Kind allein zu Hause bleibt, kann doch auf keinen Fall die beste Lösung sein«, meint Dorothee.

Für sie, die unerfahrene Mutter, war von vornherein klar, dass sie Ediths Autorität in Erziehungsfragen anerkennen wollte. Schließlich hatte die zwei Jahrzehnte Vorsprung. Sie hat die professionelle Tagesmutter deshalb auch immer wieder um Rat gebeten, etwa, wenn es um harmlose Krankheiten oder um Ernährungsgewohnheiten ging. »Ich glaube, das war gut für das Verhältnis.« Außerdem war es Ehrensache, nie auch nur ansatzweise schlecht über Edith zu sprechen. »Ich hatte damit überhaupt kein Problem, und ich hatte auch nie das Gefühl, dass meine Kinder die Tagesmutter mehr lieben als mich.« Schon wenn die Söhne beim Abholen auf sie zu rannten, war jeder Zweifel an ihrer Zuneigung ausgeschlossen.

»Aber die Tagesmutter prägt die Kinder entscheidend mit, bei ihr sind sie schließlich den größten Teil eines Werktages«, gibt Otto zu bedenken. Ein klein wenig eifersüchtig hat das den Vater schon gemacht. Einmal, als er sich mit seinen Söhnen in die Schar der Zuschauer eines Marathon-Laufs einreihte, hat Lucas begeistert gerufen: »Da ist ja Edith!« Er hatte die Tagesmutter auf der anderen Straßenseite auf ihrem Balkon entdeckt. »Er verehrt sie richtig, habe ich mir da gedacht – und das hat mir schon einen Stich ins Herz gegeben. Ich habe mir klar gemacht, dass er einen großen Teil seines Lebens bei Edith verbracht hat, einen Teil, von dem wir Eltern eigentlich wenig wissen.«

Zehn bis zwölf Stunden am Tag zu arbeiten, halten beide denn auch »nicht für der Weisheit letzten Schluss«. Otto geht im Sommer ganz gern am Spätnachmittag mit seinen Söhnen noch auf den Spielplatz, dafür schaltet er auch heute, da seine Kinder schon in die Schule und in den Kindergarten gehen, den Computer um halb fünf aus. Lieber am späteren Abend noch einige Stunden weiterarbeiten. »Für das Familienleben ist es gut, wenn sich beide ihre Zeit flexibel einteilen können«, findet der Architekt. Auch die Mutter der Kinder möchte auf die Spielplatz-Treffen mit anderen Eltern nicht ganz verzichten. »Diese Nach-mittagsstunden sind für mich wichtig: Man hört Neues über die Schule, die Kita, Sportvereine, Angebote in der Nachbarschaft und so weiter.«

Es sieht so aus, als sei das Familienleben für alle Beteiligten derzeit ganz angenehm – nicht nur am Feiertag im Garten. Doro-thee und Otto leben in dem Bewusstsein, dass auch Edith daran ihren Anteil hat. Dorothee meint zum Schluss sogar: »Wenn die Kinder in den ersten drei Jahren ganz bei mir geblieben wären, wäre ihnen das garantiert schlechter bekommen.«

»Ich finde es gut, dass das Jugendamt mich in meiner Arbeit begleitet«

Ein Gespräch mit Christa Springer, Tagesmutter

Christa Springer ist beruflich sehr beständig: Seit 20 Jahren ist die 44-jährige Kölnerin nun schon als Tagesmutter tätig. »Als ich mit 16 Jahren das erste Mal als Kindermädchen bei einer Fami-lie war, wusste ich gleich, dass nichts anderes für mich in Frage kommt, als mit Kindern zu arbeiten«, erzählt sie. »Seit diesem Zeitpunkt war ich mit kleinen Unterbrechungen immer als Ba-bysitterin, als Kinderfrau oder als Tagesmutter tätig.«

Dafür, dass der Beruf ihr wichtig ist, gibt es im Gespräch mit der freundlichen und temperamentvollen Rheinländerin jede Menge kleinerer und größerer Hinweise. Vor nicht allzu lan-ger Zeit ist sie mit ihrem Mann beispielsweise in eine größere Wohnung gezogen, um auf 100 Quadratmetern und mit eigenem Spielzimmer die Auflagen erfüllen zu können, die das Jugendamt inzwischen stellt. Denn dort ist sie als Profi– ebenso wie beim Finanzamt – seit Ende der 90er Jahre gemeldet.

»Dass man heute nicht mehr ohne Genehmigung des Jugend-amts als Tagesmutter arbeiten darf, finde ich richtig. Für mich ist es gut, vom Jugendamt in meiner Arbeit begleitet zu werden und zu wissen, dass ich von dort jederzeit Unterstützung bekommen kann, wenn ich sie brauche.« Mindestens einmal im Jahr werden die Kölner Tagesmütter von einer Mitarbeiterin des Jugendamts besucht.

»Tagesgroßpflegestelle« heißt ein Ort wie die Wohnung von Christa Springer in Köln-Sülz im Amtsdeutsch, weil dort mehr als drei Kinder angemeldet sind. Aber sie mag dieses Wort nicht so sehr. Denn in ihrer Wohnung herrscht eine familiäre Atmosphäre – schon, weil Mann und Tochter oft dabei sind. »Die Kinder finden das toll, sie haben dann gleich eine große Schwester und eine männliche Bezugsperson.« Außerdem sind Mann und Tochter schon ein paar Mal eingesprungen, als die Tagesmutter krank oder verhindert war.

»Tagesgroßpflegestelle«, das klingt in ihren Ohren aber auch nach allzu viel Betriebsamkeit. In einer größeren öffentlichen Einrichtung zur Kinderbetreuung gehe es dabei weit stressiger zu als bei ihr in der Wohnung. »Ich persönlich würde mein Kind nicht in eine Krippe stecken, wenn es noch nicht zwei Jahre alt ist. Und so denken auch die Eltern, die zu mir kommen.« Sie glaubt, dass allein der Lärmpegel, der in einer Kita oder Krippe herrscht, für Säuglinge leicht zu viel werden kann. »Außerdem ist dort nicht immer jemand da, der die Babys auf den Arm nehmen kann. Und das brauchen sie, schon um von der Höhe her den Überblick zu behalten.«

Von 7.30 bis 15 Uhr kommen montags bis freitags fünf Schützlinge zu ihr; wann sie Urlaub macht, gibt sie den Eltern zu Beginn des Jahres bekannt, damit die ihre Urlaubspläne darauf einstellen können. Wenn sie krank wird und auch Mann und Tochter sie nicht vertreten können, dann springt eine andere Frau aus ihrem engen Tagesmütter-Netzwerk in Köln-Sülz ein, so versichert sie. »So weit ist es aber bisher nur selten gekommen.«

Christa Springer betreut Babys und Kleinkinder, augenblicklich im Alter zwischen einem halben Jahr und noch nicht ganz drei. Sie geht mit ihnen auf den Spielplatz, der »zehn Kindergehminuten« entfernt liegt, auf die große Wiese der Universität oder auf den Wochenmarkt in der Nähe der Wohnung. Sie singt mit ihnen, macht Fingerspiele, baut mit Duplo-Steinen, schaut Bilderbücher mit ihnen an, zwischendurch muss das Mittagessen gekocht werden, dann muss sie den Kindern beim Essen helfen, muss wickeln und an die Toilette erinnern und alle fünf bettfertig machen. Wenn die Eltern kommen, darf sie nicht vergessen, ihnen wichtige Begebenheiten vom Tag ihres Kindes mitzuteilen. Ist das nicht für sie selbst manchmal viel Stress? »Wenn ich es zehn Stunden am Tag machen würde, wäre es mir vielleicht schon zu viel«, meint sie. »Aber so bleibt genug Zeit für mich. Wenn die Kinder mittags schlafen, lege ich mich auch für einige Zeit aufs Sofa und entspanne. Schon deshalb ist es wichtig, dass sie alle gleichzeitig Mittagsruhe halten.«

Außerdem gehört das auch zum Konzept. »Die Kinder brauchen feste Strukturen, und sie akzeptieren Regeln eher, wenn sie für alle in der Gruppe gelten«, meint die Tagesmutter. Selbstverständlich gibt es deshalb auch gemeinsame Mahlzeiten, für die die Tagesmutter bewusst gesund und kindgerecht kocht.

Auch wenn die Grundregeln für alle gelten, ist die Gruppe doch recht unterschiedlich, was Christa Springer begrüßt: »Ich denke, eine Gruppe mit lauter Säuglingen wäre anstrengender. Ich achte darauf, dass es altersmäßig eine gute Mischung gibt.« Mit einem Baby auf dem Arm zuzusehen, wie die Größeren zusammen spielen, findet sie manchmal sogar richtig entspannend und beruhigend. »Für Eltern ist das Leben ja vor allem dann stressig, wenn sie nur ein Kind haben. Das ist immer am Rockzipfel. Sind nur zwei Kinder da, dann kommt es oft zum Streit, drei oder vier spielen eher schön zusammen.« Eindeutige Vorteile der altersgemischten Großfamilie: »Das fünfte nehme ich dann zum Kuscheln.« Die Tagesmutter hat zudem die Erfahrung gemacht, dass es gut ist, wenn beide Geschlechter unter ihren Kindern vertreten sind. Im Moment sind es nur Mädchen. »Aber morgen stellt sich Otto vor, mal sehen, wie er in die Gruppe passt.«

Wenn sie schon beim ersten Gespräch das Gefühl bekommt, dass die Chemie nicht stimmt, sagt sie den Eltern gleich ehrlich, dass eine Zusammenarbeit nicht sinnvoll sei, weil die Vorstellungen über Erziehung zu verschieden sind. Eltern, die ihre Kinder aus Prinzip nicht impfen lassen, bekommen zum Beispiel grundsätzlich eine Absage. »Die Gefahr für die anderen Kinder und für schwangere Mütter ist einfach zu groß.« Dann gibt es noch ein paar Grundregeln, eine Art Hausordnung, auf die sich alle Eltern einlassen müssen: Kein Saft in Fläschchen, keine Süßigkeiten mitbringen, nicht auf dem Sofa herumhüpfen, ehrlich sagen, wenn das Kind krank ist. »Und ich erwarte von den Eltern grundsätzlich Pünktlichkeit. Wenn sie ihr Kind an einem Tag ausnahmsweise erst später abholen können, sollten sie das vorher sagen. Nur wenn ich weiß, die Mutter kommt später, kann ich das Kind schließlich so darauf vorbereiten, dass es nicht traurig wird. Dann machen wir eben noch etwas Schönes zusammen, nachdem die anderen abgeholt wurden. Aber wenn das unangekündigt passiert, ist die Enttäuschung für das Kind zu groß.«

Dass Christa Springer vom Job nicht allzu sehr genervt sein kann, merkt man zum Beispiel an ihren Nebenbeschäftigungen: So bietet sie den Eltern der Kinder, die bei ihr betreut werden, zusätzliche Babysitterdienste für Abende oder Wochenenden an, bei ihnen zu Hause, noch lieber aber bei sich. Dort verbringt sie ihre Freizeit ohnehin am liebsten. »Ich trinke eh keinen Alkohol, muss also zum Karneval auch nicht unbedingt auf die Piste gehen«, sagt die Kölnerin. Ein schlafendes Baby oder Kleinkind in der Wohnung zu haben, findet sie ab und an richtig gemütlich. Für die Eltern ist es umgekehrt natürlich beruhigend, dass ihre Kinder die Babysitterin schon gut kennen.

Bei den meisten Kindern, die Christa Springer in den letzten Jahren betreut hat, waren und sind beide Eltern berufstätig oder noch in der Ausbildung. »Ich hatte aber auch schon Einzelkinder, deren Eltern beide nicht berufstätig waren. Sie kamen, weil sie von klein auf mit anderen Kindern aufwachsen sollten, damit sie ein besseres Sozialverhalten lernen.« »Ihre« Kinder integrieren sich später auch besser in die Kindergartengruppe, berichtet die Tagesmutter stolz.

Für die Eingewöhnung der Kleinkinder in der anfangs fremden Umgebung hat sie ein klares Konzept: »In der ersten Woche sollte ein Elternteil den Tagesablauf mit begleiten. Danach können sich die Eltern langsam zurückziehen.« Dass die Eltern anfangs dabei sind, findet die Tagesmutter auch deshalb wichtig, weil sie ein wenig beobachten kann, welche Art des Umgangs miteinander das Kind gewöhnt ist und wie es darauf reagiert. »Auch vorher können die Eltern schon etwas tun, indem sie das Kind allmählich an unsere Schlafenszeit gewöhnen.« Die Probezeit dauert vier Wochen, wenn es überhaupt nicht »passt«, können beide Seiten noch problemlos abspringen.

Als Ausbildungsberuf hat Christa Springer das Erziehen zwar nicht gelernt. Erfahrung wird ihr aber keiner absprechen können. Außerdem sind da seit einiger Zeit die Fortbildungen, die einige Samstage im Jahr mit Beschlag belegen, und die auch mit Prüfungen enden. Dort müssen die Tagesmütter unter anderem die schriftlichen Konzepte verteidigen, die sie über ihre Arbeit eingereicht haben. Dazu kommt einmal im Monat eine Supervisionsgruppe, in der Tagesmütter unter professioneller Anleitung über ihre Arbeit berichten und Probleme vorbringen können. »Wir profitieren gegenseitig von unseren Erfahrungen«, sagt die Tagesmutter.

Bei vier Euro zwanzig für die Betreuungsstunde liegt derzeit ihr Satz, 580 Euro kostet ein Platz für fünf Tage die Woche also monatlich, nur bei einigen Eltern zahlt das Jugendamt. Dafür ist bei Christa Springer alles inklusive: Windeln, die warme Mahlzeit für die Größeren, der selbstgemachte Babybrei. »Ich lege Wert auf abwechslungsreiches Essen, teilweise kaufe ich Biogemüse, und das ist noch einmal ein Stück teurer.« Und sie muss vom Verdienten für Miete, Krankenkasse, BfA, private Rente, Berufsgenossenschaft und Tagesmutter-Haftpflichtversicherung aufkommen. Nur wenn die Tagesmutter beim Jugendamt gemeldet ist, ist die Unfallversicherung durch die Berufsgenossenschaft sichergestellt. »Eines steht fest: Frauen, die Tagesmutter werden wollen, um damit richtig viel Geld zu verdienen, denen würde ich abraten.« Reich werden könne man als Tagesmutter nicht, man müsse andere Motive haben, um sich für diesen Beruf zu entscheiden.

Und ihre Motive? Was Christa Springer an Kindern so besonders gut gefällt, ist ihre Ehrlichkeit. »Ein kleines Kind verstellt sich nicht, seine Zuneigung, aber auch seine Ablehnung ist echt.« Christa Springer spricht von »ihren« Kindern, wenn sie über die Jungen und Mädchen erzählt, die einen Teil des (Werk-)Tages bei ihr verbringen. Ihre Tochter sei nie eifersüchtig gewesen, versichert sie. »Dafür hat sie in der Schule ihre Lehrer völlig verwirrt. Wenn sie gefragt wurde, wie viele Geschwister sie habe, hat sie zum Beispiel geantwortet: Im Moment sind es fünf!« Eine Art Geschwister sind die Kleinkinder ja wohl auch, die zum Geburtstag von der Tagesmutter ganz individuell ausgesuchte Geschenke bekommen, mit ihr Feste feiern und ab und zu bei ihr übernachten. Und das auch später, wenn sie schon nicht mehr bei ihr betreut werden.

Wo die Kinder in den Augen der Tagesmutter und ihrer Tochter quasi zur Familie gehören, da liegt es umgekehrt nahe, dass die Eltern der »Tageskinder« angesichts von so viel familiärer Nähe eifersüchtig sein könnten. »Kista gehen«, sagen die größeren Kinder zu ihren Eltern manchmal am Wochenende, wenn sie nicht verstehen, warum der Besuch bei Christa an diesem Tag ausfällt. »Ich betüddele die Kinder richtig«, gibt die Tagesmutter zu. Doch sie tut das nach eigenem Bekunden recht bewusst, überlegt sich etwa genau, wann und wo es passt, ein Baby zu knuddeln. »Ich versuche es zu unterlassen, wenn die Eltern dabei sind. Ich würde auch nie einem Elternteil das Kind sofort aus dem Arm reißen.« Lieber beobachtet sie zuerst genau, wie die Eltern mit dem Kind umgehen, welche Eigenarten es hat und wie es auf Berührungen überhaupt reagiert. Wenn sie den »Stil« der Mutter kennt, fällt die Eingewöhnung leichter.

Vor allem gegenüber jungen, unsicher wirkenden Müttern nimmt die erfahrene Tagesmutter sich zunächst bewusst zurück. »Wenn sie mich um Rat fragen, dann gebe ich den natürlich gern, und die jungen Eltern sind dafür meist sehr dankbar. Ich weiß schließlich aus Erfahrung, was man gegen einen wunden Po oder bei Durchfall tun kann.«

Ein Beruf, bei dem man viel Verantwortung übernimmt. Trägt man nicht schwer an der Angst, dass einem der Kleinen etwas passieren könnte, während man es in seiner Obhut hat? Trotz Haftpflicht- und Unfallversicherung? »Natürlich hat man immer Angst, dass etwas passiert. Aber ich will mich nicht aus Überängstlichkeit verkrampfen.« Außerdem gibt es bei Christa Springer einige feste Regeln: Alle Kinder, die selbst laufen, müssen sich beim Spaziergang am Viererkinderwagen festhalten, keiner darf die Rutsche verkehrt herum hinauflaufen. Und die Tagesmutter setzt darauf, dass die Kinder durch viel Bewegung ihre Motorik trainieren: »Wenn man den Kindern mehr zutraut, werden sie auch geschickter.«

Verantwortung trägt eine Tagesmutter aber auch, weil sie das Leben kleiner Kinder in einer Phase unglaublicher Aufnahmefähigkeit entscheidend mit prägt. »Ich habe so viel Einfluss auf die Kinder, ich sehe sie viele Stunden am Tag, viele sprechen bei mir ihre ersten Worte, sie lernen bei mir, auf die Toilette zu gehen, sie lernen die Farben.« Einen solchen Beruf könne man unmöglich leichthin und nebenbei ausüben, findet Christa Springer. Wenn sie auf dieses Thema kommt, scheut sie auch große Worte nicht. »Es ist eine Lebensaufgabe, man muss sich ganz bewusst dafür entscheiden.«

So viel gemeinsam zu erleben macht anhänglich. Die Tagesmutter Christa Springer hält zu einigen Familien auch Kontakt, wenn die Kinder schon lange nicht mehr bei ihr sind. »Ich bin sogar schon zu Einschulungen mitgegangen. Und ich freue mich immer, wenn ich bei einem ›meiner‹ Kinder zum Brunch, zum Grillen oder zur Geburtstagsfeier eingeladen werde.« Das passiert natürlich nur, wenn zwischen der »Tagesfamilie« und der echten Familie des Kindes im Lauf der Jahre eine gute Beziehung gewachsen ist.

In jedem Fall aber besteht Christa Springer darauf, dass auch der Abschied von der Tagesbetreuung – wie die Eingewöhnung – ganz bewusst gestaltet wird. Mit Gesprächen und Büchern wird das Kind auf den nächsten Lebensabschnitt, den »großen« Kindergarten, vorbereitet. Wenn die Kinder dort eingelebt sind, sollen sie ruhig noch öfters zur Tagesmutter zu Besuch kommen. »Für die Kinder ist es wichtig, dass es ein Ritual für den Abschied gibt. Aber auch für mich wäre es nicht schön, einfach nur ›Auf Wiedersehen‹ zu sagen – wo das Kind doch für einige Zeit Teil meiner Familie war.«

»Mary Poppins gesucht« – Kleine Kinder in der Obhut einer eigens engagierten Kinderfrau

Ein Gespräch mit Heike Pahl, Molekularbiologin und Mutter von drei Kindern

In den ersten drei Monaten seines Lebens hat jeder von Heike Pahls drei Söhnen seine Mutter 24 Stunden am Tag ganz in seiner Nähe gehabt. Inzwischen sind die drei Jungen fünfeinhalb, dreieinhalb und eineinhalb Jahre alt. Und bald wird auch der Jüngste »außer Haus« betreut.

Dass das Labor im »Zentrum für klinische Forschung« auf dem Gelände der Uni-Kliniken in Freiburg nicht lange verwaist bleiben würde, war der Molekularbiologin schon klar, bevor die Kinder geboren wurden. Die Professorin wollte zwar gern mehrere Kinder, aber sie wollte auch weiter forschen, und das ohne große Unterbrechungen.

Sie war sich mit ihrem Mann, einem beruflich ebenfalls sehr eingespannten Luftfahrtingenieur, auch über eine zweite Frage einig: Ihre Kinder sollten, solange sie ganz klein waren, zu Hause von einer Kinderfrau betreut werden. Vor allem, weil sie in den ersten zwei Lebensjahren eine Bezugsperson ganz für sich allein haben sollten. Noch ein anderer Umstand kam hinzu: »Wir sind beide Langschläfer, und die Vorstellung, ein Kind jeden Morgen in aller Herrgottsfrühe aus dem Bett zu werfen, anzuziehen und in die Kälte mitzunehmen, hat uns nicht gerade euphorisch gestimmt.« Diesen Stress wollte sie sich und den Kindern nicht antun. Außerdem fürchtete sie, dass sie oft krankheitshalber würde fehlen müssen, wenn die Kleinkinder in einer Kita oder bei einer Tagesmutter einen Infekt nach dem anderen aufschnappen würden. Das kannte das Ehepaar schon zur Genüge aus dem Bekannten- und Freundeskreis. Eine wichtige Anforderung an die Betreuung war also: Es soll jemand da sein, wenn ein Kind krank ist. »Und nicht zuletzt wollten wir es unseren Kindern auch ermöglichen, in ihrer eigenen Umgebung aufzuwachsen, schließlich haben wir es hier sehr schön, und wir haben viel Platz.«

Die erste Kinderfrau war eine ausgebildete Erzieherin, leider konnte sie aus privaten Gründen nur ein knappes Jahr bei dem kleinen Marc bleiben.

»Will you be our Mary Poppins?« inserierten die Eltern deshalb bald von neuem in der »Badischen Zeitung«. Ein Hingucker. Der Text passte schon deshalb, weil Heike Pahl, die teilweise in den USA aufgewachsen ist, mit ihren Kindern englisch spricht. Die Kinderfrau spricht nun allerdings wie der Vater deutsch mit ihnen – in dieser Hinsicht waren sie flexibel.

»Etwa 50 Bewerbungen gingen ein, doch die meisten Frauen schieden gleich wieder aus, weil sie nicht 45 Stunden in der Woche arbeiten konnten.« Soviel Zeit musste aber sein, um den täglichen Acht-Stunden-Job der Wissenschaftlerin samt Anfahrt zu bewältigen. Einige der Bewerberinnen wollten sich auch nicht darauf einlassen, ganz legal eingestellt zu werden. »Aber anders hätten wir es nicht gemacht«, versichert Heike Pahl. Und das nicht nur, weil sie und ihr Mann als gute Staatsbürger nicht illegal handeln wollten, sondern auch im Interesse ihrer Kinder, wegen des Versicherungsschutzes.

Und nach welchen Gesichtspunkten wählt man unter den verbleibenden Bewerberinnen die richtige aus? Eines der Kriterien war für Heike Pahl von Anfang an, dass die Kinderfrau selbst Mutter sein sollte. Schon wegen der Erfahrung im Umgang mit Kindern. »Es war mir wichtig, dass sie nachempfinden konnte, wie es ist, sein Baby jemand anderem anzuvertrauen. Die Gefühle verändern sich durch die Elternschaft, das habe ich an mir selbst erfahren.«

Wichtig war dem Ehepaar auch, dass die Frau, die von nun an den ganzen Tag bei ihnen zu Hause verbringen sollte, vom Lebensstil her zu ihnen passte. Heike Pahl meint damit nicht nur Selbstverständlichkeiten wie die, dass die Kinderfrau nicht rauchen sollte. Es ging ihr eher um Atmosphärisches, um die berühmte »Chemie«. »Uns war wichtig, das Gefühl zu haben, diesen Menschen haben wir gerne um uns, wir unterhalten uns gern mit ihm.«

Die inzwischen 65-jährige Frau S., für die sie sich schließlich aus vollem Herzen entschieden, hat selbst einen erwachsenen Sohn, der sein Studium schon abgeschlossen hat. Sie ist ausgebildete Bürokauffrau und hat zuvor im Architekturbüro ihres Mannes gearbeitet. Kein »Erziehungsprofi« also, aber Frau S. hat in Vorbereitung ihrer Aufgabe im Tagesmütterverein Kurse belegt. Warmherzig und erfahren erschien sie den neuen Arbeitgebern ohnehin. Und Heike Pahl meint auch, es komme weniger Eifersucht auf, wenn die Kinderfrau vom Alter her eher ein Großmutter- als ein Mutterersatz ist.

Frau S., ihr einjähriger Schützling und ihre neuen Arbeitgeber konnten sich in Ruhe kennenlernen, während die Eltern zu Hause Urlaub machten. »Wir haben in dieser Zeit immer wieder mit ihr sprechen können, haben gesehen, wie Marc mit ihr spielt und sie annehmen kann. Dann habe ich beide zunächst stundenweise allein gelassen. Ich habe sehr schnell gemerkt, wie gut das geht, und dass ich Frau S. meinen Marc ganz beruhigt überlassen kann.« Die Vertrauensbasis war geschaffen.

Bei den beiden jüngeren Söhnen, die in Abständen von zwei Jahren auf die Welt kamen, lief dann alles ohnehin problemlos. Denn Frau S. blieb der Familie erhalten und war bei den beiden Jüngeren von der ersten Stunde an mit im Haus. In der Nacht, als der zweite Sohn Eric geboren wurde, passte sie auf den älteren Marc auf. Am nächsten Morgen kam sie mit in die Klinik und hat sich »mit Tränen in den Augen und einem Päckchen mit Babyschuhchen in der Hand« das Neugeborene angeschaut, das bald ihr zweiter Schützling wurde.

In den ersten drei Monaten nach der Geburt des zweiten Sohnes hatte sich die Professorin wieder freigenommen, ging aber ab und zu trotzdem mit dem Baby im Tragetuch in die Uni, während die Kinderfrau zu Hause auf den Zweijährigen aufpasste.

Als Heike Pahl wieder zu arbeiten begann, kam Marc in einen Ganztagskindergarten. Es ging nicht allein darum, dass die Kinderfrau nur einen der quicklebendigen Söhne zu Hause haben sollte. Die Eltern suchten in der Institution nicht nur Betreuung, sondern wollten für ihr Kind zugleich auch mehr Anregung und Bildung. Denn Heike Pahl und ihr Mann finden, dass ein Kind mit zwei Jahren eine Erweiterung des Bildungsangebots braucht. »Die Ansicht, dass Kinder erst mit drei Jahren reif sind für den Kindergarten, ist so deutsch wie die, man müsse ihnen Strumpfhosen anziehen, damit sie keine Blasenentzündung bekommen, oder man müsse im Haus unbedingt Hausschuhe tragen.«

Speziell bei Marc hatten sie das sichere Gefühl, der brauche jetzt größere Herausforderungen, mehr intellektuelle Anregungen und die Aufgabe, sich in eine Gruppe einzufügen. »Er hat unsere gutmütige und sanfte Kinderfrau zu Hause oft einfach über den Tisch gezogen. Gerade Kinder, die sehr fordernd sind, die ständig fragen und immer wieder Grenzen austesten, brauchen irgendwann mehr Konsequenz und auch mehr geistige Nahrung.«

Da passte es, dass kurz nach Marcs zweitem Geburtstag und nach der Geburt seines Bruders auch das neue Schul- und Kindergartenjahr begann. »Wir hatten das Glück, unsere drei Kinder genau planen zu können, und alle sind im Sommer rechtzeitig vor Beginn des Schuljahres auf die Welt gekommen«, sagt die sehr organisiert wirkende Hochschullehrerin nicht ohne ein Schmunzeln.

Marc bekam einen Platz in einem privaten Kindergarten, in dem die Kinder zweisprachig englisch-deutsch aufwachsen und Geigenunterricht nach der Suzuki-Methode bekommen. Diese »Oberlin-Kinderuniversität« ist das Lebenswerk einer engagierten Deutsch-Amerikanerin, inzwischen um eine Grundschule erweitert – ein wichtiger Bezugspunkt für die Familie Pahl, denn mittlerweile ist nicht nur Marc, sondern auch sein Bruder Eric dort werktags von acht bis 16 Uhr aufgehoben. Und auch der Jüngste, der eineinhalbjährige Steven, will schon jetzt am liebsten morgens mit den Brüdern und der Mutter losziehen.

»Es ist auch einfach ein toller Kindergarten, in dem viel geboten wird«, sagt Heike Pahl. Vor allem für Marc, der früh als hochbegabt auffiel – was inzwischen von Wissenschaftlern der Uni Tübingen ganz offiziell bestätigt wurde – war das wichtig. So wurde er auch schon mit fünf Jahren eingeschult, praktischerweise findet der private Kindergarten ja inzwischen in der Grundschule seine Fortsetzung. »All die Nachmittagsangebote, die dort gemacht werden, könnte ich ihm sonst nur verschaffen, wenn ich mich als Chauffeuse zur Verfügung stellen würde«, sagt Marcs Mutter.

Chauffeuse ist sie derzeit vor allem morgens und abends, beim Bringen und Abholen. Dass sie pünktlich um 16 Uhr zur Stelle ist, ist Ehrensache. »Darauf müssen sich die Kinder verlassen können.« Dann fahren die »Großen« mit ihrer Mutter nach Hause, alle unterhalten sich gern noch ein wenig mit Frau S., die von den Kindern liebevoll beim Vornamen genannt wird, während die Erwachsenen sich siezen. »Wir kommen gegen halb fünf nach Hause, Frau S. bleibt aber meist noch bis um fünf. Sie hat dann für die älteren Kinder immer schon etwas Kleines zum Essen hergerichtet. Wir können in Ruhe besprechen, was der Tag gebracht hat. Dieser sanfte Übergang ist für uns alle wichtig.«

Viele Dinge aus dem Leben von Marc, Eric und Steven erfahren zuerst die Erzieherinnen und die Kinderfrau. »Irgendwann gibt man Erziehungskompetenzen teilweise ab«, sagt Heike Pahl. Sie hat andererseits nicht das Gefühl, durch ihre Berufstätigkeit wichtige Etappen im Leben ihrer Kinder verpasst zu haben. »Früher hatte ich Angst, dass sie ihre ersten Schritte vielleicht bei der Kinderfrau machen oder das erste Wort zu ihr sprechen könnten. Aber jetzt weiß ich: All das passiert nicht plötzlich, es entwickelt sich langsam, und ich bekomme sehr viel davon mit.«

Dass die Jungen von klein auf Bezugspersonen außerhalb der Familie hatten, findet sie zudem auch entlastend. »Andere Leute entdecken andere Dinge an einem Kind.« Und sei es nur, dass es die Erzieherinnen waren, die den Eltern sagten, dass Eric so komisch lief und wegen seines Knickfußes Einlagen für seine Schuhe brauchte. »Vor allem sehen die Erzieherinnen aber natürlich, wie sich unsere Kinder in der Gruppe verhalten, und die Rückmeldung darüber ist für uns sehr bedeutsam.«

Wichtig für die Kinder sei umgekehrt die Erfahrung, dass unterschiedliche Erwachsene unterschiedliche Maßstäbe haben. Vor allem ihren Mittleren habe Frau S. wohl schon ein bisschen verwöhnt. Sie gönnt es ihm. »Aber bei mir muss er sich seine Schuhe selbst anziehen, weil ich weiß, das kann er.« Dass bei den Eltern deren Regeln gelten, scheint den drei Jungen klar zu sein: »Sie sind nie mit dem Argument gekommen: Bei Frau S. dürfen wir das aber!«

Für die Kinderfrau fallen im Monat rund 2600 Euro an, der Kindergarten kostet 560 Euro, die Grundschule des Ältesten 430 Euro im Monat. Über 3500 Euro Betreuungs- und Bildungskosten für die drei Söhne. »Uns ist bewusst, dass es sich um eine kostspielige Lösung handelt, die sich nicht jede Familie leisten kann«, sagt die Professorin.

Die Betreuung privat mit einer Kinderfrau zu organisieren, muss auch nicht in jedem Fall so teuer sein. Nicht alle Familien brauchen eine so hohe Stundenzahl, es gibt Kinderfrauen, die zu niedrigeren Stundenlöhnen arbeiten, manche Familien tun sich zusammen, um gemeinsam eine Person zu engagieren – ein Modell, das derzeit in Frankreich sehr beliebt ist, wo der Staat auch diese Betreuungsform finanziell unterstützt.

Es ist übrigen auch keineswegs so, dass Heike Pahl und ihr Mann die finanzielle Belastung nicht spüren würden. »Ein volles Gehalt geht dafür drauf«, sagt Heike Pahl. Sie fügt aber gleich hinzu: »So darf man nicht rechnen. Denn erstens macht uns

beiden unser Beruf großen Spaß. Und zweitens fallen ja irgendwann diese Kosten weg und wir sind dann beruflich weiter voll
im Spiel. Hätte einer für längere Zeit ausgesetzt, würde er sich
später mit seiner Karriere wesentlich schwerer tun. Die maximal 1800 Euro Erziehungsgeld, die es nach der neuen Regelung
gibt, sind zwar eine deutliche Verbesserung. Aber sie wiegen die
verpassten Chancen nicht auf.« Heike Pahl ist mit der Lösung,
die sie und ihr Mann für die frühen Jahre ihrer Söhne gefunden
haben, sehr zufrieden. Eines findet sie aber dringend nötig: Dass
die gesamten Kosten, die für die Kinderbetreuung entstehen, von
der Steuer abgesetzt werden können.

Wie läuft es in den Nachbarländern?
Einige Beispiele

»Von einem solchen Betreuungsschlüssel können wir hier nur träumen«

Ein Gespräch mit Nikola Schopp, deren Tochter eine Zeit lang
in Dänemark in die Kita ging

Wie Ellika Maass ist auch Nikola Schopp mit dem Studium noch
nicht ganz fertig. Es fehlt aber nur noch die Diplomarbeit. Die
Zielstrebigkeit der 25-Jährigen ist beachtlich, vor allem wenn
man bedenkt, dass sie während des ganzen Studiums zusammen mit ihrem Freund noch eine andere wichtige Aufgabe hatte:
Diese Aufgabe heißt Sophia und ist inzwischen fünf Jahre alt.
Was die Kita betrifft, so hat Sophia als Studentenkind inzwischen schon ein paar Jahre Erfahrung.

Auslandserfahrung sogar, denn als sie knapp zwei Jahre alt war,
gingen ihre Eltern mit ihr zusammen im Rahmen des Erasmus-
Austausch-Programms für ein gutes halbes Jahr nach Kopenhagen. Für beide Studierende fand sich ein Austausch-Studienplatz,
für die Sozialwissenschaftlerin und den Verwaltungswissen-
schaftler. Für Sophia wurde ihnen in der dänischen Hauptstadt
dann innerhalb weniger Tage ein Ganztags-Kita-Platz angeboten,
»ganz unbürokratisch aufgrund unserer handschriftlichen Anga-
ben«, wie Nikola erzählt. Sophia kam nicht in eine uni-eigene
Einrichtung, sondern in eine ganz normale öffentliche Kita in

dem Stadtteil, in dem die junge Familie eine Wohnung gefunden hatte. Als Studenten mussten die Eltern nichts dafür bezahlen.

Was Nikola aber heute noch ins Schwärmen bringt, ist der Betreuungsschlüssel der dänischen Einrichtungen für Kleinkinder. »Dort standen drei Erzieherinnen für zehn Kinder zur Verfügung. Wenn ich mir überlege, welche tollen Startchancen das den Kindern bietet!«

Trotzdem war der Start für Sophia nicht einfach, war sie doch in einer sensiblen Phase der eigenen Sprachentwicklung Knall auf Fall mit einer fremden Sprache konfrontiert. Innerhalb von zwei Monaten habe sie dann aber alles Wichtige verstanden, meint Nikola. »Und sie hat uns dann nur noch auf dänisch mit ›Mor‹ und ›Far‹ angeredet.« Obwohl Nikola und ihr Freund einen Dänisch-Kurs besuchten, mussten sie sich manche Ausdrücke von einer Freundin übersetzen lassen. Mit den Erzieherinnen verständigten sie sich zunächst auf englisch, später ging es auch bei ihnen mit dem Dänisch immer besser.

Zu diesem Zeitpunkt hatte sich ihre Tochter in der Kita schon sehr gut eingelebt. In der Eingewöhnungsphase waren die Eltern zwar beide selbst intensiv mit ihrer eigenen Eingewöhnung, vor allem mit dem obligatorischen Sprachkurs, beschäftigt. Aber von der Kita-Seite her war es sehr erwünscht, dass sie am Anfang möglichst viel dabei waren.

Schön findet Nikola im Rückblick vor allem, dass die Erzieherinnen sich intensiv um die kleinen Kinder kümmern konnten. »Sie haben unbeschwert mit ihnen gespielt und getobt. Sie mussten keine Angst haben, den Überblick zu verlieren, wie das in einer größeren Gruppe leicht passiert.« Eine Erzieherin habe zum Beispiel immer wieder mit ihnen Indianer gespielt und sei mit wilden Rufen durch den Garten gerannt. »Solche Situationen habe ich in deutschen Kitas bisher noch nicht erlebt.«

Auch die Ausstattung sei für deutsche Kita-Verhältnisse beneidenswert, meint Nikola. »Einmal in der Woche gingen die Erzieherinnen mit den kleinen Kindern sogar an die Computer, um ihnen einfache Spiele zu zeigen. Jedes Kind durfte dann einmal selbst auf die Tasten drücken.«

In der Kita in Kopenhagen gab es – wie in der Waldorf-Kita »Hollerbusch«, von der Ellika und Holger berichten – eine eigene

Köchin, die frisches Bio-Essen zubereitete. »Zwar haben die Kinder oft einen ziemlichen Knoblauch-Geruch verbreitet, daran musste man sich erst einmal gewöhnen. Aber das Essen war wunderbar, und jeden Tag stand sogar selbstgebackenes Brot dazu auf dem Tisch.«

In der PISA-Studie zu den Schulleistungen lag Dänemark zwar nur im Mittelfeld – im Unterschied zum vielgepriesenen Finnland. In einem Unicef-Vergleich europäischer Industrienationen hinsichtlich ihrer Kinderfreundlichkeit kam das Land jedoch auf Rang drei. Leistung scheint speziell in den Einrichtungen für die ganz Kleinen weniger wichtig zu sein als Entfaltungsmöglichkeiten und Vergnügen: Von den Angeboten für Vorschulkinder hört man immer wieder, sie seien in Dänemark bewusst offen und wenig »verschult«. Ein »Paedagog«, wie sie in dänischen Kinderbetreuungseinrichtungen arbeiten, ist nach seiner dreieinhalbjährigen Ausbildung ein Allround-Sozialarbeiter. Er oder sie hat einen »Berufs-Bachelor« gemacht, eine Kombination von theoretischem Unterricht und Praktika, für die seit einigen Jahren das Abitur Voraussetzung ist. Mit dem Abschluss kann man auch in einer Senioren- oder Behinderten-Einrichtung arbeiten. Die Spezialisierung erfolgt erst in der Praxis.

Nikola Schopp stammt aus Baden-Württemberg. Auf dem Land liegt dort die Zahl der Kinder, die mit unter drei schon in einer Einrichtung betreut werden, weil beide Eltern arbeiten, an manchen Orten im Promillebereich. Sie selbst ist als Kind erst mit drei Jahren in einen Kindergarten gekommen, von neun bis zwölf Uhr. Dass sie und ihr Freund ihre Tochter schon weit früher in einer Kita anmeldeten, um sich zunächst nachmittags, dann ganztags ihrem Studium widmen zu können, stieß in der Familie und bei manchen alten Freunden nicht auf ungeteiltes Verständnis.

Im Gastland Dänemark war es jedoch normal: Mit einer Mütter-Erwerbsquote von fast 90 Prozent liegt das skandinavische Land in Europa an der Spitze. »Dass die Mütter arbeiten, gehört dort einfach dazu, keiner stellt das in Frage«, sagt Nikola Schopp. Auch ihre Nachbarin in Kopenhagen, die drei Kinder hatte, war ganztags berufstätig. »Die Familien wählen diese Lebensform auch deshalb, weil die Qualität der Betreuung stimmt«, meint die angehende Sozialwissenschaftlerin. »Es geht schließlich nicht allein darum, dass beide Eltern arbeiten können. Es geht auch um Bildungs- und Entwicklungschancen für die Kinder, um das Erlernen sozialer Fertigkeiten, um die Integration von Kindern mit Migrationshintergrund. Das alles kommt in der Diskussion in den Medien im Augenblick viel zu wenig ›rüber‹.«

Auch ihr selbst ist es durch den günstigen Betreuungsschlüssel leichter gefallen, ihre Tochter ganztags den Erzieherinnen anzuvertrauen. Zumal sie stark den günstigen Nebeneffekt der überschaubaren altersgemischten Gruppe für ihr Einzelkind empfunden hat. »Bis Sophia Geschwister bekommt, wird es ja wahrscheinlich noch ein bisschen dauern. In den verschiedenen Kitas, die sie bisher besuchte, hat sie gelernt, dass sie nicht immer der Star sein kann. Zuhause lässt sich das nicht immer vermeiden. Und vor allem bei ihren Großeltern hat sie eine Sonderrolle. Da ist es ganz gut, dass sie auch schon früh das Leben in der Gruppe kennengelernt hat.«

Die sozialen und intellektuellen Entwicklungschancen, die die Betreuungseinrichtungen den Kindern bieten, sollten den Eltern durchaus auch finanziell etwas wert sein, meint Nikola Schopp. Wenn sie eines nicht zu fernen Tages gut verdienen sollte, möchte sie für gute Kinderbetreuung deshalb auch etwas abgeben.

Seit 1998 gibt es für die Familien in Dänemark einen gesetzlichen Anspruch, über dessen Einführung in Deutschland derzeit leidenschaftlich gestritten wird: Den Rechtsanspruch auf einen Betreuungsplatz für unter Dreijährige. Die Kommunen halten in Dänemark nicht nur gut ausgestattete Kitas vor. Sie stellen auch Tagesmütter fest an, um eine familienähnliche Form der Betreuung als Alternative anbieten zu können.

Mit 1,75 Kindern pro Frau ist die Geburtenrate in dem skandinavischen Land zwar nicht europäische Spitze. Sie liegt jedoch deutlich über dem vom Europäischen Statistikamt Eurostat ermittelten Durchschnitt von 1,48. Über dem deutschen mit 1,36 sowieso. Und die Kinder sind in Dänemark offenbar sehr präsent, sie treten öffentlich in Erscheinung. »Kinder sind in diesem Land wichtig, sie sind überall, auf der Straße, in den Lokalen. In jedem Museum gibt es ein spezielles Angebot für sie, jeder lächelt sie an«, erzählt Nikola.

Bullerbü und Pisa-Studie

Kleinkindbetreuung in Schweden und Finnland

»Die Menschen können bei uns selbst entscheiden, welches Angebot sie am besten finden«, sagt Maria Mickelin. Sie spricht allerdings nicht über Immobilien, Haushaltsgeräte oder Stromanbieter: Die Schwedin arbeitet bei der kommunalen Behörde für Ausbildung im Städtchen Nacka: Es liegt im östlichen Einzugsbereich der Hauptstadt Stockholm, hat 82 500 Einwohner, darunter 7100 Kinder von null bis fünf. Maria Mickelin spricht an diesem Sommertag im FDP-nahen Liberalen Institut der Friedrich-Naumann-Stiftung in Potsdam, und was sie zu erzählen hat, passt eigentlich gut in liberale Konzepte: Seit dem Jahr 1982 wurde in Nacka mit einem Voucher-System die Wahlfreiheit der Bürger bei einigen kommunalen und staatlichen Dienstleistungen eingeführt, beginnend mit Gutscheinen für ambulante Pflegeleistungen, die in Schweden aus Steuermitteln finanziert werden. Seit über zehn Jahren gibt es solche Schecks auch für Betreuungsleistungen bei Kleinkindern. Wo sie sie einlösen, entscheiden die Verbraucher selbst. Auch unter den öffentlichen Grundschulen können Eltern inzwischen wählen – sie werden nicht der nächstliegenden Schule zugeteilt.

Die Einrichtungen, in denen der »Child Care Cheque« eingelöst werden kann, müssen allerdings festgelegten Qualitätsstandards genügen. »Die Politik entscheidet darüber, was geboten werden muss, die Professionellen, wie das umgesetzt wird«, erklärt Mickelin. Sie zeigt sich überzeugt davon, dass der Wettbewerb der kommunalen und privaten Kindertagesstätten die Qualität der Betreuung verbessert – schon weil die Eltern das Angebot prüfen müssen. »Eine Wahl treffen zu müssen ist für alle Eltern in Nacka inzwischen ganz normal.« Das trifft zwar grundsätzlich auch in Deutschland zu, wenn Eltern nach einer Krippe, Kita oder einer Tagesmutter suchen. Allerdings werden die Wahlmöglichkeiten hierzulande durch das geringe Angebot stark eingeschränkt, vor allem in den alten Bundesländern.

Zur Erinnerung: Die repräsentative Befragung des Deutschen Jugendinstituts in München hat ergeben, dass in der Altersgruppe zwischen zwei und drei Jahren der Bedarf bei 60 Prozent liegt. Tatsächlich werden aber in den alten Bundesländern nur knapp 17 Prozent der Kleinkinder zwischen dem zweiten und ihrem dritten Geburtstag in einer Kita oder bei einer Tagesmutter betreut. In Nacka sind mit zwei Jahren dagegen 90 Prozent der Kinder dort untergebracht – natürlich nicht alle ganztags.

Der Scheck deckt nicht die gesamten Kosten, mit etwa zehn Prozent werden die Eltern daran beteiligt. Das Gesetz legt jedoch in Schweden fest, dass der Elternanteil maximal 135 Euro betragen darf. Bedingung für das Anrecht auf einen Betreuungs-Scheck ist, dass beide Eltern oder der alleinerziehende Elternteil erwerbstätig sind oder Arbeit suchen. Die 90-prozentige Auslastung wirft deshalb ein klares Licht auf die Erwerbsquote junger Mütter in Schweden. Auch während Mutter oder Vater Elternzeit nehmen, um ein Baby zu betreuen, darf das ältere Kind weiter in der Kita bleiben. Vor allem, weil man einen Wechsel der Betreuungssituation fürchtet, wie Mickelin erläutert.

Beim Pisa-Sieger Finnland ist das Recht der unter Dreijährigen auf einen Platz in der Kita oder bei einer Tagesmutter, anders als bei uns oder in Schweden, nur an eine Bedingung geknüpft: Es genügt, ein Bürger des Landes zu sein. »Jeder Bürger hat bei uns Zugang zur Kleinkind-Betreuung, wir machen das nicht abhängig davon, dass die Eltern arbeiten«, erklärt Liisa Heinämäki vom National Research and Development Center in Helsinki. Mit zwei Jahren werden heute trotzdem nur 44 Prozent der kleinen Finnen, in kommunalen oder privaten Einrichtungen außerhalb der Familie betreut, erst in die Vorschule gehen sie praktisch geschlossen. Auch für die Kinder unter drei Jahren wurde in Finnland eine Art Lehrplan entwickelt – bewusst spricht man nicht nur von Kleinkind-Betreuung, sondern im gleichen Atemzug auch von Kleinkind-Erziehung und -Bildung. Nicht zuletzt der gute Personalschlüssel macht es glaubhaft, dass dieser Anspruch realisiert werden kann: Auf vier Kinder unter drei Jahren muss in einer Einrichtung eine Betreuungsperson kommen, im Erzieher-Team muss unter drei Mitarbeitern jeweils einer oder eine sein, die ein Pädagogik-Studium mit dem Bachelor oder Master abgeschlossen hat. »Ganz besonders wichtig ist uns in unserem Bildungsplan die Förderung der sprachlichen Fähigkeiten der Kleinkinder«, sagte Liisa Heinämäki.

Dass gute Einrichtungen genau auf diesem Sektor der frühkindlichen Bildung viel leisten können, haben im Rahmen des NICHD-Projekts ja mehrere Teilstudien zeigen können. Der Unterschied ließ sich auch bei den Zwölfjährigen noch feststellen. Weil das Beherrschen der Landessprache besonders für die Integration der Bürger mit Migrationshintergrund so bedeutsam ist, wirkt das finnische Konzept, allen Familien unabhängig von ihrer Beschäftigungssituation das Recht auf einen Kita-Platz zuzusprechen, ausgesprochen nachahmenswert.

Allons enfants: Kinder, Krippen und Karrieren in unserem Nachbarland Frankreich

Ein Gespräch mit Caroline Kageneck aus Paris,
Mutter von drei Kindern

So viele Kinder wie im Heimatland des »Savoir-vivre« werden in der EU sonst nirgends geboren. Mit 2,07 Kindern pro Französin liegt das Land an der Spitze. Der Zusammenhang der hohen Kinderquote mit einer Familienpolitik, die traditionell mit der Bevölkerungs- und Beschäftigungspolitik der »Grande Nation« verknüpft ist, liegt für Kommentatoren anderer Länder auf der Hand. Familie ist in Frankreich wichtig. Und sie lässt sich besser als in den meisten anderen europäischen Ländern mit der Berufstätigkeit beider Elternteile in Einklang bringen.

Dass für Franzosen Kinder eher zum Leben gehören als für uns Deutsche, hat gerade wieder eine repräsentative Umfrage bewiesen. Für die Studie befragte das Institut für Demoskopie Allensbach im Februar 2007 im Auftrag der Zeitschrift »Bild der Frau« Franzosen und Deutsche zwischen 16 und 49 Jahren. Vier von fünf Franzosen gaben zu Protokoll, sie lebten in einem kinderfreundlichen Land, das wollte jedoch nur ein Viertel der befragten Deutschen von ihrem Land behaupten. Eltern wie Kinderlose finden in Frankreich mehrheitlich, dass Kinder das Leben bereichern, in Deutschland ist davon nur die Mehrheit derjenigen Erwachsenen überzeugt, die schon Kinder haben. Kinderlosigkeit ist zudem für die jungen Franzosen nur ein vorübergehender Zustand. Nur 13 Prozent der Befragten ohne Kinder gaben an, definitiv keinen Nachwuchs zu wollen. Und immerhin 36 Prozent halten es grundsätzlich für erstrebenswert, drei Kinder zu haben. Insgesamt klafft in Deutschland mental eine größere Lücke zwischen Menschen mit Kindern und ohne. Während Kinderlosigkeit für die meisten jungen Erwachsenen jenseits des Rheins nur eine Lebensphase ist, denken diesseits die wenigsten von ihnen an Kinder, wenn sie sagen sollen, was den Sinn des Lebens ausmacht. Lebensgenuss und materielle Aspekte sind einer großen Gruppe von jungen Deutschen wichtiger – vor allem aber glaubt man, dass Kinder zu diesen Zielen in Konkurrenz treten könnten. 78 Prozent der Deutschen ohne Nachwuchs, aber nur 54 Prozent der Franzosen assoziieren Elternschaft mit materiellen Einbußen.

Spätestens damit sind wir bei unserem Thema angekommen: Denn während in Frankreich die überwältigende Mehrheit der Frauen glaubt, dass Vollzeitberufstätigkeit und Kinder prinzipiell vereinbar sind, sind nur 22 Prozent der deutschen Frauen davon überzeugt. Deutsche Frauen bevorzugen mehrheitlich das Modell Vollzeit für den Mann, Teilzeit für die Frau. 62 Prozent der Französinnen, aber nur sieben Prozent der weiblichen Deutschen halten es für ohne weiteres möglich, Kinder schon mit unter einem Jahr in eine Betreuungseinrichtung außerhalb der Familie zu geben. Tatsächlich sind in Deutschland nach OECD-Daten nur 27 Prozent der Mütter von Kindern unter drei Jahren erwerbstätig, davon 84 Prozent in Teilzeit. Bei den Französinnen sind es 53 Prozent, und davon arbeiten nur 45 Prozent nicht die volle Stundenzahl.

Wer von den Gründen für die bessere Vereinbarkeit von Kind und Karriere in unserem westlichen Nachbarland spricht, kommt schnell auf Ganztagsschulen samt Ganztagsvorschulen (Ecoles Maternelles) und auf das ebenfalls ganztätige Angebot an Krippen, Crèches, für die Kinder unter drei Jahren. Tatsächlich ist das Angebot für Kleinkinder in den letzten Jahren aber vielfältiger geworden. Und die Wahlfreiheit wird vom Staat ausdrücklich gefördert. Über die Einrichtung der »Prestation d'accueil du jeune enfant«, kurz PAJE, unterstützt die staatliche Familienkasse alters- und einkommensabhängig alternativ zur Krippe auch das Engagement einer Kinderfrau, die sich manchmal auch zwei Familien gemeinsam leisten, oder die Betreuung eines Kleinkinds bei einer diplomierten Tagesmutter (»assistante maternelle«). Die

Flexibilität ist auch nötig, denn die Krippenplätze reichen derzeit längst nicht für alle Kinder, vor allem im Ballungsraum Paris und in den anderen Großstädten melden sich die Eltern meist schon zu Beginn der Schwangerschaft in einer der begehrten Institutionen an. Derzeit sind 43 Prozent der Kleinkinder zumindest zeitweise in Krippen oder bei Tagesmüttern untergebracht. »Neue Krippenplätze zu schaffen, ist eines der Dauerversprechen der Kandidaten aller politischen Parteien, und sie haben hier noch reichlich Arbeit zu leisten«, sagt die Pariserin Caroline Kageneck.

Die Familie Kageneck hat sich wie so viele andere von vornherein für flexible private Lösungen entschieden: Die beiden älteren Kinder wurden in ihren ersten Lebensjahren zeitweise von einem deutschen Au-pair-Mädchen, von einer Kinderfrau und von Studentinnen in den Semesterferien betreut. »Das hat mich allerdings immer unter Druck gesetzt, Jobs anzunehmen, in denen ich genug verdient habe, um diese teure Form der Kinderbetreuung zu bezahlen«, sagt Caroline Kageneck. »Dabei gab es immer wieder berufliche Aufgaben, die mich intellektuell und menschlich mehr gereizt hätten, die aber schlechter bezahlt waren.« Sie arbeitet als Spezialistin für die Online-Gestaltung und -Verbreitung von Informationen für verschiedene Firmen, von der Telekom bis zum Verlagswesen.

Inzwischen sind ihre beiden fünf- und dreijährigen Kinder ganztags in der Schule und in der Vorschule. Doch das Problem der Kleinkindbetreuung stellt sich für Caroline Kageneck erneut. Denn es ereignete sich, was für unser Nachbarland nicht untypisch ist: Die Kagenecks bekamen vor einem halben Jahr ein drittes Kind. Da die beiden Großen nun den ganzen Tag außer Haus sind, sucht Caroline Kageneck auch für den Nachzügler auf absehbare Zeit eine Betreuung außerhalb der eigenen vier Wände – zumindest stundenweise. Sie denkt dabei an die gegenüber den Crèches flexiblere Lösung der Halte-garderies: Einrichtungen in öffentlicher oder privater Regie, in denen Kleinkinder mehrere Tage in der Woche für einige Stunden betreut werden. Man kann hier ähnlich flexible Verträge schließen wie bei Patrizia Kabens »Kinderzeit Gute Zeit«. Und es ist leichter, einen Platz zu finden. Viele Familien kombinieren die Halte-garderie mit einer stundenweisen Betreuung zu Hause.

»Jedenfalls hält mich das Thema Kleinkindbetreuung seit fast sechs Jahren sehr intensiv in Atem«, sagt die dreifache Mutter. Die derzeitige Euphorie in Sachen Geburtenrate sollte nicht darüber hinweg täuschen: Auch von französischen Eltern wird Flexibilität verlangt, wenn sie Beruf und Familie unter den berühmten Hut bringen wollen.

Neuerdings kümmern sich mehrere Privatunternehmen darum, im Auftrag von Gemeinden und Firmen neue Krippen auf die Beine zu stellen, schlüsselfertig mit allem Drum und Dran, vom Bau bis zum Personal. Diese Neugründungen werden vom Staat subventioniert – unter der Voraussetzung, dass ein Platz dort nicht teurer ist als in den Krippen der Gemeinden. Denn zuständig für die Bezahlung ist auch hier die nationale Familienkasse, die Caisse d'Allocations Familiales, die die PAJE vergibt.

Wann ist mein Kind reif für die Kita?

»Ein wichtiges Kriterium ist das konzentrierte Spiel«

Ein Gespräch mit Dr. Joachim Bensel von der Forschungsgruppe »Verhaltensbiologie des Menschen« in Baden-Württemberg

Sich umzuhören, welche Erfahrungen andere Familien mit Kitas, Tagesmüttern oder Elterninitiativen gemacht haben, ist wichtig, wenn man für das eigene Kind auf der Suche ist. Aber Erfahrungen anderer Eltern lassen sich nicht im Maßstab eins zu eins auf das eigene Kind übertragen. Vor allem dann nicht, wenn es darum geht, ob das Kind schon »weit genug« ist, um außerhalb der Familie betreut zu werden. Kann man »Kita-Reife« testen, so wie man es mit der »Schulfähigkeit« der Sechsjährigen mit verschiedenen Mitteln immer wieder versucht? Joachim Bensel von der Forschungsgruppe »Verhaltensbiologie des Menschen« in Kandern müsste das wissen. Im südwestlichsten Zipfel der Republik nicht weit von Freiburg und Basel angesiedelt, berät sein Institut seit Jahren die verschiedensten Institutionen in Deutschland, er hat an Studien mitgewirkt und Gutachten zu Krippen und Kindergärten verfasst, er wertet Untersuchungen zum Thema frühkindliche Pädagogik und Kleinkindbetreuung aus und hält unermüdlich Fortbildungen zum Thema ab. Im

Kern geht es für den Verhaltensbiologen dabei immer darum, die biologischen Voraussetzungen des Menschen, in diesem Fall des kleinen Kindes, in Beziehung zu setzen zu den Umgebungsbedingungen, denen es ausgesetzt wird. Also: Wann ist ein Kind reif für die Kinderkrippe, die Kita oder auch eine Betreuung bei einer Tagesmutter? Kann es problemlos schon als Säugling dort betreut werden, oder sollte man lieber mindestens ein Jahr Elternzeit nehmen?

»Wenn ein Kind ein paar Stunden am Tag in einer solchen Einrichtung qualitativ gut betreut wird, gibt es im Prinzip keine allgemeingültige Altersgrenze«, stellt Bensel zunächst einmal fest. »Entscheidend ist der individuelle Blick auf das einzelne Kind und dessen Bewältigungskompetenz.«

Als Verhaltensbiologe holt er dann ein bisschen weiter aus, um die Frage nach dem richtigen Zeitpunkt der »Außerhausbetreuung« zu beantworten. »Dass Kinder nicht allein von Mutter und Vater, sondern auch von anderen Menschen betreut wurden, hat es schließlich auch in früheren Zeiten und in anderen Gesellschaften immer schon gegeben. Die anthropologische Forschung geht sogar davon aus, dass der Mensch eigentlich zum Typ des »Kollektivbrüters« gehört. Das heißt, dass sich in unserer Spezies nicht eine Person allein um den Nachwuchs kümmert, sondern dass immer eine gewisse Zahl von Personen diese Aufgabe übernommen hat, die allerdings meist gut miteinander vertraut gewesen sind: die Tanten, die Großmütter oder zumindest Menschen aus dem engeren Stammeskreis. Durch mehrere vertraute Hände gereicht zu werden, ist für kleine Kinder also etwas durchaus Normales. Die Gesellschaften, die man heute noch untersuchen kann und die ein Abbild unserer früheren Sozialstrukturen geben, betrachten das Kind sozusagen als soziale Drehscheibe. Ein Kind war für die Gruppe immer etwas ganz Besonderes und Wichtiges, alle haben sich darum bemüht, mit ihm etwas zu tun zu haben, mehrere Menschen sind in die Betreuungsleistung eingestiegen.« Die Hälfte der Zeit seien die ganz Kleinen in diesen Gesellschaften von der Mutter betreut worden, die andere Hälfte übernahmen »Allomütter«, zu denen auch die Väter gehörten. Die 24-Stunden-Betreuung durch die Mutter, die zu Beginn des Lebens ja bei uns die Regel ist, gab es damals nicht.

»Schon deshalb ist es sehr schwierig, aus wissenschaftlicher Sicht ein prinzipielles Einstiegsalter für die außerfamiliäre Betreuung zu nennen.«

Bensel findet es aber wichtig, die Frage nach dem Kita-Einstiegsalter nicht losgelöst von der nach der Dauer des täglichen Aufenthalts dort zu diskutieren. Er verweist dabei auf die in diesem Buch schon mehrfach genannten Studien des NICHD, die auch für ihn als großangelegte Langzeit-Untersuchungen entscheidende Bedeutung haben. »Die Ergebnisse deuten darauf hin, dass Kinder, die in ihren ersten Lebensjahren sehr viel Zeit in außerfamiliärer Betreuung verbracht hatten, unabhängig von deren Qualität später im Schulalter mehr Problemverhalten zeigen. Die Studie differenziert leider nicht zwischen dem Effekt vieler insgesamt in Krippenbetreuung verbrachter Stunden, die durch einen frühen Start zustande kommen, und dem Effekt, der durch eine tägliche Dauer der Betreuung entsteht.« Vor allem wenn man sein Kind schon sehr früh in einer Einrichtung anmeldet, sollte man zum Ausgleich deshalb vorsichtshalber, wenn irgend möglich, die tägliche Stundenzahl begrenzen.

Meist »fremdeln« Säuglinge erst gegen Ende des ersten Lebensjahres erkennbar. »Sieben-Monats-Angst« sagten dazu schon die Urgroßmütter der heutigen jungen Eltern. Deshalb scheint es den Eltern oft leichter, wenn sie ihr Kind schon als Baby in die Krippe bringen: Der erkennbare Trennungsschmerz fehlt. »Man darf aber auch nicht so tun, als sei die Bindung vorher, bei den Säuglingen, noch nicht so gefährdet«, warnt Bensel. »Sie reagieren zwar noch nicht so deutlich erkennbar auf die Trennung, aber das muss nicht heißen, dass das Baby nicht irritiert ist, was sich zum Beispiel an einem veränderten Körpertonus bemerkbar machen kann.« Erkennbar schwierig ist die Trennung oft zwischen dem ersten und dem zweiten Geburtstag. »Zwischen dem zwölften und dem 24. Monat ist die Bindung an die Bezugspersonen tatsächlich noch nicht so fest wie nach dem zweiten Geburtstag, sie ist wesentlich irritabler«, erläutert Bensel. »Deshalb muss man weitaus vorsichtiger sein und genau beobachten, was durch eine außerhäusliche Betreuung mit der Bindung zu den Eltern geschieht. Das Risiko, dass etwas schief laufen kann, ist in diesem Alter größer. Stressuntersuchungen haben gezeigt, dass das

Stresshormon Cortisol ansteigt, wenn Kinder unvorbereitet von ihren Müttern getrennt werden und in Hände unempathischer Babysitterinnen kommen. Wenn der Stresslevel immer wieder über mehrere Stunden erhöht bleibt, kann das die kindliche Entwicklung, nicht nur was die körperliche Reaktion auf Stressauslöser betrifft, durchaus beeinträchtigen.«

Ob es so kommt, hängt aber nicht allein vom Alter des Kindes und vom Einfühlungsvermögen seiner Betreuer ab. »Es gibt sicher eine Komponente, die mit dem Temperament des jeweiligen Kindes zu tun hat«, sagt der Verhaltensbiologe. »Manche Kinder sind schon als Säuglinge offener für neue Umgebungsbedingungen, andere tun sich damit sehr schwer. Wenn diese irritableren Kinder in Situationen kommen, die für sie neu und ungewohnt sind – und sei es nur, dass der Kinderarzt sie auszieht und nicht wie gewohnt die Mutter –, dann tun sie sich sehr schwer, fangen schnell an zu weinen und sind nicht so leicht zu beruhigen. Solche Kinder tun sich auch bei einem Wechsel der Betreuungsperson schwerer. Auch für ängstliche und gehemmte Kinder ist ein Betreuungswechsel schwieriger, sie neigen eher zu körperlich messbaren Stressreaktionen.«

Sicher spielen auch hierbei frühe Erfahrungen der Kinder eine Rolle, »das kann man schwer auseinander halten«, meint Bensel. Wichtig sei es auch, ob Kinder schon viel mit anderen Kindern gespielt haben, ob sie in Spielgruppen waren oder schon bei den Großeltern übernachtet haben. Diese Erfahrungen führten dazu, dass die Kleinkinder sich auch in einer Einrichtung schneller zurechtfinden.

Wie so vieles in der menschlichen Sozialisation steckt auch dieser Bereich voller Ungerechtigkeit: Die Kinder, die sich mit der Veränderung leichter tun, weil sie viel Gesellschaft schon gewöhnt sind, brauchen die Kita zugleich weniger dringend als Feld der sozialen Erfahrung: »Wo mehrere Menschen aktiv mit dem Kind etwas zu tun haben, wo Geschwister, Nachbarskinder, Cousinen und Cousins, befreundete Familien um es herum sind, da bekommt es diese Anregungen auch ohne regelmäßig vier bis acht Stunden am Tag in der Krippe oder Kita zu sein. Anders sieht es aus, wenn ein solcher sozialer Kontext zu Hause nicht angeboten werden kann, wenn etwa eine alleinerziehende

Mutter und ihr Kind meist die 24 Stunden des Tages zu zweit verbringen. Dann kann es für die Entwicklung des Kindes große Vorteile haben, wenn es in einer gut geführten Krippe ist.«

Beim Start in die Betreuung außerhalb des Elternhauses spielen zudem aber auch die Erwartungen und die Haltung der Eltern eine wichtige Rolle. »Vielleicht haben sie für sich selbst noch nicht klar entschieden, ob sie ihr Kind wirklich in andere Hände geben wollen, haben ein schlechtes Gewissen dabei. Das Gefühl, das die Eltern transportieren, bekommen schon kleine Kinder ganz stark mit, vor allem in Form von Unsicherheit in der Abschiedssituation. Das sind häufig Abschiede, die ganz lange dauern: Die Mutter fragt immer wieder. Kann ich jetzt wirklich gehen? Fühlst du dich auch wirklich wohl? Das Kind kann sich in einer solchen spannungsgeladenen Situation nicht sicher und geborgen fühlen.«

So vorsichtig Bensel ist, wenn er gefragt wird, ob der frühe Kita-Besuch für alle Kinder ein Gewinn sei, so vehement widerspricht er andererseits, wenn Krippen-Gegner die Freuden der Mutter-Kind-Dyade in allzu rosigen Farben ausmalen: »Es ist ja ein Märchen, was in unserer derzeitigen gesellschaftlichen Debatte von Seiten der Kita-Kritiker verbreitet wird: Wenn ein kleines Kind nur bei seiner Mutter bleiben könne, sei alles wunderbar. Die emotionale Nähe ist dabei keineswegs eine Naturgegebenheit, sie besteht nicht automatisch. Es kann im Gegenteil für ein kleines Kind ganz gruslig sein, die ganze Zeit nur mit der Mutter zu verbringen. Die wiederum kann möglicherweise mehr emotionale Nähe anbieten, wenn sie nicht rund um die Uhr mit dem Kind zusammen ist.« Die Mutter werde entlastet, wenn sie ihr Kind mit gutem Gewissen einer guten Einrichtung anvertrauen könne. »Sie wird entspannter sein, wenn sie wenigstens stundenweise arbeiten kann und die Chance hat, gesellschaftlich wieder mehr integriert zu sein.«

Für die Kita-Reife gibt es also keinen festen Zeitpunkt. Statt dessen hängt viel davon ab, was das Kind zuvor schon an sozialen Erfahrungen sammeln konnte, wie lang es von den Eltern getrennt bleiben soll und wie sicher die sich ihrer Sache sind. Und es gibt da noch etwas, das alle Kleinkindforscher und Erziehungsberater auffallend einmütig herausstellen: Ganz entscheidend ist der Einstand des Kindes in der neuen Umgebung. Das Zauberwort heißt »Eingewöhnung«. Fast alle Eltern, die für dieses Buch über ihre außerfamiliären Betreuungserfahrungen erzählt haben, sind darauf zu sprechen gekommen. »Die elternbegleitete Eingewöhnung ist der entscheidende Startimpuls für die außerhäusliche Karriere des Kindes – ob es nun zu einer Tagesmutter oder in eine Kinderkrippe kommt. Wenn diese Situation gut vorbereitet und gestaltet wird, ist das eine sehr gute Ausgangsbasis dafür, dass das Kind die Zeit außer Haus auch wirklich genießen kann, dass es dort etwas lernt und für sich mitnimmt. Wenn die Eingewöhnung schlecht läuft, besteht nach unseren Erkenntnissen dagegen ein großes Risiko. Untersuchungen aus dem Institut für angewandte Sozialforschung in Berlin zeigen, dass eine abrupte Eingewöhnung, bei der die Eltern zum Beispiel heimlich gehen, ohne sich beim Kind zu verabschieden, dazu führt, dass die Bindung des Kindes zu seiner Mutter verunsichert wird. Auch Kinder, die zuvor sicher gebunden waren, werden dadurch beeinträchtigt. Sie haben messbar stärkere Stressreaktionen und erkranken auch häufiger an Infekten, weil ihr Immunsystem geschwächt wird.«

Wie lange dauert eine gute Eingewöhnung, und was müssen Eltern und Erzieher unbedingt dabei beachten? Davon hat die Wissenschaft heute eine ziemlich klare Vorstellung: »Die Mutter oder der Vater sollten einige Tage lang mit dem Kind zusammen in der Krippe bleiben. Dann kann das Kind in Ruhe seine neue Umgebung kennenlernen und sich auch der neuen Bezugsperson in einer entspannten Atmosphäre annähern. Wichtig ist, dass dieser Elternteil dabei eine passive Rolle einnimmt: Vater oder Mutter sind da, sollten aber nicht mit dem Kind spielen, sondern sich bewusst zurückhalten, denn es handelt sich ja nicht um eine Eltern-Kind-Spielgruppe oder eine Spielplatz-Situation. Die Mutter gibt dem Kind nur eine sichere Basis für seine Erkundungen und macht es ihm dadurch leichter, den Übergang zu bewältigen. Wichtig ist außerdem, dass es in der Krippe eine Person gibt, die als Bezugserzieherin fungiert: Sie versucht, Stück für Stück mit dem Kind Kontakt aufzunehmen, sie tröstet es, wenn ihm etwas passiert. Sie ist die neue sichere Basis für das Kind, auf die es sich verlassen kann.

Nach einigen Tagen kann die Mutter dann für kurze Zeit weggehen, man kann austesten, ob die neue Beziehung schon hält. Das bemisst sich übrigens nicht daran, ob das Kind weint oder nicht. »Das Weinen ist eine sehr gesunde Reaktion. Das Kind macht damit sichtbar, dass es mit der Trennung von der Mutter Schwierigkeiten hat. Wir wissen aus der Bindungsforschung sogar, dass unsicher gebundene Kinder weniger offensichtlich weinen. Sie zeigen nach außen nicht so deutlich, dass ihnen die Trennung schwer fällt. Sie sind deshalb aber keineswegs die Cooleren, die damit leichter zurechtkommen. Ihr Stresspegel ist im Gegenteil höher, sie sind innerlich also stärker mitgenommen. Die Kinder, die kurz weinen und bei denen danach alles wieder gut ist, bewältigen die Trennung besser. Sie sind eher in der Lage, allein oder sogar mit den anderen Kindern zu spielen.«

Wichtig ist deshalb vor allem, dass die neue Bezugsperson es schafft, das weinende Kind in kurzer Zeit zu trösten. »Wenn das funktioniert, kann man die Zeit in den nächsten ein bis drei Wochen Schritt für Schritt ausdehnen, bis man bei der vereinbarten Betreuungszeit angekommen ist. Mit dieser sanften Eingewöhnung wurden so gute Erfahrungen gemacht, dass einige Bundesländer ein solches Konzept inzwischen sogar zwingend vorsehen – und das in einigen Einrichtungen in abgespeckter Form sogar auch im Kindergarten, für die über Dreijährigen.«

Wichtig findet Bensel, dass der Abschied bewusst gestaltet werden muss. »Die Mutter muss ganz klar sagen, dass sie jetzt geht und später wiederkommt. Wenn sie heimlich geht, sitzt dem Kind die Angst im Nacken. Es hat das Gefühl, die ganze Zeit aufpassen zu müssen, ob ihm die Mutter entwischt.«

Leider sind die Eltern oft schon aus der Tür, wenn das Kind über den Abschiedsschmerz hinweg ist. Sie können schon nicht mehr beobachten, ob die Tränen getrocknet sind und es ihrem Kind inzwischen in der Kita gut geht. Doch sie können es erfahren. »Sie sollten sich unbedingt von der Erzieherin berichten lassen, wie das Kind sich verhalten hat. Ein wichtiges Kriterium dafür, dass es dem Kind gut geht und dass es in der Einrichtung angekommen ist, ist sein konzentriertes Spiel. Ein Alarmsignal ist dagegen, wenn das Kind teilnahmslos herumsteht oder ziellos umherläuft oder ins Leere starrt. Wir sprechen hier vom

»Abseitsverhalten«. Wenn das Kind sich dagegen auf die Erzieherin bezieht, wenn es sich von ihr helfen lässt, sich von ihr wickeln lässt, auch einmal mit ihr lacht und auf die von ihr vorgeschlagenen Spielideen eingeht, ist das ein Anzeichen dafür, dass es ihm gut geht.«

Wirklich vertraut ist die Beziehung nach Bensels Ansicht, wenn das Kind beginnt auszutesten, ob es auch eine andere Meinung vertreten kann als die Erzieherin. »Wenn ein Kind sich in der kleinkindlichen Trotzphase traut, seine Bezugsperson zu provozieren, dann spürt es offensichtlich genügend Rückhalt.«

Damit die Erzieherinnen festhalten können, wie das Kind sich in der Eingewöhnungsphase verhält und entwickelt, wurden spezielle Beobachtungsbögen entworfen, auch von der »Forschungsgruppe Verhaltensbiologie des Menschen«. »Sie können auch eine gute Basis sein für das Gespräch, das etwa nach acht Wochen mit den Eltern geführt werden sollte«, sagt Bensel.

In seltenen Fällen kann aber auch alles ganz anders kommen: Das Kind gewöhnt sich nicht an die neue Umgebung, es möchte trotz behutsamer Eingewöhnungsversuche nicht in der Einrichtung bleiben. Bensel findet es ganz wichtig, dass die Erwachsenen die Sache dann nicht auf Biegen und Brechen durchziehen. »Für diesen Fall sollten die Eltern, aber auch die Krippe sich die Option offen halten, den Versuch abzubrechen. Wenn das Kind nicht beruhigt werden kann, müssen sie sich eingestehen: Es hat im Moment keinen Sinn, wir müssen eine andere Lösung finden.« Welche könnte das aber sein? Vielleicht ist doch eine private Betreuung möglich, oder das Kind tut sich bei einer Tagesmutter leichter. Auf jeden Fall müssen sich die Eltern in dieser Situation etwas überlegen, findet Bensel. »Wenn man eine Krippe oder Kita nicht als reine Bewahranstalt versteht, muss man über mögliche Alternativen nachdenken, dann darf man es nicht um jeden Preis durchziehen.« Sonst könnte einiges auf der Strecke bleiben: »Dass in einer Einrichtung Bildung und Erziehung eine Chance haben, in der das Kind sich nicht wohlfühlt, kann man sich wirklich abschminken. In einem solchen Fall bleibt bestenfalls noch die reine Betreuung übrig. Ein Kind, das sich nicht sicher fühlt, kann nicht vertieft lernen und kann seine Umgebung nicht nachhaltig erkunden. Bindung ist die absolute Vor

aussetzung für Bildung, unsicher gebundene Kinder entwickeln
ein mangelhaftes Selbstkonzept und brechen frühzeitig frustriert
in geistig herausfordernden Problemlösungssituationen ab. Die
Folgen sind also beträchtlich: Zu den Defiziten im sozialen kommen noch die im kognitiven Bereich, beim Lernen etwa.«

Wir sprechen – gute Eingewöhnung einmal vorausgesetzt –
von Ausnahmefällen. Grundsätzlich sind Kinder, auch wenn sie
noch nicht drei Jahre alt und damit im klassischen Kindergarten-
alter angekommen sind, von ihrer Entwicklung her fähig, einen
Teil des Tages in einer Gemeinschaftseinrichtung in Gesellschaft
Gleichaltriger zuzubringen. Allerdings muss man bestimmte Anforderungen an die Einrichtungen stellen, in deren Obhut man
Kinder in diesem zarten Alter ohne Bedenken geben möchte. Der
Verhaltensbiologe Joachim Bensel nennt dafür aus der Sicht sei-
nes Fachs ähnliche Kriterien wie der Erziehungswissenschaftler
Wolfgang Tietze. »Zunächst ist es ganz wichtig, dass für diese
Altersgruppe ein eigenes Konzept existiert, dass man nicht einfach versucht, mit den Kleinen in abgespeckter Form das zu
machen, was man im Kindergarten tut. Die Kinder befinden
sich schließlich in einer ganz anderen Phase ihrer Entwicklung.
Man muss mit ihnen sehr viel situativer arbeiten, das fällt vielen
Kindergärtnerinnen schwer, denn in ihrer Ausbildung spielt die
Orientierung auf bestimmte Projekte, Tischarbeit und feste Pro-
grammabläufe heute eine wichtige Rolle. Bei den Kleinen unter
drei muss man aber noch stärker als bei Kindergartenkindern
auf die aktuellen Interessen und die jeweilige Situation reagieren.
Man muss sehr spontan und offen sein. Außerdem muss man auf
das starke Bewegungsbedürfnis der Kinder dieser Altersgruppe
eingehen. Sie brauchen ständig die Möglichkeit sich zu bewegen,
da reicht es nicht, wenn sie vor dem Mittagessen kurz einmal
ins Freie dürfen. Sie haben auch viel öfter als größere Kinder das
Bedürfnis, auf den Schoß genommen zu werden, gerade wenn
sie in der Erzieherin eine sichere Basis gefunden haben, sie brauchen stärkeren emotionalen Rückhalt. Es darf auch keine häufig
wechselnden Betreuungssituationen geben, die Kontinuität der
bekannten und vertrauten Bezugspersonen, der sicheren Basis,
ist sehr wichtig.« Das alles kann im Prinzip von den Erzieherinnen selbst gesteuert werden. »Hier gibt es für sie beträchtliche

Einflussmöglichkeiten«, sagt Bensel. Doch er fügt gleich hinzu: »Voraussetzung ist allerdings die passende Strukturqualität, also geeignete Räume, kleine Gruppen, genug Personal. Und hier haben wir in Deutschland im Augenblick ein großes Problem: Wir haben in den Krippen meist zu große Gruppen und zu wenig Personal. Unter diesen Umständen kann man die schönen Konzepte nicht leben, man läuft Gefahr, am Kind vorbei zu agieren.« So sollte nach den Kriterien verschiedener Expertengremien bei den Zweijährigen für vier Kinder eine Betreuerin in Vollzeit zur Verfügung stehen, bei den noch Kleineren sogar für drei Kinder. »Das ist als Forderung von den Landesjugendämtern bisher nur annähernd in Bremen und Nordrhein-Westfalen festgehalten, und in der Praxis sieht es noch einmal anders aus«, bemängelt Bensel. »Dazu kommt, dass die Räumlichkeiten nicht unbedingt für Kleinkinder konzipiert sind. Die Erzieherinnen werden noch nicht einmal in die Gestaltung einbezogen, wenn neu gebaut wird. Architekten, die von kindlichen Bedürfnissen keine Ahnung haben, entwerfen die Gebäude auf dem Reißbrett. Auch in dieser Hinsicht haben wir ein ganz großes Defizit. Wenn wir in den nächsten Jahren wirklich mehrere hunderttausend neue gute Betreuungsplätze schaffen wollen, wird das meiner Ansicht nach das Mehrfache an Milliardenbeträgen dessen kosten, was dafür bisher veranschlagt wurde. Stattdessen laufen wir Gefahr, die Zweijährigen einfach in die bestehenden Kindergärten hineinzustecken, die nicht für sie konzipiert sind.«

Bensel ist selbst Vater, er weiß, dass es für Eltern schwer ist, einer Kita auf Anhieb anzusehen, wie gut sie ist. Worauf würde er achten? »Wenn ich heute für mein Kind eine Krippe aussuchen sollte, würde ich mir zuerst die Räumlichkeiten zeigen lassen und schauen, wie sie auf mich wirken«, meint er. Gibt es beispielsweise genug freie Bodenfläche, auf der die Kinder ihr hohes Bewegungsbedürfnis ausleben können? Können die Kinder jederzeit nach draußen? Gibt es schiefe Ebenen, die zum Spiel anregen, gibt es Rückzugsmöglichkeiten und Nischen für die Phasen, in denen ein Kind allein sein will?

»Ganz wichtig ist auch, dass es ein Konzept gibt, das möglichst schriftlich festgehalten ist und das ich mir als Mutter oder Vater in Ruhe durchlesen kann. Dazu sollte eben auch gehören, dass ein Plan für die Eingewöhnungsphase existiert. Wenn man an den ersten Tagen nicht dabei sein kann, wäre ich schon einmal sehr, sehr skeptisch, denn dann würde ein elementares Kriterium für die gute Eingewöhnung nicht erfüllt.«

Außerdem würde Bensel mit den Erziehern über den Tagesablauf in der Krippe sprechen. Und er würde das Spielzeug genauer unter die Lupe nehmen. »Ich würde schauen, ob es zum Spielen ›wertlose‹, nicht zweckgebundene Alltagsmaterialien wie Kartons, Schläuche oder Röhren gibt, die dazu anregen, selbst etwas damit zu machen, und nicht nur Standard-Spielzeug, dessen wenige Funktionen schnell festgelegt sind. Signalisiert die Erzieherin, dass sie die Kinder auch teilweise selbst herausfinden lässt, was sie machen wollen, dass sie also eine für ihr Alter angemessene Selbstbildungskompetenz erwerben können? Dafür muss man sich unter der Obhut einer vorsichtig-zurückhaltenden Erzieherin, die aufmerksam die Bildungsinteressen der Kinder beobachtet, auch einmal länger in einer Pfütze spiegeln und mit einem Stöckchen darin experimentieren dürfen. Wenn ständig jemand mahnt, sich nicht dreckig zu machen und lieber etwas ›Sinnvolles‹ zu spielen, wäre das nicht möglich. Auf der anderen Seite ist es auch wichtig, dass die Erzieherin Angebote macht, dass sie mit den Kindern in den Wald geht, ihnen vorliest oder mit verschiedenen Elementen eine Bewegungsbaustelle aufbaut, etwas, das sie von sich aus noch nicht schaffen würden. Es sollte, kurz gesagt, die richtige Mischung zwischen Impulsen von außen und Unterstützung der eigenen Ideen des Kindes geben.«

Ideal wäre es natürlich, wenn man das alles in einer Schnupperphase herausfinden dürfte, in der Mutter oder Vater das Kind in die Krippe begleiten. Bei Kindergärten gibt es das zum Teil ja schon. »Leider ist es aber heute mit der Kita-Wahl noch nicht so wie mit der Auswahl des passenden Gymnasiums. Es wäre sehr wünschenswert, aus einem Angebot auswählen zu können. Und für die Qualität der Einrichtungen wäre es sicher gut, wenn sie unter einem gewissen Druck stünden, sich gegenüber der Konkurrenz zu profilieren.«

Bensel findet wie Tietze, dass wir in der Ausbildung der Erzieherinnen eine deutlich bessere Qualifizierung für die Betreuung der Kinder unter drei Jahren brauchen. »Zumindest in den alten Bundesländern war das ja bisher kein Thema, hier haben wir ein großes Manko. Wir schauen sozusagen flehentlich nach Skandinavien oder nach Neuseeland, um uns da Konzepte zu holen. Wir haben bisher bei der Kleinkindbetreuung zu stark auf den pflegerischen Bereich geschaut. Aber gerade Pflege-Situationen wie das Wickeln sind nach übereinstimmender Ansicht der Entwicklungspsychologen und Kleinkind-Pädagogen mehr als hygienische Maßnahmen, sie sind zugleich sehr wichtig, was den Aufbau der Beziehung zum Kind betrifft. »Hier gibt es nicht umsonst das Konzept der ›beziehungsreichen Pflege‹, das Emmi Pikler entwickelt hat.«

»Es wird immer wieder einzelne Erwachsene geben, die einfühlsam und erfahren genug sind, um das alles intuitiv richtig zu machen«, sagt Bensel. »Aber man sollte auch den anderen die Chance geben, es lernen zu dürfen.« Ob wir in den Krippen in Zukunft nur studierte Sozialpädagogen beschäftigen sollten, sei eine andere Frage. »Wir brauchen aber auf jeden Fall eine andere Grundausbildung und die Möglichkeit ständiger Fort- und Weiterbildung. Und bei den passenden Curricula dafür gibt es in Deutschland noch Nachholbedarf. In der DDR war der Bereich der Kleinkindbetreuung zwar gut ausgebaut. Aber die Ausbildung war zum Teil eher auf ein kollektivistisches Erziehungsideal hin ausgelegt, das heute nicht mehr zu unseren Vorstellungen über den Umgang mit Kindern unter drei Jahren passt.«

Ausbildung, Ausstattung, Personalschlüssel: Die Mängelliste, die die Experten für die deutsche Kleinkind-Betreuungslandschaft aufstellen, ist lang. Aber was sollen Eltern tun, die mit dem Angebot an ihrem Wohnort gar nicht zufrieden sind, denen aber kein anderes zur Verfügung steht? »Das ist sicher immer eine schwierige Güterabwägung«, zögert Bensel bei der Antwort. »Die Eltern sollten sich auf jeden Fall folgende Fragen stellen: Wie stark bin ich davon überzeugt, dass mein Kind unter dieser grenzwertigen Krippe leidet oder leiden würde? Wie existenziell ist es für mich und für unsere Familie, dass ich wieder arbeite? Kann ich auf Teilzeit gehen oder wenigstens noch ein halbes Jahr warten? Gibt es Alternativen für die Betreuung? Können wir nicht doch eine gute Tagesmutter finden oder uns zumindest für kürzere Zeit eine Kinderfrau leisten?« Manche Kinder fühlten sich schließlich in einem familiäreren Rahmen wohler.«Und Tagesmütter müssen, bevor sie ein Tageskind aufnehmen dürfen, Qualifizierungskurse absolvieren, die ab 2011 160 Unterrichtseinheiten umfassen werden.« Insgesamt aber, so findet er, ist es eine schwierige Entscheidung, die man da den Eltern heute aufbürdet. »Wünschenswert wäre stattdessen, dass sie überall im Land die Wahl zwischen mehreren guten Betreuungsangeboten haben.«

Wünschenswert wäre auch, dass Eltern zunehmend mehr Einfluss darauf nehmen können, wie ihre Kinder betreut werden. Sie können sich dabei auf das Gesetz berufen. »Der Gesetzgeber hat den Einrichtungen ja explizit den Auftrag gegeben, die Zusammenarbeit mit den Eltern zu verbessern und eine echte Erziehungspartnerschaft zu etablieren. Es muss vielen Eltern aber erst noch klar werden, dass nun ihre Meinung gefragt ist, die in vielen klassischen Einrichtungen in der Vergangenheit nur von geringem Interesse war.«

Außerdem müssten die Eltern sich bewusst machen, dass sie die Zeit nach dem Krippentag nutzen können und müssen, um auf die Beziehung, die Entwicklung und die Bildungsprozesse ihres Kindes positiv einzuwirken. »Die Feinfühligkeit der Mütter war der wichtigste Faktor in den großen US-Studien, wichtiger als alle anderen Einflussfaktoren von Seiten der Krippe oder der Tagespflege. Um positiven Einfluss auf die Entwicklung seines Kindes nehmen zu können, muss man sich aber auch die Zeit nehmen und den inneren Freiraum dafür schaffen.« Eine Halbtagsbetreuung, die noch reichlich tägliche Familienzeit übrig lässt, könne hier vor allem bei den Kleineren von entscheidendem Vorteil sein, meint Bensel.

Macht die Kita krank – oder macht sie kerngesund?
Die Sicht der Kinderärzte

Wir haben bisher viel vom seelischen Wohlbefinden der Kinder gesprochen, die schon als ganz Kleine außerhalb der Familie betreut werden: Wie sie sich in der Kita einleben, wie sie Vertrauen zu bisher fremden Menschen fassen, wie sie Kontakt zu Altersgenossen aufnehmen, sich wohlfühlen, spielen und lernen. Aber was hat es zu bedeuten, wenn sie einen Infekt nach dem anderen durchmachen? Schadet ihnen das?

Alle Eltern von Kita-Kindern kennen das: Schon zum dritten Mal in diesem Jahr hat ihr Zweijähriges eine Rotznase. Lästiger ist für seine Eltern der Husten, der die Nächte für die ganze Familie unruhig macht. Und wie soll man bitte dem Chef klar machen, dass man nun schon wieder fehlen wird? Schließlich kann das Kind mit der Erkältung nicht in seine Kita.

Dass das Kleinkind mehr Infekte durchmacht, seit es in einer Gemeinschaftseinrichtung betreut wird, ist auch für Kinderärzte keine Überraschung. Der Geraer Kinderarzt Werner Friedrich hat, noch zu DDR-Zeiten, in einer Studie – nachzulesen in dem von Lieselotte Ahnert herausgegebenen Band »Tagesbetreuung für Kinder unter drei Jahren« – ganz minutiös nachgezählt: Krippenkinder unter drei Jahren waren im Schnitt stattliche 87,8 Tage im Jahr krank, ausschließlich in der Familie betreute Altersgenossen »nur« 34 Tage.

Eltern, deren Kinder in eine Kita gehen, müssen bei jedem Infekt mindestens zweimal zum Kinderarzt: Einmal, um das Kind untersuchen zu lassen, und natürlich wegen der Krankschreibung des Kindes, die sie selbst brauchen, um von der Arbeit freigestellt zu werden. Und zum zweiten Mal wegen der Gesundschreibung, die das Kind braucht, um wieder in die Kita zu dürfen. »Dann müssen wir zwei Dinge klären: Ist das Kind noch ansteckend, also eine Gefahr für die anderen? Und ist es schon wieder fit genug, um in der Gruppe spielen zu können?«, erklärt Elke Jäger-Roman, Kinderärztin in Berlin-Schöneberg und Vorsitzende des Landesverbandes Berlin der Kinder- und Jugendärzte. Die erste Frage muss die Kinderärztin sich selbst beantworten, die zweite geht an die Eltern. Meist entscheiden die nach ihrer Erfahrung recht vernünftig und überfordern die Kinder nicht. »Allerdings haben viele Eltern heute Sorge um ihren Arbeitsplatz, wenn sie ein paar Tage fehlen müssen.«

Vor allem aber sind die Eltern meist besorgt, weil ihr Kind so oft krank ist. In ihrer Praxis erklärt die Kinderärztin den Müttern und Vätern dann, dass das kindliche Immunsystem die Abwehrkräfte erst bilden muss, mit denen es den Viren und Bakterien zu Leibe rückt. Für ein Kleinkind, das schon mit einem oder zwei Jahren in eine Gemeinschaftseinrichtung kommt, verlegt sich das Training ein wenig nach vorne. »Kein Wunder, dass die Kinder zunächst einmal krank werden, wenn ihr Immunsystem seine Jungfräulichkeit verliert«, sagt auch der Charité-Kinderarzt und Allergie-»Papst« Ulrich Wahn, Leiter der dortigen Klinik für Pädiatrie mit Schwerpunkt Pneumologie und Allergologie. Die Kinderärzte können die Eltern also zunächst einmal beruhigen: Die gehäuften »Erkältungen« schaden grundsätzlich nicht, und die Kinder, die erst mit drei Jahren in den Kindergarten kommen, machen dafür von da an mehr Krankheiten durch als ihre Altersgenossen, die zuvor schon in einer Krippe waren. »Bis zu zehn Atemwegsinfekte im Jahr sind bei einem zwei- bis vierjährigen Kind ganz normal«, urteilt Wahn.

»Es gibt meiner Kenntnis nach keine einzige wissenschaftliche Untersuchung, die zu dem Schluss kommt, dass diese frühen Infekte schaden«, sagt auch der Berliner Kinderarzt Ulrich Fegeler, Sprecher des Landesverbandes der dortigen Kinder- und Jugendärzte. Im Gegenteil, das Immunsystem des Menschen, so wie es sich im Verlauf der Evolution herausgebildet habe, brauche »offensichtlich etwas zu beißen. Wenn es auf normalem Weg nicht aktiv sein kann, wendet es sich gegen uns.«

Allergie-Spezialisten vermuten inzwischen, dass die frühen Infektionen der Gesundheit der Kinder auf die Dauer sogar dienlich sein könnten. Möglicherweise neigt das Immunsystem später weniger zu Allergien, wenn es schon früh viel zu tun hatte. Dann hat es sozusagen keine Kapazitäten mehr frei für unnötige Kämpfe mit eigentlich harmlosen Fremdkörpern.

Auf den Zusammenhang zwischen frühkindlichen Erkältungen und Allergien ist als einer der ersten der Immunologe Paolo Matricardi aus Rom gestoßen, der Kadetten der italienischen Luftwaffe untersuchte und feststellte, dass sie umso weniger anfällig waren für Allergien, je mehr ältere Geschwister sie hatten. Ältere Kinder im Haus haben aus immunologischer Sicht einen ähnlichen Effekt wie eine altersgemischte Kita. Die italienischen Mediziner konnten auch zeigen, dass es vor Heuschnupfen und Pollenasthma schützt, wenn man sich als Kind mit Hepatitis- und Toxoplasmose-Erregern auseinander gesetzt hat. »Diese Infektionen sind ein Marker für schlechte Hygiene«, erklärt die Allergologin Susanne Lau von der Berliner Charité. Dort laufen auch die Fäden der ersten multizentrischen Langzeitstudie mit Kindern einer Altersgruppe zusammen, in der unter anderem gezeigt werden konnte, dass es vor Allergien zu schützen scheint, wenn man als Kind viel Husten und Schnupfen hatte.

Die Allergieexpertin Erika von Mutius vom Haunerschen Kinderspital der Uni München entdeckte, dass es vor Allergien schützt, auf dem Bauernhof inmitten von Tieren aufzuwachsen. Wahns Mitarbeiter Christoph Grüber wiederum interessierte sich für Grundschüler aus dem Berliner Wedding, wo es besonders viele türkischstämmige Familien gibt. Kinder mit Migrationshintergrund haben deutlich weniger Allergien, so das Fazit seiner Untersuchung. Dass nicht allein die Gene dahinter stecken, sondern auch der Lebensstil, ist inzwischen klar. »Je besser die Familien sich assimiliert haben, desto mehr Allergien tauchen auf«, erläutert Wahn. Um herauszufinden, welche Lebensstil-Faktoren für deren vermehrtes Auftreten verantwortlich sind, haben die Charité-Allergie-Experten jetzt EU-Gelder für eine Studie beantragt, in der Kinder in der Türkei und türkischstämmige Kinder, die in Deutschland leben, miteinander verglichen werden sollen.

Welche Erreger es genau sind, mit denen das menschliche Immunsystem tunlichst schon früh Bekanntschaft schließen sollte, ist noch nicht hundertprozentig klar. »Ein vielversprechender Kandidat sind sogenannte Endotoxine, Moleküle aus der Zellwand von Bakterien, die das Immunsystem stimulieren«, erläutert Wahn. Zumindest bei Mäusen hat sich schon gezeigt, dass der frühe Kontakt mit bestimmten Bakterienstämmen ihr Allergierisiko senkt. »In einer großen Kinderstudie soll nun untersucht werden, ob Zellwände der Darmbakterien Streptococcus faecalis und Escherichia Coli vor Allergien schützen«, erzählt Wahn. 640 Kinder mit hohem familiärem Risiko nehmen für die Studie, die seine Mitarbeiterin Susanne Lau leitet, ein Mittel ein, in dem die Bakterienbestandteile enthalten sind, sie werden in den ersten vier Lebensjahren untersucht und beobachtet. Die Studie könnte weitere Belege für die These liefern, dass es besser ist, das kindliche Immunsystem nicht unbeschäftigt zu lassen.

Eines ist aber klar: Allergien sind ein wichtiger Aspekt, wenn Mediziner über die Vor- und Nachteile der Betreuung kleiner

Kinder außerhalb der Kleinfamilie nachdenken. »An den Allergien zeigt sich, dass es für die Kinder gut ist, wenn sie schon früh Kontakt zu vielen Menschen haben«, sagt Wahn. In Zeiten, in denen die Familien kleiner werden, spricht deshalb aus allergologischer Sicht einiges für den frühen Kita-Besuch.

Wenn Eltern sich im Vorfeld Sorgen machen, ob ihren Kindern die Kita gut tun wird, dann geht es dabei allerdings meist erst einmal nicht um Gefahr und Segen der Ansteckung mit Krankheitserregern. »Dass bei Kita-Kindern vermehrt Infekte auftreten, merken die Eltern ja meist erst später, wenn die Kinder schon in der Kita sind«, weiß Kinderärztin Jäger-Roman aus Erfahrung. Viel wichtiger ist den Müttern und Vätern zuvor die Frage, ob das Kind mit der zeitweiligen Trennung von ihnen klarkommen wird. Viele plagt das schlechte Gewissen, oder sie leiden selbst schon unter Trennungsschmerz, wenn sie daran denken, dass sie bald wieder arbeiten gehen werden.

Der Berufsverband der Kinderärzte spricht sich in der aktuellen Debatte keineswegs gegen die außerfamiliäre Betreuung kleiner Kinder aus. »Zahlreiche Untersuchungen belegen, dass Kinder, die mit ein oder zwei Jahren in eine Krippe oder eine andere Form von Gemeinschaftseinrichtung kommen, ohne jegliche Defizite aufwachsen, wenn die Versorgungsqualität ausreichend gut ist«, sagt Kinderarzt Ulrich Fegeler. Und er ergänzt: »Wenn einzelne meiner Kollegen heute öffentlich sagen, dass es Kindern nicht bekomme, vor dem dritten Geburtstag in eine Gemeinschaftseinrichtung zu gehen, weil das Bindungsstörungen verursache, dann können sie sich dabei jedenfalls nicht auf die Wissenschaft stützen. Sie laufen Gefahr, pure Ideologie zu verbreiten. Unser Berufsverband sagt klar, dass die Kinder keinen Schaden nehmen, wenn sie früh in eine Gemeinschaftseinrichtung kommen.« Bindungsstörungen sehe er zwar öfter, die setzten aber zumeist früher an und hätten ihre Ursache oft in Besonderheiten des mütterlichen Verhaltens.

Entscheidend sei aber in jedem Fall, dass ein Kind genügend Entwicklungsangebote bekommt. Und das merken Kinderärzte bei den Vorsorgeuntersuchungen. »Diese Entwicklungsangebote können in einer schlecht strukturierten Kita Mangelware sein, sie können aber auch bei einem Kind fehlen, das stundenlang zu

Hause vor dem Fernseher ›geparkt‹ wird und mit zwei Jahren noch kaum sprechen kann«, sagt Kinderärztin Jäger-Roman.

In solchen Fällen verordnet Fegeler die Kita regelrecht. »Wenn bei der U7, der Untersuchung, die wir im Alter von etwa zwei Jahren machen, der Verdacht aufkommt, dass die Familie sich nicht ausreichend um das Kind kümmern kann, schlage ich den Eltern vor, es in eine Ganztagseinrichtung zu geben.« Praktisch sei es jedoch manchmal schwierig, das Kind dann auch in einer Kita unterzubringen. Denn das Jugendamt stellt nicht so leicht einen Platz zur Verfügung, wenn die Mutter nicht arbeitet und auch keine Arbeit sucht. »Wir müssen als Ärzte deshalb einen Umweg gehen und pädagogischen Sonderförderungsbedarf anmelden.« Dann klappt es mit dem Platz meist über den medizinischen Weg. Die Kinder bekommen einen Kita-Platz oder kommen in eine besonders geförderte Einrichtung.

Fegeler ärgert sich aber darüber, dass es dazu erst einer medizinischen Diagnose wie »Entwicklungsretardierung« bedarf. Und dass dann manchmal Behandlungen angesetzt werden, die eigentlich eher anderen Störungen vorbehalten sein sollten. Etwa Logopädie für Kinder, deren Sprachentwicklung ganz einfach durch Miteinander-Sprechen, Vorlesen und Spielen gefördert werden könnte. Viel lieber sähen er und seine Kollegen es, wenn sie und die anderen therapeutischen Berufsgruppen hier überflüssig wären. Weil Frühpädagogik greifen würde, ehe Behandlung nötig wird.

Resümee

Schon kleine Kinder können Bindungen zu mehreren Erwachsenen aufbauen, darin sind sich Entwicklungspsychologen und Verhaltensbiologen einig. In allen uns bekannten Gesellschaften wurden Mütter von »Allo-Müttern« unterstützt, an erster Stelle von den Großeltern.

Kinderärzte bestätigen aus ihrer Praxis-Erfahrung, dass heute viele Kinder die nötigen Anreize für eine altersgemäße Entwicklung nicht in ihrer Familie bekommen. Wenn in solchen Fällen das Kind früh in eine Kita oder zu einer guten Tagesmutter kommt,

ist das eine echte Vorbeugungs-Maßnahme: Defizite können verhindert, spätere aufwändige Therapien vermieden werden.

Entscheidende Bedeutung hat auf jeden Fall, wie eine außerhäusliche Betreuung eingefädelt wird. Eine gute Eingewöhnung
geschieht in Etappen, sie setzt Geduld bei den Eltern und Einfühlungsvermögen bei den neuen Bezugspersonen voraus. Gute
Konzepte dafür erkennt man daran, dass die Eltern zunächst
mit dem Kind zusammen in der Einrichtung oder bei der Tagesmutter bleiben und sich nur allmählich »überflüssig« machen.
Sie sollten nach allgemeiner Expertenmeinung erst dann die volle
Betreuungszeit in Anspruch nehmen, wenn das Kind sich von
seiner persönlichen Erzieherin gut trösten lässt. Denn ein Kleinkind kann nur dann spielen und lernen, wenn es eine sichere Bezugsperson als Basis hat. Auch Kinder, die nicht viel Trennungsschmerz zeigen, brauchen ihre Zeit, um eine Erzieherin als solche
Basis zu akzeptieren.

Eine eigene Kinderfrau engagieren heute in Deutschland
die wenigsten Familien, und wenn, dann eher stundenweise.
Die meisten »fremdbetreuten« Kleinkinder werden also heute
»außer Haus« betreut. Ob eine Tagesmutter oder eine Einrichtung geeigneter ist, hängt von persönlichen Vorlieben der Eltern,
vom Angebot vor Ort, aber auch von Alter und Charakter des
Kindes ab.

Wer eine familienähnliche Atmosphäre bevorzugt, wird meist
mit der Möglichkeit Tagesmutter zufriedener sein. Wem – vor
allem für ein Kind, das schon über eineinhalb Jahre alt ist – gerade der Kontrast zur häuslichen Atmosphäre wichtig ist und
wer sich die Anregungen für sein Kind wünscht, die es nur in
einer größeren Einrichtung gibt, der wird mit einer Kita glück-
licher werden.

Noch etwas ist zu bedenken: Da bei der Tagesmutter-Lösung
die Atmosphäre persönlicher und familiärer ist, fällt es Eltern
meist schwerer, Kritik zu äußern. Die Tagesmutter fühlt sich
mit größerer Wahrscheinlichkeit davon persönlich angegriffen.
Meist ist nämlich auch kein Rahmen vorgesehen, in dem Eindrücke ausgetauscht werden könnten – wie das bei Elternabenden
in Kitas möglich ist. Man sollte sich also vorher klar machen,
dass man sich mit den unterschiedlichen Auffassungen über die

Gestaltung des Kinder-Alltags höchstwahrscheinlich wird arrangieren müssen – zumindest in vielen Punkten.

Am meisten Mitgestaltungsmöglichkeit besteht für Eltern in den Elterninitiativen – die man selbstverständlich zusammen mit anderen auch selbst gründen kann, falls die Angebote am Wohnort bisher fehlen. Hier können die Erziehungsberechtigten meist mit am Konzept arbeiten. Sie übernehmen dafür aber auch vielfältige Aufgaben von der Renovierung über das Kochen und die Buchführung bis hin zum zeitweisen Betreuungsdienst. Und sie haben meist viel Kontakt zu den anderen Eltern. Auch wenn das sehr positiv und »pädagogisch wertvoll« klingt, ist es für manche Eltern einfach zu viel Belastung.

In Kinderkrippen oder Kitas haben Eltern die Gewissheit, dass mehrere professionelle Kräfte im Team zusammenarbeiten. Dafür ist oft der Betreuungsschlüssel ein Problem: Wo zwölf bis 15 Kleinkinder auf zwei Erzieherinnen kommen, wird es schnell eng – vor allem, wenn eine der beiden krankheitshalber ausfällt. Weniger Kinder pro Bezugsperson – das ist eine wichtige politische Forderung, die allerdings Geld kostet.

Die Kosten, die für Kita oder Tagesmutter auf die Eltern zukommen, sollte man nicht mit den Einkünften der Mutter verrechnen – um dann womöglich herauszufinden, dass deren Berufstätigkeit sich »nicht lohnt«. Die Betreuung wird schließlich gebraucht, weil beide Eltern arbeiten. Beide sollten sie sich deshalb – zumindest gedanklich – auch teilen. Dass das Ehegatten-Splitting das Bild verzerrt, ist ein anderes Thema.

Ein beliebtes Diskussionsthema ist bei den Eltern kleiner Kinder die Frage, ob altersgemischte oder altershomogene Gruppen zu bevorzugen sind. Argumente gibt es für beide Seiten, wissenschaftlich ist die Frage noch nicht beantwortet – und möglicherweise überhaupt nicht beantwortbar. Für Kinder, die keine Geschwister haben, könnte die Erfahrung wertvoll sein, sich mit Älteren und Jüngeren zu vertragen und zusammen mit ihnen zu spielen. Andererseits können Erzieherinnen sich mit den »klassenähnlichen« Gruppen altersgleicher Kinder besser gezielte Projekte vornehmen. Wo altersgemischte Gruppen angeboten werden, sollten Eltern deshalb darauf achten, dass die Altersgruppen für bestimmte Unternehmungen auch einmal getrennt werden.

So paradiesische Zustände, dass Eltern sich zwischen mehreren Kitas und mehreren Tagesmüttern entscheiden könnten und notfalls auch das Geld für eine eigene Kinderfrau hätten, herrschen selten. Man muss sich also oft mit dem Gegebenen abfinden. Da die verschiedenen Betreuungsformen jeweils eigene Vorteile haben, ist das durchaus möglich. So kann man sich mitunter auch mit einer Tagesmutter anfreunden, obwohl man zuerst an eine Kita gedacht hatte.

Schwieriger ist es, wenn die Eltern mit den Betreuungspersonen ernsthaft unzufrieden sind. Sie grundlegend verändern zu wollen ist unrealistisch. Man sollte stattdessen überlegen, welche Unterschiede zwischen dem eigenen Erziehungsstil und dem des anderen Erwachsenen man notfalls tolerieren kann. Ein Trost: Kinder können mit den Unterschieden meist gut leben und lernen schnell, dass bei verschiedenen Bezugspersonen unterschiedliche Spielregeln und Maßstäbe gelten. Wichtig ist, dass man zu Hause nach den eigenen Regeln lebt.

Ist das Kind selbst aber dauerhaft unzufrieden, dann sollte man versuchen, die Einrichtung oder die Betreuungs-Art zu wechseln.

Dass das Kind in seiner ersten Kita-Zeit häufiger einen Infekt durchmacht, ist dagegen normal. Betrachtet man die gesamte Geschichte der Menschheit, dann ist eher der Schutzraum ungewöhnlich, den für viele Kinder unter drei Jahren heute die Kleinfamilie darstellt. Die Hinweise mehren sich, dass das Immunsystem Herausforderungen durchaus brauchen kann. Und man muss bedenken: Unsere Angst vor der Infektionsquelle »Gemeinschaftseinrichtung« stammt teilweise aus der Zeit, in der es gegen Kinderkrankheiten noch keine Schutzimpfungen und gegen bakterielle Infekte noch keine Antibiotika gab.

Wie leben wir trotzdem als Familie?

Vom familiären Alltag außerhalb und innerhalb der eigenen vier Wände

»Schon im Namen kündigt sich das Dilemma an.
Das Pendant zur Tagesmutter hieße »Nachtmutter«.
Abgesehen von den unheilvollen Tönen, die darin mit-
schwingen, ist nachts die Zeit, in der Kinder schlafen.«
(Barbara Vinken, »Die deutsche Mutter«)

»Acht Stunden sind kein Tag« hieß der Titel einer Fernsehserie des Regisseurs Rainer Werner Fassbinder in den 70er Jahren des vorigen Jahrhunderts. Er meinte die acht Stunden Arbeitszeit in einer Fabrik, die das Leben des erwachsenen Menschen nicht bestimmen (sollten). Man kann den Satz jedoch mit gleichem Recht auf die Stunden beziehen, die ein Kleinkind in einer Kita oder bei einer Tagesmutter verbringt, während seine Eltern am Arbeitsplatz tätig sind. Auch für ein Kleinkind sind acht Stunden kein Tag – zumal es in der Kita mehrere davon verschläft. Es gibt – vorher und nachher – Stunden des Tages, die der Familie gehören. Und die bewusst gestaltet sein wollen.

Dazu kommt, dass auch die Stunden, die das Kind »außer Haus« verbringt, von den Eltern mitgestaltet werden können und sollen: Sie sind und bleiben die Erziehungsberechtigten.

In diesem letzten Teil des Buches erläutert zunächst eine erfahrene Erziehungsberaterin, welche wichtigen Schlüssel zum Kita-Glück Eltern bei sich tragen. Gute Einrichtungen legen Wert auf den Kontakt mit ihnen. Eine Kita mit Modell-Charakter wird vorgestellt – aus der Sicht einer Erzieherin und einer Mutter.

Ein Vater und eine Mutter erzählen anschließend, wie sie den Wechsel ihrer Kinder zwischen Kita und Zuhause erleben. Ein zweiter erfahrener Erziehungsberater spricht zum Schluss über die Wünsche, die Kinder an die gemeinsame Familienzeit haben.

Eltern und Erzieher als Team

»Schon kleine Kinder spüren, wie die Kommunikation zwischen Eltern und Erziehern verläuft«

Ein Gespräch mit der Psychologin und
Erziehungsberaterin Dr. Ute Großmann

Was das Zusammenspiel zwischen Eltern und Erziehern betrifft, so ist die Berliner Psychologin Ute Großmann langjährige Expertin. Seit 15 Jahren arbeitet sie als Praxisberaterin und Fortbilderin für Erzieherinnen, sie hat in den letzten Jahren Hunderte von Kita-Erzieherinnen beraten und Fortbildungen für sie geleitet. Befragt man sie nach den Voraussetzungen, die bei allen Beteiligten vorhanden sein müssen, damit Kleinkinder in einer solchen Gemeinschaftseinrichtung glücklich werden, dann kommt sie trotzdem ganz bewusst zuerst auf die Eltern zu sprechen. »Für mich ist der wichtigste Schlüssel zum Glück die Haltung der Eltern, speziell der Mutter, zu der Entscheidung, das Kind institutionell – in einer Krippe oder einer Tagespflegestelle – betreuen zu lassen.«

Für die Mütter sei es ausgesprochen hilfreich, wenn sie sich zu diesem Punkt ehrlich befragen. »Wenn sie unsicher sind, sollten sie sich beraten lassen. Können sie genug Vertrauen aufbringen, um einer anderen Person ihr Kind zu übergeben? Oder ist ihr Selbstverständnis eher: Ich muss und möchte mein Kind eigentlich allein oder zusammen mit dem Vater aufziehen? Dann sollte man sich klar entscheiden. Die größte Gefahr liegt in der Halbherzigkeit. Wenn eine Mutter mehreren unvereinbaren Erwartungen entsprechen möchte, führt das letztlich zu einer Zerrissenheit in ihrem Verhalten. Damit fließt sehr viel Unsicherheit in die Beziehung zum Kind, wir Psychologen sprechen hier von einer ambivalenten Haltung: Die Mutter bringt das Kind morgens weg, weil sie sich gern beruflich weiterentwickeln möchte. Gleichzeitig hat sie jedoch auch den Anspruch, eine tadellose, wunderbare Rund-um-die-Uhr-Mutter zu sein. Deshalb fühlt sie sich als Rabenmutter.«

Wenn dann noch dazu kommt, dass das Kind nicht in der Krippe bleiben will oder sich dort zunächst unwohl fühlt, schlägt das schlechte Gewissen besonders hart zu.

Damit ist die Psychologin bei einem weiteren Schlüssel zum Glück, der auch dem Verhaltensbiologen Joachim Bensel wichtig ist, nämlich der guten Eingewöhnung in der jeweiligen Einrichtung. Ute Großmann betont, welche Rolle die Eltern dabei spielen: »Die Mutter, der Vater oder eine andere wichtige Vertrauensperson sollte das Kind in die neue Situation begleiten und dort auch für einige Zeit zur Verfügung stehen, so dass Erkundung der neuen Umgebung und Rückzug jederzeit möglich sind. Die beiden wichtigsten Bedürfnisse der Kinder sind schließlich die Erkundung ihrer Umwelt und Sicherheit. Beides wechselt ständig.« Zunächst sei das Interesse an der neuen Umgebung meist groß, »die Kinder spüren aber ganz genau, ob die Mutter das akzeptiert. Ein sicher gebundenes Kind weiß, dass seine Mutter Neugier befürwortet und unterstützt. Gleichzeitig braucht es die Gewissheit, dass es, sobald eine Gefahr auftritt oder etwas nicht gelingt, die Bezugsperson rufen kann. Wenn das Kind eine gute Beziehung zur Mutter hat, sind diese beiden Elemente ausbalanciert. In der neuen Situation muss die Mutter dann nichts weiter tun, als präsent zu sein und dem Kind Raum zu lassen.« Die Erzieherin oder die Tagesmutter, die das Kind zukünftig betreuen wollen, sollten sich dem Kind als Person und mit einem Spielangebot zur Verfügung stellen: Kontaktbereit, aber eher abwartend und reagierend. »Das Kind braucht nämlich die Erfahrung, dass es Nähe und Distanz selbst bestimmen kann. Wenn es diese Sicherheit spürt, hat es auch Vertrauen in die neue Situation, es wird von sich aus auf die Erzieherin zugehen und den Kontakt herstellen. Das klappt aber nicht, wenn es mit einer Spielidee bedrängt wird. In diesem Moment wendet es sich wieder seiner Mutter zu. Das kann passieren, und ist auch nicht so schlimm, aber je besser das Kind beobachtet wird, desto leichter können die Erwachsenen die richtige Schlussfolgerung ziehen.« Um die Sensibilität der Erzieherinnen für diesen Punkt zu schulen, setzen Frau Großmann und ihre Mitarbeiter in den Fortbildungen inzwischen gern Videofilme ein, in denen Eingewöhnungssituationen festgehalten sind. »Wenn man sich solche Situationen in Ruhe vor Augen führt, kann man sehr viel reflektierter an die Sache herangehen und entwickelt dadurch ein größeres Geschick.«

Ausgesprochen hilfreich sei es auch, dass es für diese Phase inzwischen ausgearbeitete Handlungsschemata gibt. »Mit der Einführung des sogenannten ›Berliner Modells‹ der Eingewöhnung sind wir sehr viel weiter ›gekommen«, erzählt Ute Großmann. Es heißt so, weil es vom Berliner Forscher Hans-Joachim Laewen entwickelt wurde, aber es wird inzwischen in vielen Kitas in ganz Deutschland angewandt. In West-Berlin wurde damit Ende der 80er Jahre begonnen, im Ostteil der Stadt hat man es nach der Wende eingeführt. »Der Kontakt zu dritt – Kind, Elternteil und Erzieherin – wird dabei langsam und zeitlich gestaffelt aufgebaut. Die Etappen, in denen sich das vollzieht, haben sich gut bewährt.« Unter der Voraussetzung, dass man dieses Programm sorgfältig beachte, sei ein Großteil der Kinder leicht einzugewöhnen. »Nach einigen Tagen kommt das Kind dann auch mit der Gruppe klar, spielt und isst mit den anderen Kindern zusammen.«

Zu DDR-Zeiten kamen etwa 60 Prozent der Kinder mit zwölf Monaten, nach Ende des Babyjahrs ihrer Mütter, in die Krippe. »Im Rückblick muss ich sagen, dass der Start damals oft nicht günstig verlaufen ist«, kommentiert Großmann aus heutiger Sicht. Das müsse jedoch nicht unbedingt am Zeitpunkt liegen. »Man hat noch nicht genug über die Bedeutung der Bindung gewusst und darüber, wie man die Beziehung zur Erzieherin aufbauen muss, oft gab es dafür auch nicht die nötigen personellen Bedingungen.«

Und wieder kommt die Bedeutung der Eltern ins Spiel. Denn man bedachte oft nicht genug, wie wichtig es ist, dass zuerst die Eltern zu den neuen Bezugspersonen ihrer Kleinkinder eine gute, vertrauensvolle Beziehung aufbauen. Dass die Person, die das Kind nun betreuen wird, in den Augen der Eltern vertrauenswürdig ist, ist aber in Ute Großmanns Augen ein weiterer Schlüssel zum Kita-Glück. »Wir wissen aus Untersuchungen, dass die Kinder auf die Qualität dieser Beziehung reagieren: Wenn eine wohlwollende und vertrauensvolle Beziehung gelebt wird, Mutter und Vater also freundlich über die Erzieherin und mit ihr sprechen, fühlt sich das Kind ermutigt. Schon kleine Kinder spüren, wie die Kommunikation zwischen beiden Seiten verläuft. Wenn die Mutter mit positiven Gefühlen auf die Erzieherin zugeht, dann sind auch die Kinder zuversichtlich. Sie fühlen, dass es gut ist, an diesem Ort zu bleiben.«

Allerdings können sich Eltern die Erzieherin nur selten gezielt aussuchen – wo sie heute doch an vielen Orten schon froh sein können, wenn es überhaupt eine Betreuungseinrichtung für unter Dreijährige gibt. »Man kann sich aber auf jeden Fall offen und aufgeschlossen begegnen«, meint die Psychologin. »Zur Eingewöhnung gehört auch ein Kennenlern-Gespräch. Die Erzieherin, die das Kind hauptsächlich betreut, soll sich dabei mindestens eine halbe Stunde Zeit nehmen, um mit den Eltern über die bisherige Entwicklung des Kindes, seine Vorlieben und besonderen Bedürfnisse, aber auch über mögliche Probleme zu sprechen, die sich im bisherigen Leben des Kindes gezeigt haben. Wenn das ein aufrichtiges und mit erkennbarem Interesse geführtes Gespräch ist, erleben die Eltern es als ausgesprochen beziehungsstiftend. Schließlich interessiert sich hier jemand für ihre bisherige Erziehungsarbeit, für eine Lebensphase, die mit viel Mühe verbunden war. Außerdem erkennen die Eltern bei der Erzieherin die Bereitschaft, es dem Kind in der neuen Situation möglichst angenehm zu machen.«

Zu dieser Verbindung zwischen häuslichem Leben und neuem Leben in der Kita gehöre auch, dass das Kind vertraute Dinge von zu Hause mitbringen darf, den Schnuller, ein Schmusetuch oder ein Kuscheltier. »Solche ›Übergangsobjekte‹ werden inzwischen ganz gezielt eingesetzt. Zu DDR-Zeiten war meist nur ein Nuckel erlaubt. Hygiene und Infektionsschutz hatten konzeptionell einen hohen Stellenwert. Leider wurde zu wenig berücksichtigt, dass auch emotionale Anspannung die Immunabwehr beeinträchtigt. Trotzdem haben natürlich einzelne Erzieherinnen auch im Interesse des Kindes anders entschieden.«

Dass es bei der Eingewöhnung ganz ohne Tränen geht, wenn die Erzieherin nur einfühlsam genug ist, hält Ute Großmann ebenso wie der Verhaltensbiologe Joachim Bensel für eine falsche Erwartung. Die Eltern sollten deshalb auch keine Angst haben, sich ganz offen von ihrem Kind zu verabschieden und sich eben nicht einfach davonschleichen. »Auch in diesem Punkt ist früher viel falsch gemacht worden – und zwar in beiden Teilen Deutschlands.«

Ist alles gut, wenn die Eingewöhnung gut geklappt hat, oder gibt es noch mehr Schlüssel zum Glück? »Wichtig ist natürlich auch, dass Eltern und Erzieherin auf Dauer gut zusammenarbeiten. Die Beziehung muss schließlich im Ernstfall auch schwere Krisen tragen können.« Zum Beispiel lasse sich nie ganz vermeiden, dass in einer Kita Unfälle passieren. »Ich kenne Fälle«, erzählt die Erziehungsberaterin, »in denen die Eltern eine so tragfähige Beziehung zu der Erzieherin hatten, dass sie nach einem Kita-Unfall der Erzieherin persönlich keine Vorwürfe gemacht haben. Wenn man Vertrauen hat, sagt man sich leichter, dass so etwas vorkommen kann, dass es auch zu Hause zu unvorhersehbaren Situationen mit dem Kind kommen kann.«

Für das gegenseitige Vertrauen seien zudem nicht zuletzt die regelmäßigen Entwicklungsgespräche wichtig, die die Erzieherinnen mit allen Eltern führen. Vor einigen Jahren haben sie zusammen mit dem Berliner Bildungsprogramm in den pädagogischen Alltag der Berliner Kindertagesstätten Einzug gehalten. »Bei dieser Gelegenheit werden Beobachtungen ausgetauscht, man kann Fragen stellen und Wünsche äußern. Beide Seiten sollten mit der Haltung an diese Gespräche herangehen, dass sie für das Kind gemeinsam zuständig und verantwortlich sind. Die oberste Frage ist stets: Was braucht das Kind, um in seiner Entwicklung weiterzukommen?« Die Eltern sollten ohne Sorge in diese Gespräche gehen können, sie sollten keine Angst vor Vorwürfen haben. »Die Rückmeldungen über die Fortschritte ihres Kindes sind für sie ja ganz wichtig, etwas über seine Entwicklung zu hören macht Freude und motiviert. Auch wenn es bei dem Kind Entwicklungsverzögerungen gibt, wie bei etwa fünf bis zehn Prozent der Kinder, werden kluge Erzieherinnen nicht mit Vorwürfen reagieren und auch prinzipiell keine Diagnosen stellen. Sie werden ihre Beobachtungen als Fragen formulieren und die Familie bei Bedarf an einen Experten vermitteln. Die Eltern wiederum sollten akzeptieren, dass die Erzieherinnen die Entwicklung aller Kinder genau verfolgen und auch dokumentieren. Diese professionellen Erfahrungen sollten genutzt werden.«

Wenn Ideal und Wirklichkeit bei all diesen »Schlüsseln zum Kita-Gück« heute mancherorts auseinander klaffen, so ist nach Ansicht von Ute Großmann vor allem die schwierige Personalsituation dafür verantwortlich, die für die Kinder manchmal zu viel Unruhe und Wechsel mit sich bringt. »Der Ansprechpartner oder die Ansprechpartnerin, die für das Kind in der Eingewöhnungsphase zuständig war, muss auch in den ersten Monaten da sein. Darauf sind die Kinder angewiesen, sonst kommt es leicht zu Irritationen. Einen Wechsel der Bezugspersonen sollte man, wenn er denn nötig ist, im Prinzip genauso sorgfältig vorbereiten wie die Eingewöhnung der Kinder in die Gruppe. Aber oft wird das eben nicht gemacht.«

Besonders für die kleinsten Kinder sei es außerdem entscheidend, dass sie in der ersten Zeit eine Art Schonraum bekommen. »Im Garten brauchen sie zum Beispiel einen abgegrenzten Bereich, in dem sie den Überblick haben, eine unterstützende Person sehen können und sich auch in einer großen Kindertagesstätte nicht verloren fühlen.«

Auf der Elternseite wiederum gibt es manchmal das Problem, dass Mütter und Väter sich nicht wirklich trennen können. »Das alte Kinderlied von ›Hänschen klein‹, der ›frohgemut‹ in die ›weite Welt hinein‹ geht, dessen Mutter aber ›weinend‹ zurückbleibt, beschreibt diese Situation sehr zutreffend«, meint Ute Großmann. »Die Abschiedsszenen ziehen sich dann zu lange hin. Erzieherinnen berichten immer wieder, dass es Mütter gibt, die mehrmals zurückkommen – und die durch diese Art des Abschieds dem Kind signalisieren, dass es sich bei dem Kita-Besuch doch um eine gefährliche Sache handelt. Da spielt sicher auch die Sorge der Eltern eine Rolle, jetzt nicht mehr ständig gebraucht zu werden. Für manche Eltern ist es nicht leicht zu akzeptieren, dass das Kind für einige Stunden auch ohne sie zurechtkommt.« Die Trennung falle Eltern leichter, die sich bewusst fragen: Was bin ich, wenn ich nicht Mutter bin? »Nur wenn die Eltern loslassen können, kann sich ein Kind unbeschwert auf die Kita freuen. Deshalb hilft es der ganzen Familie, wenn eine Mutter eigene Pläne für diese gewonnene Zeit hat, wenn sie berufliche Projekte verfolgt, Arbeit sucht oder ihre Ausbildung fortsetzen will. Sonst entsteht leicht eine Leere, die sie schwer füllen kann.«

Damit meint die Psychologin jedoch nicht, dass alle Mütter berufliche Karriere machen sollten. Ganz grundsätzlich, so betont sie, wünsche sie zwar allen Frauen die Chance, Berufstätigkeit und Mutterrolle zu vereinen. Das solle jedoch zu mehr Offenheit führen und nicht Druck erzeugen. »In der DDR gab es in dieser Hinsicht sicher einen unterschwelligen Druck durch das allgegenwärtige Bild der arbeitenden Mutter.« Sie persönlich fühlt sich geprägt vom Bild ihrer eigenen Mutter, die Wissenschaftlerin war und deren Engagement im Beruf sie immer beeindruckt hat. »Andererseits war ich selbst als kleines Kind zeitweise in einer Wochenkrippe untergebracht, in der ich an den Werktagen auch übernachtet habe. Eine solche Lösung sollte meines Erachtens aber allenfalls dem Notfall vorbehalten sein.«

Krippenerziehung sei andererseits nicht an Verstaatlichung und Kollektivierung gebunden. »Ich finde es unfair, wenn in der aktuellen Debatte ein solches Schreckensbild aufgebaut wird. Das sollten wir schon den Kindern zuliebe nicht tun, deren Bildungsprozesse dadurch behindert werden könnten.« Was nun folgt, hat mit ähnlichen Worten schon der Erziehungswissenschaftler Wolfgang Tietze gesagt, der seinerseits in seinen Forschungen die West-Perspektive aufgearbeitet hat. Auch Ute Großmann meint: »Eine personell und von den Materialien her gut ausgestattete Kita bietet schließlich Bildungsmöglichkeiten, die Eltern allein nicht schaffen können. In einer Umgebung, die pädagogisch gestaltet ist und regelmäßig entsprechend den wachsenden Bedürfnissen der Kinder verändert wird, können sie Erfahrungen für alle Sinne machen, da werden sie motorisch gefördert, erleben Natur und lernen in der Gruppe soziales Verhalten. Wenn Bildung die Möglichkeit meint, sich ein Bild von der Welt zu machen, dann gibt es hier Chancen für Bildung, die Kinder verpassen, wenn sie nur zu Hause aufwachsen.«

Dazu kommt, dass Kitas in Ute Großmanns Augen auch soziale Treffpunkte für die ganze Familie sein könnten, dass hier Netze für die Elternbildung entstehen können, mit denen die Gesellschaft unterstützend auf die Erziehung einwirkt. »Daraus können Eltern sehr viel Energie gewinnen.«

Die pädagogische Betreuung von Kleinkindern, so wie sie in DDR-Krippen entwickelt wurde, sei so betrachtet grundsätzlich ein wesentlicher Fortschritt in der Geschichte der Erziehungswissenschaft gewesen. »Dort wurden Pflege, Bildung und Erziehung im Zusammenwirken von Eltern und Krippe gedacht.« Durch eine gute Tagesbetreuung hätten alle Kinder – unabhängig davon, welche Bindungserfahrungen sie bisher gemacht haben – die Chance, neue verlässliche Bindungspersonen unter den Erzieherinnen und Erziehern zu finden. »Dadurch machen sie gemeinsam mit anderen Kindern nachhaltige Bindungserfahrungen.«

Ein grundlegender Mangel in der DDR-Krippenerziehung habe allerdings darin bestanden, dass damals in der Eingewöhnungsphase die kognitiven Prozesse zu stark betont wurden. »Man ging davon aus, dass sich das Kind einfach an den neuen Ort gewöhnen muss, dass man Trennung trainieren kann und soll. Wenn sie im Einzelfall schwer fiel, stand leicht der Vorwurf im Raum, dass die Eltern das Kind eben nicht genug auf die neue Situation vorbereitet haben. Man hat nicht gewusst, dass die frühkindliche emotionale Bindung zu den Eltern genutzt werden muss, wenn es um den Aufbau neuer Beziehungen geht. Außerdem wurde das Kind als Akteur seiner Entwicklung unterschätzt. Dabei lässt sich auch ein kleines Kind doch erfahrungsgemäß eher auf eine neue Situation ein, sobald es aktiv sein kann. Neben der Erlaubnis, sich der Umwelt zuwenden zu dürfen, braucht es dabei aber auch die Gewissheit, dass es von einer Vertrauensperson Hilfe bekommt, wenn es sie nötig hat.«

Die Bedeutung der Bindung zu betonen bedeute nun aber gerade nicht, Müttern und kleinen Kindern keine zeitweilige Trennung zuzugestehen. »Sichere Bindung ist nach allem, was wir wissen, nicht an die Quantität der Präsenz der Mutter gebunden.«

Das »Early Excellence Centre«
Ein Konzept aus England fasst in Deutschland Fuß

Einerseits wird Müttern und Vätern, die ihr kleines Kind in einer Gemeinschaftseinrichtung anmelden, hierzulande oft vorgehalten, sie würden es dort viel zu früh »abgeben«. Andererseits klagen die Eltern oft, sie könnten keinen Einfluss auf die Strukturen und Abläufe der Einrichtung nehmen, in der ihr Kind – oft mit Müh' und Not – einen der begehrten Plätze gefunden hat.

In einem »Early Excellence Centre« sollen sie das. Das Kinder- und Familienzentrum Schillerstraße, ein Modellprojekt, das seit dem Jahr 2001 im Berliner Bezirk Charlottenburg beheimatet ist, hat sein Vorbild in England. Dort wurde im Jahr 1983 in der Arbeiterstadt Corby in Northamptonshire an der Pen Green Lane das »Pen Green Centre« eröffnet. Eine von mehreren Ministerien unterstützte Einrichtung zur Kinderbetreuung, die sich – ausgerechnet in der bildungsmäßig benachteiligten Stadt mit hoher Arbeitslosigkeit – Early Excellence Centre nannte. Diese Bezeichnung könnte zunächst befremdlich wirken. Man hatte jedoch keineswegs eine Nobelpreisträger-Schmiede für wenige auserwählte Hochbegabte im Sinn, sondern einen Ort, der die Grundüberzeugung seiner Initiatoren stolz im Namen trägt: Jedes Kind ist mit seiner besonderen Art der Neugier herausragend, »exzellent«, und sollte mit seiner individuellen Persönlichkeit ernst genommen werden, die Talente aller Kleinen können durch forschendes Lernen gefördert werden. »Forschung« ist es dabei schon, wenn ein Kleinkind beim unermüdlichen Ab- und Umfüllen von Sand und Wasser allmählich ein Gefühl für die Mengen gewinnt, die verschiedene Gefäße fassen. So entstehen naturwissenschaftliche Grundvorstellungen.

Schule machte von Corby aus in ganz Großbritannien auch die zweite Idee: Eltern sind die ersten Erzieher, sie bleiben die eigentlichen Experten, wenn es um ihre Kinder geht. Sie sollen das Recht und die Pflicht haben, auch im Rahmen der öffentlichen Einrichtung Kita gleichberechtigt mitzuarbeiten.

»Sicher kann man nicht alles eins zu eins von einer englischen Arbeiterstadt mit 52 000 Einwohnern auf ein gutbürgerliches Berliner Stadtviertel übertragen«, sagt die Erzieherin Cornelia Pforr, die von Beginn an im Berliner Modellprojekt mitarbeitet. Trotzdem will man die Grundprinzipien der »Gemeinschaft forschend Lernender« auch hier verwirklichen: Zusammenarbeit mit den Eltern, Orientierung an den Ressourcen der Kinder, gezielte Beobachtung und Dokumentation. Finanziell gefördert wird das Projekt von der Heinz und Heide Dürr-Stiftung. Die Kosten für die Eltern sind nicht höher als die für alle anderen öffentlichen Einrichtungen, für die in Berlin das zuständige Jugendamt je nach Bedarf der Eltern Gutscheine verteilt und für die einkommensabhängige Elternbeteiligungen entrichtet werden. Als von der Stiftung unterstütztes Modellprojekt hatte das Kinder- und Familienzentrum allerdings als Startkapital zunächst etwas mehr Personal zur Verfügung – Erzieherinnen, die in England auch gern »Family Worker« genannt werden.

Inhaltlich hat das Pestalozzi-Fröbel-Haus die Regie, eine fast schon altehrwürdige Einrichtung, die seit 1874 Erzieherinnen ausbildet. Als erstes Early Excellence Centre in Deutschland genoss das Zentrum in Berlin-Charlottenburg vor allem zu Beginn viel mediale Aufmerksamkeit. Inzwischen wurde es auch zweimal wissenschaftlich evaluiert. Ein Verein setzt sich für die weitere Verbreitung des Konzepts in Deutschland ein.

Trotz der Unterschiede zwischen Corby und Berlin-Charlottenburg wurden die Grundprinzipien des Pen Green Centre übernommen. Dazu gehört nach den Worten von Cornelia Pforr der »gleichberechtigte, aktive und respektvolle Dialog« mit den Eltern.

Wie in vielen anderen Einrichtungen ist auch hier natürlich ihre praktische Hilfe willkommen: Bei der Raumgestaltung, bei Gartenaktionen, bei der Organisation von Festen und Feierlichkeiten, als Begleiter bei Ausflügen, als Verfasser von Protokollen und Berichten. Hilfe bedeutet in diesem Fall aber auch Einfluss: Die Meinung der Eltern zählt. Pro Kita-Jahr finden in den einzelnen Abteilungen ein bis zwei Elternabende statt, in denen die Erzieherinnen die Eltern über die pädagogische Arbeit informieren. Geplant ist zudem, die Eltern auch regelmäßig zu Auswertungs-Abenden zu bitten, bei denen Manöver-Kritik geübt werden kann. Wünsche und Ideen von Eltern hatte man im übrigen schon in der Gründungsphase des Centres per Meinungsumfrage ermittelt.

Die Beziehung zu den Erziehungsberechtigten der Kita-Kinder beginnt möglicherweise schon deshalb entspannter, weil man sich von früher kennt. Denn im Kinder- und Familienzentrum gibt es auch lockere erste Angebote für Säuglinge und Kleinkinder. Die Eltern, die mit ihren Kindern ab einem Alter von neun Monaten in den »Kids Club« oder zu den »Sieben Zwergen« zum Spielen kommen, dürfen den Garten der Kita mit nutzen. Sie lernen dort die Erzieherinnen kennen, man kommt miteinander ins Gespräch. Die Eltern können sich ein Bild von der Arbeit in der Kita machen und schon einmal vorsondieren, ob (und ab wann)

sie für ihr Kind in Frage kommt. »Das geschieht ganz spiele-
risch«, erzählt Cornelia Pforr. Mit dem Ergebnis, dass wirklich
viele Krabbelgruppen-Kinder nach einiger Zeit in der Kita landen. »Wenn sie dann zu uns kommen, hat man sich schon ein
wenig angewärmt.« Diese Kinder und ihre Eltern genießen also
den Vorteil, sich später in der Kita schneller heimisch zu fühlen,
weil sie den Garten und die Erzieherinnen schon kennen.

Auch in den Entwicklungsgesprächen, die später in der Kita
zweimal im Jahr zwischen Eltern und Erzieherinnen stattfinden,
sollen die Eltern nicht nur Zuhörer sein. Gewünscht ist ein echter
Austausch darüber, welche Fortschritte und welche Probleme es
bei diesem Kind im vergangenen halben Jahr gab. »Wir möchten
mit unserem Konzept der integrierten Familienarbeit die Kita zu
einem Ort machen, an dem Familien Unterstützung erhalten und
sich gleichzeitig aktiv einbringen können«, so beschreibt Cornelia Pforr das Konzept.

Seit dem Jahr 2004 wird es nach und nach auf die anderen Kitas
übertragen, die vom Pestalozzi-Fröbel-Haus betrieben werden.
Ständig informieren sich Besuchergruppen vor Ort über die Ar-
beit. Inzwischen wird sie auch in einem Videofilm unter dem Titel
»Der positive Blick« dokumentiert, der nicht nur die Arbeit in der
Kita, sondern im gesamten Kinder- und Familienzentrum zeigt.
Der Film genießt in der Szene schon eine gewisse Popularität, ge-
hört er doch in vielen Ausbildungsstätten für Erzieherinnen zum
Unterrichtsmaterial. Dazu kommen Einladungen zu Kongressen
und Fortbildungen, auf denen das erste deutsche Early Excellence
Centre sich präsentiert. Für die »Multiplikatoren-Ausbildung«
des Early Excellence Centre-Vereins gibt es, wie für die Kita-
Plätze im Zentrum selbst, eine Warteliste. Die Ideen sind nicht
neu, sie könnten aber auf diesem Weg durchaus Schule machen.

»Wir stellen uns nicht als Profis über die Eltern«
Ein Gespräch mit der Erzieherin Cornelia Pforr

»Wir haben einen der wichtigsten Berufe überhaupt, denn wir
sind damit betraut, die Kinder ins Leben einzuführen. Und an
manchen Tagen sind sie länger mit uns zusammen als mit ihren
Eltern«, sagt die Erzieherin Cornelia Pforr. Sie übt diesen wichti-

gen Beruf – Ausbildung eingeschlossen – seit nunmehr 30 Jahren aus. Eine Frau, die ihren Traumberuf gefunden hat. Eine Vollblut-Erzieherin, wie sie selbst findet, »und keine ›Kindergarten-Tante‹«. Aber das ist ohnehin eines der Wörter, deren Aussterben man nicht bedauern muss. Einige Jahre lang war Cornelia Pforr zwischendurch auf Teilzeit gegangen, weil sie berufsbegleitend ein Psychologiestudium machen wollte. Praktisch und theoretisch hat Cornelia Pforr also eine Menge Wissen und Erfahrung gesammelt. Junge Eltern haben das alles meist nicht, vor allem kurz nach der Geburt des ersten Kindes.

Aber Frau Pforr neigt prinzipiell nicht dazu, den Blick auf das zu lenken, was ein Mensch nicht hat. Weder bei Kindern noch bei Erwachsenen. Da erscheint es ihr schon produktiver, danach zu schauen, was jemand kann. Das bezieht sich erstens natürlich auf die Kinder. »Ich habe in meiner Ausbildung noch gelernt, den defizitären Blick auf das Kind zu richten«, erzählt sie. Was kann das Kind nicht, was muss es endlich lernen, worin sind andere schon weiter? Heute propagiert sie auch aus pädagogischer Sicht das, was persönlich ohnehin besser zu ihr passt – den »positiven Blick«. »Es ist viel fruchtbarer, die Potenziale und persönlichen Interessen der Kinder wahrzunehmen. Wenn man erkennt, was sich im Kind selbst tut, kann man Anregungen beisteuern und den kindlichen Forscherdrang unterstützen.«

Der positive Blick schließt die Eltern ein. In dieser Hinsicht passt ihre optimistische Weltsicht gut zum Konzept des Early Excellence Centre, in dem Eltern als Experten wahrgenommen werden, da sie die »ersten Erzieher« ihrer Kinder sind. Das ist nicht allein chronologisch gemeint, sondern bezieht sich auch auf die Bedeutung der Erziehungsberechtigten. »Sie kennen ihre Kinder am besten, und zwar aus dem privaten, häuslichen Bereich.« Die Erzieherin betont, ihr sei es wichtig, dass die Professionellen im Umgang mit den Eltern nicht ihre Fachlichkeit herauskehren. »Wir stellen uns nicht ›drüber‹, wenn sie mit Fragen an uns herantreten, wir gehen mit ihnen auf gleicher Ebene in den Fachaustausch.«

In ihrer Ausbildung hat Cornelia Pforr Ende der 70er Jahre noch Formulierungen gehört wie: ›Die Eltern werden zum Gespräch zitiert‹. »Schon in meinen Praktika fand ich das schlimm.

Und noch heute tun mir die Ohren weh, wenn ich an die Formulierung nur denke. Sie beinhaltet ja immer, dass ein Problem vorliegt, dass das Kind oder die Eltern etwas falsch gemacht haben. Wie soll man Eltern gewinnen, wenn man sie ›herbeizitiert‹?« Umso mehr freut sie sich, dass es heute häufig die Eltern sind, die um ein Gespräch bitten.

Besonders anregend findet sie es immer wieder, mit ›neuen‹ Eltern die ersten Gespräche zu führen. In diesen Eingewöhnungsgesprächen fragt sie die Eltern auch nach den häuslichen Gewohnheiten, den Vorlieben und den Eigenarten der Kinder, die sie noch nicht kennt. Ihr ist es wichtig, dass die Eltern sich willkommen fühlen, dass es keine Berührungsängste mit der Bildungseinrichtung gibt, kein Unbehagen, wie manche Eltern es vielleicht noch aus der eigenen Schulzeit kennen. »Schließlich vertrauen sie hier zum ersten Mal einem fremden Menschen ihr Liebstes an!« Und je jünger das Kind sei, wenn es zum ersten Mal in einer Einrichtung angemeldet wird, desto sensibler sei die Situation, desto wichtiger sei es, dass seine Eltern wirklich Vertrauen haben können. »Da zählt im ersten Gespräch jedes Detail: Wie man sich den Eltern vorstellt, wie man spricht, wie man die Atmosphäre gestaltet, ob man zum Beispiel etwas zu trinken anbietet. Vor allem aber, dass man ihnen von Anfang an spiegelt, wie dringend man ihre Mitarbeit und ihr Vertrauen braucht.« Wenn die Eltern das grundlegende Vertrauen in die Kita – und hier vor allem in die Bezugserzieherin des Kindes – nicht aufbringen können, spüren das, wie sie betont, auch die Kinder. »Wenn es aber da ist, dann reichen später im Alltag oft die typischen »Tür-und-Angel-Gespräche« beim Bringen und beim Abholen aus, in denen die Eltern uns morgens mitteilen, ob es dem Kind gut geht und ob es gut geschlafen hat, und in denen wir ihnen beim Abholen dann umgekehrt kurz berichten, wie der Tag war.«

Zweimal im Jahr findet das größere Entwicklungsgespräch mit einem oder beiden Elternteilen statt. Das bereiten die Erzieherinnen inzwischen häufig vor, indem sie ein paar Alltagsszenen auf Video aufnehmen. Der kleine Film ist ein guter Aufhänger für das darauf folgende Gespräch, ein Türöffner sozusagen. »Für die Eltern ist es spannend, wenn ausnahmsweise einmal jemand an-

deres ihre Kinder filmt. Über die Filmszenen kann man gemeinsam lachen, die Atmosphäre entspannt sich. Das ist eine gute
Basis dafür, um alles zu besprechen, man kann dann auch heikle
Themen ohne Befürchtungen und Ängste angehen. Und nur so
kann man es ja letztlich schaffen, gemeinsam für das Kind miteinander zu arbeiten.«

Aber haben die Eltern überhaupt das Zeug dazu, echte Partner
der Erzieherinnen sein zu können? Und nehmen sie sich dafür
die erforderliche Zeit? Das sind Fragen, die sich das Early Excellence Centre auch in Großbritannien immer wieder gefallen
lassen musste. In den Augen der Erzieherin mit dem bekennend
positiven Blick sind sie jedoch viel zu skeptisch und negativ formuliert. »Ich habe den Eindruck, dass die meisten Eltern sich
die Zeit nehmen, wenn sie unterstützend mitmachen können. Bei
den meisten ist ganz deutlich, dass sie für ihr Kind mit uns kooperieren wollen. Sie merken schließlich, dass das Miteinander,
das wir anbieten, fruchtbar ist und das Leben entspannt. Es gibt
schließlich nichts Besseres, als sich hier zusammenzuspannen.«
Manche Eltern hätten zu diesem Zeitpunkt – vielleicht mit einem
älteren Kind – bereits Erfahrungen mit anderen Einrichtungen
gemacht. »Sie äußern öfters, dass sie sich bei uns willkommener
fühlen.« In manchen Fällen würde sie sich allerdings wünschen,
so schränkt Cornelia Pforr das Elternlob gleich ein wenig ein,
dass die Mütter und Väter den Fokus nicht so sehr auf das eigene
Kind richten, sondern auch die Gruppe in ihrer Gesamtheit in
den Blick nehmen.

Als die Stellen für das Modellprojekt der Kita nach dem Vorbild des britischen Pen Green Centre ausgeschrieben wurden,
betrachtete die erfahrene Erzieherin das als willkommene berufliche Herausforderung. »Ich wollte noch einmal mit Kollegen zusammen etwas Neues beginnen, und ich kann inzwischen sagen,
dass es eine tolle Erfahrung war und ist.«

Neu war für Cornelia Pforr nicht zuletzt die systematische
Dokumentation der Beobachtungen, die die Erzieherinnen bei
den Kindern Tag für Tag machen. »Beobachtet habe ich immer
schon, das gehört schließlich zu unserem Beruf. Aber man tut es
anders, wenn System dahinter steckt.« Statt nur darauf zu achten, ob alle Kinder einer Gruppe es in einem bestimmten Zeit-

raum schaffen, eine Schere richtig zu halten, und mit welchen Kindern man das in den nächsten Tagen besonders üben muss, schaue man im Early Excellence Centre auf das einzelne Kind: Womit beschäftigt es sich besonders gern? Mit wem spielt es? Wann möchte es erwachsene Unterstützung? Wie geht es ihm überhaupt bei seinen verschiedenen Aktivitäten? »Wir schauen heute vor allem auf die Engagiertheit und das Wohlbefinden der Kinder«, sagt Cornelia Pforr. Dafür ziehen sie und ihre Kollegen ganz gezielt die in Fachkreisen bekannte sogenannte Leuvener Engagiertheits-Skala heran. Der belgische Pädagoge Ferre Laevers hat damit ein fünfstufiges Beobachtungsverfahren entwickelt, mit dem einfühlsame Erzieher anhand verschiedener äußerer Merkmale erfassen können, wie konzentriert und ausdauernd Kinder während ihres Spiels bei der Sache sind. Laevers geht davon aus, dass sie im besten Fall – auf Stufe fünf – dermaßen hingegeben spielen, dass sie Zeit und Raum vergessen und über ihrer herausfordernden Beschäftigung zumindest für kurze Zeit das Gefühl des »Flow« erleben, das der kalifornische Psychologe Mihaly Csikszentmihalyi als Zustand des Glücks beschrieben hat. »Darüber können wir den Eltern dann ganz konkrete Rückmeldungen geben«, sagt die Erzieherin.

Die Beobachtungen und Dokumente füllen für ein Kind, das mit zwei Jahren kommt und in der Kita bleibt, bis es in die Schule kommt, mehr als einen Aktenordner. Manches steuern auch die Eltern bei. Zum Beispiel bei Moritz. Als der Junge mit noch nicht zwei Jahren in die Kita kam, konnte er für sein Alter zwar schon ganz gut sprechen. Aber nicht jeder konnte alles verstehen, was Moritz sagte, denn für einige Dinge hatte er noch ganz aparte Bezeichnungen. Ziemlich zu Beginn des ersten Entwicklungsordners sind zwei dicht bedruckte Seiten eingeheftet. Sie stammen von Moritz' Mutter. Sie hat dort minutiös aufgezeichnet, welches Wort aus der Kleinkindsprache ihres Sohnes welchem deutschen »Erwachsenenwort« entspricht. Damit die Erzieherinnen die Verständigungslücken füllen konnten. Die Idee der Mutter, aber auch die positive Aufnahme dieser Idee durch Cornelia Pforr passt gut ins Konzept des Early Excellence Centre, in doppelter Hinsicht: Beim Wechsel zwischen Elternhaus und Kita sollen möglichst wenige Informationen verloren gehen, dafür arbeiten Eltern und Erzieher Hand in Hand. Und was ein kleines Kind schon kann, wird wertgeschätzt. Auch wenn es noch nicht ganz ohne die Dolmetscher-Dienste seiner Mutter auskommen mag, ist es exzellent und einzigartig.

»Die Erzieherinnen interessieren sich dafür, wie alles zu Hause gehandhabt wird«

Ein Gespräch mit Tanja Treede, Mutter von Pauline (2)

Seit ihre Tochter Pauline zwei Jahre alt ist, arbeitet Tanja Treede wieder 15 Stunden in der Woche in ihrem Beruf als Apothekerin. Pauline hat im Early Excellence Centre in der Schillerstraße einen »Dreiviertel«-Platz, sie ist meist von neun bis halb drei dort. »Ich wollte die erste Zeit gern mit meiner Tochter zu Hause bleiben, als Baby hätte ich sie noch nicht gern in eine Kita gegeben. Aber zu diesem Zeitpunkt fand ich es schön für sie, mit anderen Kindern spielen und neue Anregungen bekommen zu können«, sagt die junge Mutter.

Auf diese spezielle Kita kam sie, weil sie Bestandteil des »Kinder- und Familienzentrums Schillerstraße« ist, in dem sie schon zuvor mit ihrer kleinen Tochter ein und aus gegangen war. Einmal in der Woche waren beide dort zusammen beim »Kids Club«, der genannten Spielgruppe für Kinder ab neun Monaten. Dort treffen Eltern und Kinder für eineinhalb Stunden auch Erzieherinnen, die in der Kita arbeiten. Überhaupt ist das Kinder- und Familienzentrum mit seinen vielfältigen Angeboten vom »Musikgarten für Babys« über »Die Sieben Zwerge«, eine Selbst-Initiativ-Gruppe junger Mütter bis hin zu »Englisch für Kinder« und einem Familiencafé ein Treffpunkt für die Familien aus dem Stadtteil. Der »Kids Club« nutzt wie die Kinder den großen Garten des Familienzentrums, so dass sich auch dort für Mutter und Tochter schon die ersten Einblicke ins Kita-Leben gewinnen ließen. »Der Garten gefiel mir auch deshalb, weil wir in unserer Wohnung keinen Balkon haben. Ich finde es schön, dass Pauline in der Kita viel draußen spielen kann«, sagt Tanja Treede. Der große Garten mitsamt den Bobbycars, Dreirädern und Laufrädern, die dort stehen, war für sie auch einer der Pluspunkte, die die Kita im Vergleich zur Betreuungsvariante Tagesmutter für sich hatte. Überhaupt findet sie es persönlich besser, dass ihr Kind nicht in einer Wohnung betreut wird, wo es »so ähnlich ist wie zu Hause«. Sie solle die Chance haben, am anderen Ort viele neue Sachen auszuprobieren: Im Wasser plantschen, auf der großen Leinwand malen, mit Knete arbeiten, die nach einem Kitaeigenen Rezept hergestellt wird.

Die Kita des Kinder- und Familienzentrums hat eine lange Warteliste. Paulines Vorteil war wohl, dass dort auch eine befreundete Familie ihr Kind hat. Und dass der Übergang zwischen Kids Club und Kita sich so fließend gestaltete, ist kein Zufall: Die Zusammenarbeit mit den Eltern ist schließlich fester Bestandteil des Programms. Dass das Modellprojekt dafür eine Auszeichnung bekommen hatte, wusste die junge Mutter schon einige Zeit bevor sie ihre Tochter dort anmeldete aus der Zeitung.

»Die Erzieherin, die uns bei unserem ersten Besuch in Empfang genommen hat, war dann besonders nett. Solche Momentaufnahmen sind für mich persönlich immer ausgesprochen wichtig.« Vor der Eingewöhnung fand ein ausführliches Gespräch mit der Bezugserzieherin statt. »Sie ist für Pauline die wichtigste Person in der Kita.« Tanja Treede hatte ein gutes Gefühl und die Zuversicht, dass ihre kleine Tochter trotz ihrer zurückhaltenden Art in der Gruppe nicht untergehen würde. Dazu hat sicher auch beigetragen, dass die Eingewöhnung sehr individuell sein konnte, weil in dieser Kita prinzipiell jeweils nur ein neues Kind in die Gruppe genommen wird. Es kommen nicht alle »Neuen«, wie in anderen Einrichtungen üblich, zum Schuljahrsbeginn gemeinsam. Nach der Eingewöhnungsphase fand dann nochmals ein ausführliches Gespräch zwischen Bezugserzieherin und beiden Eltern statt, bei dem sie sich darüber austauschen konnten, wie diese Zeit aus ihrer beiderseitigen Sicht verlaufen war und welche Auffälligkeiten es gegeben hatte. »Mir gefällt besonders gut, wie genau die Erzieherinnen die Kinder beobachten. Weil sie sehen, was ihnen Spaß macht, können sie ihnen auch ganz gezielte Spiel-Angebote unterbreiten.«

Dass die Kinder in ihrer individuellen Persönlichkeit wahrgenommen werden, zeigt sich auch an vermeintlichen Details, wie Tanja Treede berichtet, etwa beim Mittagsschlaf: »In den ersten Tagen, als Pauline sich noch schwer tat, hat immer eine

Erzieherin ihre Hand genommen, bis sie eingeschlafen war.« Die persönliche Zuwendung mache es besonders denjenigen Kindern leichter, sich an die neue Situation zu gewöhnen, die viel körperliche Nähe brauchen. »Sie können durchaus einmal zwischendurch bei der Erzieherin auf den Schoß krabbeln und dort zur Ruhe kommen.« Oder sich mit einem Bilderbuch zurückziehen, wenn ihnen der Trubel zu viel wird. »Denn vor allem am Anfang ist es für ein kleines Kind ja sehr anstrengend, den ganzen Tag mit so vielen anderen zusammen zu sein, vom Lärmpegel einmal ganz abgesehen.« Kinder, die mittags nicht (mehr) schlafen wollen, dürfen in dieser Kita statt dessen auch einer ruhigen Beschäftigung nachgehen. Wer seinen Schnuller (noch) braucht, darf ihn bei Bedarf nehmen. Die Erzieherinnen interessieren sich dafür, wie all das zu Hause inzwischen gehandhabt wird. Kein Kind muss ab einem bestimmten Alter ohne diesen Trost auskommen – oder auch ohne Windel. Wer noch nicht aus dem Becher trinken kann, darf sein Fläschchen noch eine Weile behalten. In einer altersgemischten Gruppe ist es für die Kinder leichter, solche Unterschiede zu akzeptieren: Manche sind eben schon größer, andere noch kleiner als man selbst – wenn auch vielleicht nur im Hinblick auf das Nuckeln. »Für Pauline war es jedenfalls kein Problem, dass Kinder, die schon älter sind als sie, noch ihren Schnuller haben.«

Auch in der Sprachentwicklung gehörte Pauline zu den schnelleren Kindern. Als sie in die Kita kam, konnte sie schon ganz gut sprechen. »Aber erst jetzt, mit zweieinhalb, beginnt sie allmählich, uns Eltern wirklich etwas aus der Kita zu berichten«, sagt ihre Mutter. Um zu Hause von ihren Kita-Erlebnissen zu erzählen, aber auch, um dort ihre Wünsche deutlich zu machen, fehlt den Zweijährigen meist noch eine Menge an sprachlicher Fertigkeit. Selbst eine Verständigungshilfe wie die Liste von Moritz' Mutter hilft da nicht wesentlich weiter. Umso wichtiger sind Ideen wie der »Entwicklungsordner«, der im Early Excellence Centre für jedes Kind bei seinem Eintritt in die Kita angelegt wird. Die Erzieherinnen schreiben dort nicht nur regelmäßig auf, was das Kind gern tut und mit wem es im Moment am liebsten spielt. Sie dokumentieren das auch mit Fotos, Zeichnungen und kleinen Bastelarbeiten. Und sie halten auch lustige Begebenheiten fest oder Formulierungen, die das Kind gebraucht hat. Alle Ordner stehen, für die Eltern gut zugänglich, in einem Regal. Speziell über die Eingewöhnungszeit wird für jedes Kind noch zusätzlich ein kleines Büchlein verfasst. Das ist ein – robust plastikumhülltes – kleines Bilderbuch, das vor allem für die Kinder gedacht ist. Bei dem sie sich notfalls sogar ein wenig Trost holen können, denn auch Fotos von Eltern und Geschwistern sind eingeklebt. Manche Kinder nehmen das Büchlein in den Raum mit, in dem sie Mittagsschlaf machen und schauen es sich vorher noch einmal an.

Für die Eltern gibt es außerdem einen Aushang, dem man entnehmen kann, welche Themen und Lieder die »Story Time« an den einzelnen Tagen beinhaltete. In dieser besonders intensiven gemeinsamen Zeit, jeden Tag von halb zwölf bis zwölf, sitzen die zwölf bis 14 Kinder einer Gruppe mit ihren beiden Bezugserzieherinnen zusammen. Während der übrigen Zeit des Tages spielen die etwa 45 Kinder der gesamten Gruppe »Obstgarten« meist unter der Aufsicht von sechs Erzieherinnen relativ frei und können in den verschiedensten Konstellationen ihren recht unterschiedlichen Interessen nachgehen. Nur zum Essen trennen sie sich dann wieder: Die Kleinsten kommen in der ersten Essensrunde dran, damit sie früher Mittagsschlaf machen können.

Aus dem, was Tanja Treede berichtet, gewinnt man den Eindruck, dass Mutter und Tochter das zeitweilig getrennte Leben, das sie seit einem halben Jahr führen, wirklich genießen können. Dazu trägt sicher bei, dass die Mutter das Gefühl hat, in das Kita-Leben der Tochter ein wenig eingebunden zu sein. Bei schönem Wetter, wenn das Leben sich draußen im Garten abspielt, setzt sie sich selbst dort nachmittags beim Abholen gern noch etwas hin und genießt die Atmosphäre, statt ihre Tochter aus dem Spiel zu reißen oder den »Kaffeeklatsch« zu stören, der nach dem Mittagsschlaf auf dem Programm steht.

Wenn sie sich im Garten dazu setzt, hat sie zwar automatisch das Gefühl, ein Teil der Aufsichtspflicht gehe auf sie über. Pauline ist dann sozusagen schon »abgeholt«. Für Paulines Mutter aber sind die kurzen Aufenthalte in der Kita eine gute Gelegenheit zum Beobachten. Dann sieht sie, dass die zwei Ziele erreicht sind, die sie mit der Kita-Anmeldung verbunden hat. Sie wollte, dass

Pauline mit anderen Kindern spielen kann, und zwar in einer altersgemischten Gruppe. Und sie wollte es ihr ermöglichen, Dinge auszuprobieren, die man zu Hause nicht so unkompliziert machen kann, weil die Materialien dafür im Privathaushalt meist nicht vorhanden sind.

»Trotzdem ist das alles natürlich noch gewöhnungsbedürftig«, meint Tanja Treede nach einem halben Jahr Kita-Erfahrung. »Von neun bis 15 Uhr getrennt zu sein, das ist ja schon eine lange Zeit, wenn man vorher praktisch den ganzen Tag mit seinem Kind zusammen war.« Auch deshalb freut sie sich jeden Tag auf das Abholen. »Es bleibt dann noch genug Zeit, zusammen schöne Dinge zu unternehmen. Und ich denke, man genießt das Zusammensein auch bewusster, wenn man einen Teil des Tages getrennt war.«

Vom Wechsel zwischen den Welten

»Mir gefällt, dass ich Berufstage und Familientage habe«

Ein Gespräch mit Andreas P., zweifacher Vater in Elternzeit

Sein Sohn Ruven kam zu früh. Jedenfalls, wenn man ein paar Vorteile in Betracht zieht, die sich seinen Eltern geboten hätten, hätte der Junge (oder hätten sie) nur ein halbes Jahr länger gewartet. Ruven wurde im Juli 2006 geboren, das neue Elterngeld- und Elternzeitgesetz ist erst am 1. Januar 2007 in Kraft getreten. Seitdem erhalten Mütter und Väter, die aus dem Beruf aussteigen, um ihr Kind zu betreuen, ein Elterngeld, das sich am durchschnittlichen Nettolohn des zurückliegenden Jahres orientiert, maximal sind es 67 Prozent. Neben dem finanziellen Vorteil würde das neue Elterngeld Ruvens Eltern noch einen weiteren Gewinn bringen: Wenn nach dem einen auch der andere Partner Elternzeit nimmt, gibt es zwei Monate länger Zeit und Geld für die Familie. »Väterkomponente« oder »Wickelpauschale für Väter« wird dieser Teil des Elterngeldes inzwischen genannt – weil meist die Mütter den Löwenanteil der Erziehungszeit nehmen.

Wenn Ruven früh war, so kann man das seinem Vater Andreas P. aber noch weniger absprechen. Denn ohne vom Staat durch zusätzliche bezahlte Monate dazu ermuntert zu werden, hat der

Ingenieur die zweite Hälfte der einjährigen Elternzeit genommen, die seine Frau und er sich nach der Geburt des Babys gönnen. Damit gehört er bekanntlich immer noch zu einer kleinen Minderheit und ist seiner Zeit voraus. Andreas arbeitet derzeit auf Honorarbasis in seiner Firma weiter, an zweieinhalb Tagen die Woche ist er am Arbeitsplatz. An zwei von diesen Tagen ist seine Frau dann zu Hause, die ihre 30-Stunden-Woche auf drei Tage verteilen kann. Am dritten Tag, an dem beide Eltern arbeiten, übernimmt eine der Großmütter die Betreuung des Babys.

Dessen großer Bruder Quentin, inzwischen drei Jahre alt, geht seit knapp zwei Jahren in die Kita. Seinen Platz dort hatte er schon eingenommen, bevor sein Bruder geboren wurde und bevor zuerst seine Mutter, dann sein Vater Elternzeit nahm. Und er hat ihn behalten, obwohl jetzt meist einer der beiden als Betreuungsperson verfügbar wäre. Quentin ist also an den Werktagen von acht bis etwa 15 Uhr »außer Haus«.

Der Familientag beginnt jedoch schon wesentlich früher, der Wecker wird – wie wahrscheinlich in den meisten Familien, in denen mehrere Kleinkinder leben – nur zur Sicherheit gestellt. Andreas schildert den typischen Tag aus seinem »Erziehungsurlaub« ganz entspannt, zumindest wird aber deutlich, dass so ein Tag nicht gerade kurz ist: »Irgendwann zwischen fünf und halb sieben wird normalerweise Ruven munter. Dann gehen wir erst einmal zusammen in die Küche, er bekommt seine Milch und wir legen uns gemütlich wieder ins Bett und hören ein bisschen Radio.« Meist wacht das Elternpaar in getrennten Betten auf, denn einer der beiden ist irgendwann in der Nacht aus dem Ehebett ausgezogen, um dem Dreijährigen Platz zu machen. Wo man seinen endgültigen Schlafplatz gefunden hat, stellt man dann beim Aufwachen fest: Flexible Anordnungen, wie sie nur in Familien mit kleinen Kindern vorkommen. Meist dauert es nicht lange, bis auch Quentin und der Erwachsene, der an diesem Morgen etwas länger schlafen durfte, wach werden. Spielen, duschen, anziehen, Brei fürs Baby, Aufbruch der Mutter. Familienfrühstück gibt es am Werktag keins, denn Quentin frühstückt in der Kita. Deshalb muss er auch pünktlich um acht da sein. Sein Vater bringt ihn, der kleine Bruder kommt im Kinderwagen mit. Meist ist der Abschied kurz und schmerzlos, Quentin ist augenblicklich gern in der Kita. »Das war auch schon anders, als sein Bruder gerade auf die Welt gekommen war.«

Vielleicht trifft Andreas dann vor der Kita noch andere Eltern, mit denen er sich kurz unterhält. »Meist gehen wir aber nur noch beim Bäcker vorbei, ich kaufe mir etwas fürs Frühstück und gehe dann mit Ruven wieder nach Hause, denn er braucht jetzt schon sein erstes Schläfchen.« Sein Vater freut sich als passionierter Latte-Macchiato-Trinker auf ein ungestörtes Frühstück mit Zeitung. Nebenbei wird die Waschmaschine angeschmissen, an manchen Tagen führt er auch Telefongespräche mit Kunden, die ihn über Handy erreichen und nicht wissen können, dass er gerade mit seinem Baby zu Hause ist. »Wenn sie es mitkriegen, sind die Reaktionen aber meist positiv.« Wenn Ruven wieder wach ist, spielt sein Vater gern ein Weilchen ganz ungestört mit ihm, dann drehen die beiden meist draußen eine Runde, erledigen verschiedene Einkäufe. Zu Hause wird die Wäsche aufgehängt, die Spülmaschine ausgeräumt, etwas repariert oder fürs gemeinsame Essen am Abend vorbereitet. »Der Tag plätschert so vor sich hin«, sagt Andreas. Seinen Haushalt zu managen ist für ihn nicht ungewohnt. Jetzt kann es aber im Unterschied zu den Zeiten, als er Single war oder nur mit seiner Freundin zusammenlebte, auch sein, dass er dabei die ganze Zeit sein Baby auf dem Arm hat, das etwas unleidlich ist, weil es einen Zahn bekommt oder Husten hat.

Wo man auf ein Baby aufpassen kann, kann man aber doch auch gleich ein Kleinkind mitbetreuen? Warum ist der zweijährige Quentin nach der Geburt seines kleinen Bruders weiter in die Kita gegangen, obwohl nun doch immer einer der beiden Eltern oder die Großmutter für die Kinderbetreuung zur Verfügung stehen? »Wir haben Quentin weiter in die Kita geschickt, weil wir der Meinung sind, das bringt ihm etwas. Wir können ihm gar nicht das bieten, was er dort erlebt.« Andreas meint damit nicht nur, dass Quentin in der Kita seine Altersgenossen als Spielkameraden hat. Vor allem im letzten Sommer, als das Baby noch ganz klein war und viel zu Hause geschlafen hat, konnte der Zweijährige dort auch viel mehr draußen spielen. »Wenn man gleichzeitig auf ein Baby aufpasst, das einen ganz anderen Rhythmus hat, ist man doch immer ein wenig zerrissen«, sagt

Andreas. Das fällt ihm auch an den Nachmittagen auf. »Noch spielen die beiden ja nicht miteinander, und im Augenblick steht immer einer der beiden hintan, ihre Bedürfnisse sind eben noch sehr verschieden.« Andreas ist überzeugt, dass die Kita-Zeit beiden Söhnen etwas bringt: Der Ältere kann sich dort beim Spielen besser entfalten, der Jüngere bekommt derweil zu Hause die ungeteilte Aufmerksamkeit des Elternteils, der ihn gerade betreut.

Wann Andreas Quentin genau aus der Kita abholt, das richtet sich, wie bei Tanja Treede, nicht zuletzt nach dem Wetter: Die Kinder schlafen dort bis etwa zwei Uhr und gehen, wenn es schön ist, anschließend in den Garten. »Wenn ich vom Zaun aus sehe, dass sie dort sehr in ihr Spiel vertieft sind, drehe ich mit dem Kinderwagen noch eine Runde. Schließlich ist Quentin im Garten gerade glücklich. Warum soll er sich so schnell von seinem Bobbycar trennen, wenn er noch ein bisschen damit herumdüsen kann?«

Wenn der Dreijährige von der Kita abgeholt wird, möchte er aber meist gern schnell zu seinen Spielsachen nach Hause. Dann haben Vater und Söhne noch zwei, drei Stunden Zeit zusammen, bis die Mutter von der Arbeit kommt. Andreas findet es schön, dass er in dieser Zeit einen Sohn um sich hat, mit dem er sich auch unterhalten kann. Das kann ein Baby noch nicht bieten. Nach und nach erfährt er kleine Geschichten aus der Kita, die seinen Sohn beschäftigen. Oft liegen sie auch – alle unter »Gestern« verbucht – in Wirklichkeit schon Tage oder Wochen zurück. Außerdem freut sich auch das Baby, dass durch den großen Bruder Action in die Wohnung kommt. Jedenfalls krabbelt es ihm ausdauernd nach.

Wenn jeder Tag in Andreas' Leben so verliefe wie dieser typische »Vatertag«, wäre er nicht so zufrieden, das ist ihm bewusst. »Für mich ist es sehr schön, diesen Wechsel zwischen Berufstagen und Familientagen zu haben, ich erhole mich dadurch gewissermaßen schon während der Woche.«

Auch sein Chef hat sich inzwischen sehr gut damit arrangiert, dass Andreas – als erster der Mitarbeiter – Elternzeit genommen hat. »Er merkt, dass ich an den Tagen, an denen ich arbeite, mit einem ganz anderen Drive an die Sache herangehe.«

Die Wohltaten des Wechsels: Das scheint überhaupt die passende Formel zu sein, wenn man zu ergründen versucht, warum es dieser jungen Familie in einer Phase, die gemeinhin als stressig und belastend gilt, ziemlich gut geht – trotz der unzweifelhaft vorhandenen physischen Belastung. Der Dreijährige wechselt zwischen Kita-Freunden und häuslicher Geborgenheit, sein kleiner Bruder zwischen ruhiger Eltern- und turbulenter Bruderzeit, seine Mutter und sein Vater zwischen Beruf und familiärer Betreuerfunktion.

Familienforscher betonen immer wieder, dass mit dem zweiten Kind üblicherweise ein »Traditionalisierungsschub« die Familien erfasst. Weniger Väter nehmen dann Elternzeit als noch beim ersten Mal. Mag sein, dass das in vielen Fällen auch mit den veränderten Aufgaben zusammenhängt, die sie zu Hause erwarten würden. Und vor denen ihnen möglicherweise ein bisschen graut. Wenn Andreas die Elternzeit für sich als Gewinn verbucht, dann sicher auch deshalb, weil er nicht automatisch mit der Doppel-Aufgabe konfrontiert wurde, ganztags ein Baby und ein Kleinkind zu betreuen. »Es ist für mich eine ganz neue und schöne Erfahrung, einen Teil des Tages mit einem Baby allein zu sein.« Andreas liebt auch hier den Wechsel: Er findet es schön, nachmittags den Großen wieder zu treffen, nachdem er sich am Vormittag ganz dem Baby-Rhythmus überlassen hat. »Was besonders angenehm ist: Quentin kommt ausgeschlafen aus der Kita. Früher habe ich ihn an den Wochentagen nur abends erlebt, wenn er schon müde und knatschig war.«

»Wir sind und bleiben die wichtigsten Bezugspersonen«
Ein Gespräch mit Maria L., Landschaftsarchitektin und Mutter von Quentin (2) und Ruven (1)

Schon bevor ihr Sohn Quentin mit 15 Monaten in die Kita kam, hatte er neben seiner Mutter Maria L. noch andere Bezugspersonen. Außer seinem Vater waren da die zwei Tagesmütter, bei denen er schon als Baby drei halbe Tage die Woche betreut wurde, und seine Großmutter, die ihn an einem weiteren Tag betreute.

Trotzdem änderte sich etwas Wichtiges, als Quentin in die Kita kam: »Für mich war neu, dass ich nicht mehr wusste, was er den Tag über gemacht hat«, erzählt seine Mutter. Großmutter und Tagesmütter hatten immer so viel Zeit gehabt, um ihr etwas zu berichten, »aber in der Kita ist der Betreuungsschlüssel nicht so, dass man sich das leisten könnte. Meist blieb es beim Abholen bei einem Satz, und der bezog sich oft auf den Stuhlgang des Kindes.« Daran musste sie sich erst einmal gewöhnen. »Erst seit einem halben Jahr ist es wieder anders, denn jetzt kann er mir selbst erzählen, was er gemacht hat.«

Ein kleines Kind, das noch nicht sprechen kann, muss man erleben, was man nicht miterlebt hat, kann man von seinem Leben nicht wissen. Vielleicht ist es überhaupt diese »Black-Box-Situation«, die viele Eltern zögern lässt, die Betreuung ihres Kleinkinds aus der Hand zu geben? Schließlich ist es gewöhnungsbedürftig, wenn schon Einjährige ein Doppelleben führen.

Auch Maria fand das etwas schwierig. »Andererseits habe ich gesehen, dass Quentin zu seinen beiden Erzieherinnen immer mehr Vertrauen aufgebaut hat, und das war für mich sehr schön.« Als Maria sich nach der Geburt ihres ersten Kindes überlegt hatte, dass sie nun über Jahre hinweg für ihr Kind die wichtigste Bezugsperson darstellen würde, fand sie diesen Gedanken eher beängstigend. »Ich weiß, dass es viele Frauen stolz macht, für ihr Kind so wichtig zu sein, mich hat es aber eher beunruhigt.« Im Vergleich zu ihren Freundinnen, die zu diesem Zeitpunkt alle noch keine Kinder hatten, war der 26-Jährigen mit der Geburt ihres Kindes eine große Verantwortung zugewachsen. Und sie war keineswegs überzeugt davon, dass ihr Weg, es zu erziehen, der einzig richtige war.

Wie viele Eltern von Kita-Kindern ist sie zudem manchmal richtig neidisch auf die dortigen Erziehungs-Erfolge. »Warum sitzen hier nicht zehn Kinder, die auch Erbsen auf dem Teller haben?«, fragt sie sich etwa zu Hause, wenn ihr Sohn die Erbsen verschmäht und ihr ganz sachlich mitteilt: »In der Kita esse ich sie aber schon!« Auch das emotional hoch aufgeladene Töpfchen-Thema sieht Maria L., die selbst im Westen aufgewachsen ist und als Kleinkind nicht in einer Kita war, in diesem Rahmen recht gelassen: »Mein Sohn fand es lustig, mit den anderen Kindern zusammen aufs Töpfchen zu gehen, das war ein Gruppenerlebnis.«

In anderen Punkten ist sie aber froh, zu Hause ganz bewusst einen Ausgleich schaffen zu können. Dadurch, dass der Tagesablauf in der Kita funktionieren muss – und das bei nur zwei Betreuungspersonen für zwölf bis 16 Kinder – können die Kinder sich ihrer Ansicht nach einfach nicht so frei entfalten wie zu Hause. »Die Erzieherinnen stellen klare Regeln auf: Man darf mit seinem Stuhl nicht herum schieben, nicht am Zaun rütteln, nicht im Gebüsch spielen, und das sind natürlich Dinge, die mein Sohn bei mir machen darf.« Wahrscheinlich, so vermutet sie, erlauben das die Erzieherinnen ihren eigenen Kindern zu Hause auch ohne weiteres. »Aber in der Kita müssen sie sich das Leben leichter machen.« Maria L. glaubt, dass ihr Sohn das genau versteht. »Dass in manchen Punkten in der Kita und zu Hause unterschiedliche Regeln herrschen, ist für ihn ganz in Ordnung, er gerät dadurch in keinen Zwiespalt.«

Ihr Sohn lebt in zwei Welten, und er lebt ganz gut in beiden. Auf diejenige der beiden Welten, die sie gestalten kann, nimmt Maria L. sehr bewusst Einfluss. »Wenn wir von der Kita nach Hause kommen, mache ich erst einmal nichts im Haushalt und schiebe Telefonate bis später auf. Natürlich müssen wir uns um das Abendessen kümmern, aber ansonsten haben wir jetzt Spielzeit, und das weiß Quentin auch und fordert es ein.«

Im Augenblick arbeitet Maria L. an zwei Tagen in der Woche länger, ihr Mann holt Quentin dann von der Kita ab, er ist ja mit dessen jüngerem Bruder in der Elternzeit. »An diesen Tagen, an denen ich erst um sechs oder halb sieben nach Hause komme, hat Quentin das Bedürfnis, länger aufzubleiben, damit genug Spielzeit mit mir zusammen bleibt.« Da auch die Mutter Lust hat, ihren älteren Sohn ein wenig zu genießen, wird das genehmigt. »Ich versuche nicht, ihn um jeden Preis um acht Uhr im Bett zu haben. Ich trinke an so einem Abend stattdessen gern unter dem Esstisch, wo er für uns beide eine Höhle gebaut hat, noch mit ihm gemütlich ein Malzbier oder kaufe in seinem Kaufladen etwas ein.«

Ein Kleinkind spürt ihrer Ansicht nach genau, dass seine wichtigsten Bezugspersonen in der Familie zu finden sind. »Das ist auch für die Kinder klar, die jeden Tag bis 18 Uhr in der Kita sind.« Denn sie merken noch etwas anderes: Sie werden sich darüber klar, dass es auch für die Erwachsenen, die ihr Leben in der Kita begleiten, ein Leben außerhalb dieser Mauern gibt.

»Quentin weiß ganz genau, dass seine Erzieherinnen in der Kita
arbeiten, aber nicht dort leben.« Am Anfang habe er noch vermutet, dass sie dort auch übernachten. Schließlich sind sie schon
da, wenn er kommt, und sie bleiben noch, wenn er abgeholt
wird. »Aber inzwischen ist ihm trotzdem klar, dass sie irgendwann nach Hause gehen, dass sie eigene Kinder haben, dass sie
manchmal auch Urlaub nehmen oder krank werden und dann
nicht da sind.« Ganz wie er selbst eben. »Quentin spricht ja auch
manchmal davon, dass er jetzt zur Arbeit geht, wenn wir uns
morgens in die Kita aufmachen.« Von der Arbeit aber kommt
man irgendwann nach Hause – das weiß ein Kita-erfahrendes
Kleinkind schon mit zweieinhalb Jahren.

Wie man Familienzeit retten kann

»Viel Programm ist gar nicht nötig«

Ein Gespräch mit dem Sozialpädagogen und Erziehungsberater
Klaus Fischer

»Familienzeit« hat merkwürdige Eigenschaften: Wer ein Baby
oder Kleinkind über längere Zeit allein betreut, weiß, dass sie
sich ziemlich dehnen kann, dass man manchmal andere, »erwachsene« Projekte nur unwillig aufschiebt. Andererseits wird
bei berufstätigen Eltern die Familienzeit oft zum knappen Gut,
zum Gut, das viele gern noch effektiver nutzen wollen.

Wie geht das am besten? »Wenn Kinder in die Kita gehen, ist
es wichtig, dass Eltern die verbleibende Zeit so verbringen, dass
sie in Kontakt sind mit ihren Kindern«, sagt der Erziehungsberater Klaus Fischer. Doch er schiebt gleich eine Warnung hinter-
her: »Das heißt nicht, dass diese Zeit vollgestopft sein müsste mit
Aktivitäten, die eigentlich vom Kontakt ablenken, sondern dass
Eltern so genannte Alltagszeit mit den Kindern verbringen, also
gemeinsam mit ihnen essen, sich Zeit zum Spielen und Erzählen
nehmen.«

Der Sozialpädagoge und Kinder- und Jugendlichen-Psychothe-
rapeut arbeitet seit 25 Jahren in einer Beratungsstelle für Eltern,
Kinder und Jugendliche. Er weiß aus Erfahrung, was Kinder sich
vom Familienleben erhoffen. Im (ohnehin lesenswerten) Online-

Familienhandbuch kann man von ihm einen Text finden, für den er sich in ein »Betreuungsopfer« eingefühlt hat: einen Jungen, dessen Leben von klein auf völlig verplant war. Nicht dass er bei einer Tagesmutter war und später einen Kindergarten besuchte, nicht dass er nach der Schule zur Hausaufgabenbetreuung geschickt wurde, war für ihn das eigentlich Schlimme. Gelitten hat der Junge vor allem darunter, dass er auch danach nicht »frei« hatte. Dass seine Eltern zwar mit ihm am Wochenende in Vergnügungsparks und Freizeitbäder gingen, aber selten Zeit fanden, einfach so Zeit zu Hause mit ihm zu verbringen. Sogar im Urlaub ist dieser Junge total verplant. Fischer nimmt seine Perspektive ein und erzählt: »Jeden Morgen und jeden Nachmittag wurden alle Kinder der Ferienanlage von den Eltern entfernt und ähnlich wie in Vergnügungsparks mit allerlei Spielereien abgelenkt. Die Eltern hatten schließlich Urlaub und mussten sich erholen.« Der Junge reagiert, indem er krank wird – und sich die elterliche Aufmerksamkeit erzwingt: »Dies war auch die Zeit, in der ich zum ersten Mal, wenn ich das Wort Betreuung hörte, nicht nur innerlich unruhig wurde, sondern auch Ausschlag bekam. Erst dachten alle, das läge am Klima in der Ferienanlage, als der Ausschlag aber auch nach dem Urlaub immer häufiger auftrat, zählte diese Erklärung nicht mehr. Das Gute an dem Ausschlag war, dass ich zu verschiedenen Ärzten musste, die mit unterschiedlichen Salben versuchten, den Ausschlag zu behandeln. Meine Mutter musste sich dann immer freinehmen, weil die Termine bei den Ärzten meistens in den Betreuungszeiten lagen. Als die Salben nicht halfen und ich den Ausschlag ja auch nicht immer hatte, sagten sie dann, wahrscheinlich habe das ›psychische Ursachen‹. Jetzt wurden verschiedene Psychobehandlungen an mir ausprobiert, dadurch hatte ich noch weniger Zeit – und es half auch nicht wirklich. Ich wurde innerlich immer unruhiger und hatte immer öfter schlechte Laune. Meine Wut hab ich dann immer häufiger auch raus gelassen, ohne Grund, wie meine Betreuer sagten.«

Die fiktive Geschichte eskaliert, der Junge landet schließlich sogar im »Jugendknast«. Fischer verbindet mit der bewusst überzeichneten Darstellung aber eine sehr ernstgemeinte Botschaft, die er im Gespräch erläutert: »Eltern sollen den Kindern zeigen, dass sie an ihnen interessiert sind, dass es ihnen wichtig ist, von den Kindern zu erfahren, was sie am Tag erlebt haben. Die Vorstellung, die wenige zur Verfügung stehende Zeit müsse möglichst effektiv genutzt werden, verleitet manche Eltern dazu, möglichst viel Programm zu machen, um den Kindern ›etwas zu bieten‹. Dies verhindert aber gerade Kontakt und Beziehung, weil das vermeintlich Schöne gekoppelt ist an ein ›Ereignis‹, aber nicht an die Beziehung und Begegnung. Eltern wollen damit manchmal das schlechte Gewissen beruhigen, nach dem Motto: Wenn ich schon wenig da bin, will ich meinem Kind wenigstens etwas Tolles bieten!«

In seinen Elternseminaren, aber auch bei den Beratungsgesprächen versucht Fischer ihnen einen anderen Blick auf die kindlichen Wünsche zu vermitteln: »Das Schönste für Kinder sind nicht die großen, sondern die kleinen Erlebnisse. Die Kissenschlacht am Abend, die Gutenachtgeschichte, das Picknick am Wochenende, das gemeinsame Reparieren des Fahrrades, die Füße im Bach baumeln zu lassen, die Radtour zum See, das Schmusen am Sonntagmorgen im Elternbett, das Wochenende mit dem Zelt im Wald, die Nachtwanderung, der Besuch auf einem Bauernhof … Es gibt unendlich viele Möglichkeiten, gemeinsame Zeiten so zu gestalten, dass das Kind das Gefühl bekommt: Ich bin meinen Eltern wichtig, sie sind ganz für mich da, sie freuen sich, mit mir zusammen zu sein.«

Man müsse allerdings ehrlich sagen, dass die Erwachsenen dafür eigene Bedürfnisse zurückstellen müssen, dass sie sich einlassen müssen auf die Welt der Kinder. »Zusammenleben mit Kindern ist eben nicht nur schön, sondern auch anstrengend«, sagt Fischer. In Gesprächen mit Familien, die in die Erziehungsberatung kommen, werden häufig Wünsche erfragt, die einzelne Familienmitglieder aneinander haben. »Die befragten Kinder wünschen sich fast immer Zeit mit den Eltern: ›Ich wünsche mir, dass wir mehr miteinander unternehmen‹, ›ich möchte, dass Papa mehr da ist‹, ›ich möchte, dass wir mehr miteinander machen.‹ So oder so ähnlich lauten bis zum Beginn der Pubertät fast regelmäßig die von Kindern geäußerten Wünsche.« Erst dann verändern sie sich nach Fischers Erfahrung stärker hin zu materiellen Dingen wie Handy oder iPod.

Irgendwann wollen sie dann auch lieber zusammen mit ihren Freunden als mit den Eltern in Urlaub fahren. Bis dahin werden noch ein paar Jahre vergehen. Doch wie sollte ein Familienurlaub mit Kleinkindern aussehen, die einzige Zeit im Jahr, in der junge Familien, die außerhäusliche Betreuung in Anspruch nehmen, für einige Wochen den ganzen Tag zusammen sind? »Ein All-inclusive-Urlaub mit Kinderbetreuung mag bequem und entspannend sein, weil Eltern von den Kindern ›in Ruhe gelassen‹ werden, die Beziehung fördern solche Aktivitäten aber sicher nicht. Dabei brauchen gerade Kinder, die ihre Eltern im Alltag wenig sehen, wenigstens im Urlaub den engen Kontakt zu ihnen«, sagt der Erziehungsberater. Er warnt dringend davor, das gesamte kindliche Leben in Institutionen zu verplanen.

Andererseits möchten auch die Erwachsenen im Urlaub nach einer längeren Arbeitsphase endlich einmal zur Ruhe kommen. Ein möglicher Interessenkonflikt. »Natürlich haben Eltern auch ein Recht auf Urlaub und einen Anspruch auf Erholung«, sagt Fischer. »Aber man muss das ganz realistisch sehen: Sie haben selbst mehr davon, wenn die Form der Ferien zum Alter der Kinder passt. Die Erwachsenen sollten sich deshalb gut überlegen, was mit Kindern möglich und entspannend ist. Städtetouren mit Kleinkindern sind zum Beispiel meist wenig erholsam, vor allem, wenn die Erwachsenen ein ehrgeiziges Programm durchziehen wollen. Dann ist es schon besser, wenn die Familie sich zeitweilig trennt, damit einer der Eltern sich etwas anschauen kann. Man muss ja nicht mit Gewalt die ganze Urlaubszeit zusammen verbringen.«

Ein Problem vieler Eltern, deren Kinder ganztags von anderen betreut werden, bestehe darin, dass sie deren Bedürfnisse manchmal nicht richtig einschätzen können. »Sie haben vielleicht auch Angst davor, so viel Zeit mit ihnen zu verbringen, denn das ist ungewohnt. Dann kann man sie oft beruhigen: Kleine Kinder brauchen eigentlich nur eine für sie passende Umgebung mit ansprechendem Außengelände, wo sie schön spielen können, möglichst auch mit anderen. Man braucht dafür nicht viel Geld auszugeben und nicht weit weg zu fliegen: Kinder können sich auch mit Matsch und Regen vergnügen, das Wetter am Urlaubsort ist ihnen nicht so wichtig.«

Im Alltag machten Eltern von ganz kleinen Kindern oft den Fehler, dass sie unterschätzen, wie anstrengend ein Kita-Tag ist, vor allem am Anfang. »Das permanente Zusammensein mit vielen anderen Menschen, die Geräuschkulisse, die vielen Eindrücke und Anforderungen führen oft dazu, dass Kinder am Ende eines Kita-Tages ›fertig‹ sind. Sie sind dann häufig quengelig, unausgeglichen und aggressiv. Eltern verstehen diese Verhaltensmuster nicht unbedingt als Signale von Erschöpfung oder Überforderung. Da sie selbst unter Umständen auch einen anstrengenden Arbeitstag hinter sich haben, sind sie ebenfalls gereizt, und die Stimmung droht dann schnell zu kippen.«

Eltern sind in dieser Situation aber gefordert, dafür zu sorgen, dass genau das nicht geschieht. Sie müssen den Rahmen dafür schaffen, dass der Tag harmonisch zu Ende geht. »Kinder, gerade im Kita-Alter, sind dazu noch nicht in der Lage, sie brauchen Erwachsene, die sie auffangen und es ihnen ermöglichen, zu Hause ›anzukommen‹.« Aber auch für ältere Kinder, die schon in den Kindergarten und in die Schule gehen, sei die gemeinsame Familienzeit sehr bedeutsam. »Mit den Eltern zusammen etwas zu unternehmen, mit ihnen zu essen, mit ihnen zu reden ist auch für sie immens wichtig.« Auch wenn sie vielleicht schon zu cool sind, um das zum Ausdruck zu bringen. »Eltern sollten bedenken, dass die Zeit, in der sie für ihre Kinder als Ansprechpartner besonders wichtig sind, schneller vorübergeht, als man denkt. Spätestens in der Pubertät orientieren sich die Kinder stärker nach außen. Es wäre doch bedauerlich, wenn ihre Eltern dann das Gefühl haben müssten, wichtige Gelegenheiten verpasst zu haben!«

Resümee

Als Erziehungsberechtigte haben Eltern das Recht auf echten Austausch mit den Personen, die ihre Kinder betreuen. Dazu gehören regelmäßige Elternabende und Einzelgespräche über die Entwicklung des Kindes. Eine gute Kita erkennt man unter anderem daran, dass zu Beginn die häuslichen Gewohnheiten der Kinder erfragt werden. Wenn sich keiner dafür interessiert, ist das ein schlechtes Zeichen.

Eltern sollten vor ihren Kindern nicht schlecht über die Erzieherinnen reden. Schon kleine Kinder spüren, ob ihre Mama und ihr Papa den Erwachsenen in der Kita vertrauen. Und sie können selbst nur Vertrauen fassen, wenn auch zwischen den Erwachsenen ein gutes Verhältnis besteht.

Schon kleine Kinder wissen, dass familiäre Bindungen enger – oder zumindest anders – sind als die zur Erzieherin, dass alle Kinder irgendwann von der Kita abgeholt werden. Und dass auch die Erzieherinnen selbst ein Zuhause und vielleicht sogar eigene Kinder haben.

Eltern, deren kleine Kinder in einer Kita oder bei einer Tagesmutter betreut werden, wissen es längst: Erziehung in und außerhalb der Familie gegeneinander auszuspielen ist sinnlos. Im besten Fall ergänzt sich beides. Auch ein Kind, das in der Kita ist, wird nicht »weggegeben«, es hat und behält eine Familie.

Untersuchungen zeigen, dass Eltern, deren Kinder außerhalb der Familie betreut werden, die knappere gemeinsame Zeit bewusst intensiver nutzen als diejenigen, die den ganzen Tag mit dem Kind zu Hause sind und gemeinsame Aktivitäten über den Tag verteilen können. Viele verzichten, wenn ihre Kinder klein sind und man sich nicht den ganzen Tag sehen kann, auch bewusst auf Hobbys und vielfältigen Kontakt zu Freunden, um mehr gemeinsame Zeit herauszuschlagen. Sie reduzieren oder delegieren die Hausarbeit, um ganz für ihre Kinder da zu sein. Für das berühmte schlechte Gewissen der Eltern, die nicht rund um die Uhr für die Familie zur Verfügung stehen, gibt es schon deshalb keinen Grund.

Wichtig ist, dass das Kind in der Familienzeit die Nähe zu den anderen Familienangehörigen besonders intensiv spüren kann. Abende, Wochenenden und der Urlaub sollten deshalb bewusst »kindgerecht« gestaltet werden. Das bedeutet nicht, dass es viel »Programm« geben muss. Schön ist der gemeinsame Alltag, der genossen werden sollte.

Und wichtig sind auch Rituale, die vor allem kleinen Kindern Sicherheit geben: Der Kakao nach dem Abholen, die Gutenachtgeschichte, das Kuscheln am Sonntagmorgen. Sie bilden sich oft von selbst heraus – aber es ist auch wichtig, sie ganz bewusst einzusetzen.

Aber das ist eigentlich schon eine andere Geschichte. Denn es gilt für alle Familien – auch für die, in denen Vater oder Mutter in den ersten drei Jahren »ganz« zu Hause bleiben. Ob mit oder ohne Krippe, Kita, Tagesmutter, Tolstoi könnte vielleicht doch Recht haben: »Alle glücklichen Familien ähneln einander.«

Schlussbetrachtung
Von Bethlehem nach Pisa:
Warum der Krippenstreit vom Spielplan sollte

»Kindergarten«, das klingt idyllisch, es erweckt die Vorstellung vom Spielen im Freien und vom behüteten Aufwachsen junger Pflänzchen. Dass es Kindern ab drei gut tut, zusammen mit Gleichaltrigen zumindest einen Teil des Tages in einem Kindergarten zu spielen und zu lernen, darin sind sich heute in Deutschland eigentlich alle einig. Das Recht auf einen (Halbtags-)Kindergartenplatz für alle über Dreijährigen, das vor einigen Jahren eingeführt wurde, hat das seinige zu diesem Bewusstsein beigetragen.

»Kinderkrippe« aber – schon der Begriff ist für viele irgendwie befremdlich. »Krippe bezeichnete zuerst einen geflochtenen Futtertrog aus gebogenem Weidengeflecht, bis dann später auch hölzerne oder steinerne Futtertröge als Futterkrippen bezeichnet wurden«, kann man im Bedeutungswörterbuch dazu lesen.

Von hier bis zur Bedeutung »Tagesbetreuungseinrichtung für Säuglinge und Kleinstkinder« ist es ein weiter Weg. Er führt über die Weihnachtsgeschichte, in der eine Futterkrippe zur Babywiege wurde. Als Möbel war diese Krippe, darauf hat der Kölner Kardinal Meisner in der Diskussion um die Kleinkindbetreuung ebenso augenzwinkernd wie hintergründig hingewiesen, ein Provisorium. Der Gebrauchsgegenstand, eigentlich kein würdiger Bestandteil bürgerlicher Baby-Erstausstattung, macht innerhalb der biblischen Tradition deutlich, dass Gottes Sohn arm geboren ist.

Auch die ersten »Crèches« wurden, ausgehend von Paris, in Frankreich in den 40er Jahren des 19. Jahrhunderts für die Kinder der Armen eingerichtet. Die Erfinder der Kinderkrippen haben den Begriff mit Bedacht gewählt. Sie wollten zu erkennen geben, dass diese Institutionen für die Kleinen gedacht waren, die auf der Schattenseite des Lebens auf die Welt gekommen waren: »Die Krippe ist ein Strahl des Sterns von Bethlehem«, erklärte dazu der Jurist Firmin Marbeau, der den Anstoß für die Eröffnung der ersten Crèche in Paris gab. Er hatte gesehen, wie schwer es für Arbeiterinnen war, die Betreuung ihrer kleinen Kinder sicherzustellen. Sie wurden zu Beginn des Industriezeitalters oft zu Verwandten aufs Land gegeben, nicht selten aber auch von älteren Geschwistern tagsüber mehr schlecht als recht betreut. Sobald sie laufen konnten, waren viele Kinder dann den ganzen Tag auf der Straße sich selbst überlassen. Marbeau wollte den Kindern und den Müttern helfen. Er fand es besser, die Mütter mit ehrlicher Arbeit ihr Geld verdienen zu lassen, als sie von Almosen abhängig zu machen. Trotzdem sollten sie in der Lage sein, ihre Babys während der Arbeitspausen in der Krippe zu stillen. Die Mütter bezahlten für die oft zwölf- bis 14-stündige Betreuung in der Crèche, die meist von einer Ordensschwester geleitet wurde, eine eher symbolische Summe von 20 Centimes pro Tag. In einer zeitgenössischen Beschreibung der Lage, die die französische Kindheitshistorikerin Yvonne Knibiehler zitiert, wird der typische Tageslauf einer Arbeiterin mit Baby plastisch beschrieben: »Vor fünf Uhr steht sie auf, zieht ihr Kind an, macht ihren kleinen Haushalt, läuft zur Krippe, läuft zur Arbeit. Um neun Uhr kommt sie wieder, frühstückt und stillt ihr Kind. Um zwei Uhr kommt sie nochmals wieder. Um acht Uhr eilt sie zur Krippe, nimmt ihr Kind und die Wäsche des Tages unter den Arm, wiegt zu Hause ihr Kind schnell in den Schlaf und wäscht die Wäsche, die angefallen ist ... Und jeden Tag muss sie mit all dem wieder von vorn beginnen.«

Auch wenn moderne Eltern sich in der Beschreibung der täglichen Hetze teilweise wiedererkennen mögen: Aus heutiger Sicht führt die Bezeichnung »Krippe« für Einrichtungen, in denen die kleinsten Kinder betreut werden, eigentlich gleich mehrfach in die Irre. Sie ordnet rein sprachlich alle Kinder unter drei Jahren, die noch nicht in den Kindergarten gehen, der Kategorie von Babys zu, die noch in einer Wiege liegen. Und sie legt mit ihrem Verweis auf die Weihnachtsgeschichte nahe, dass es die sozial benachteiligten Kinder sind, die sich in solchen Einrichtungen sammeln.

Beides ist falsch: Denn erstens werden in Deutschland heute die Krippen und Tagesmütter-Wohnungen vorwiegend von Kleinkindern bevölkert, die längst nicht mehr in Wiegen liegen, sondern den größten Teil des Tages munter herumkrabbeln oder -laufen. Die ganz kleinen Säuglinge werden – wie wir gesehen haben – heute in Deutschland ganz überwiegend von ihren Müttern und auch Vätern gehütet. Um sie geht es also nur in seltenen Fällen, wenn sich die Frage stellt: Unter drei schon aus dem Haus?

Auch die zweite Meinung über Krippen ist nicht haltbar: Sie sind heute keine Notlösungen für Mütter, die der Erziehung ihres Babys oder Kleinkinds nicht gewachsen wären. Es sind – das zeigen die Untersuchungen – vor allem die gut ausgebildeten, großstädtischen Eltern, Paare oder Alleinerziehende, die ihre Kids in einer Kita anmelden. Trendsetter vielleicht. Qualitätsbewusste Menschen auf jeden Fall.

Unter ihnen spricht sich herum, welche Einrichtungen empfehlenswert sind. Sie sind hartnäckiger und geschickter beim Bewerben. Sie sind eher in der Lage, eine Elterninitiative zu starten. Kurz: Wir brauchen schon deshalb mehr Betreuungsplätze für Kleinkinder, weil sonst leicht ein noch größeres soziales Ungleichgewicht entstehen könnte zwischen denen, die sich die besten Plätze zuerst sichern und den anderen, für die überhaupt kein Platz übrig bleibt. Obwohl gerade sie vielleicht am meisten davon profitieren würden, zum Beispiel, weil bei ihnen zu Hause nicht deutsch gesprochen wird.

Das Recht auf einen Kita-Platz für Kinder unter drei Jahren sollte deshalb auch nicht davon abhängig sein, dass die Eltern des Kindes einen Arbeitsplatz haben. In dieser Hinsicht ist das finnische Modell nachahmenswert, bei dem nur eines den Ausschlag gibt für das Anrecht auf einen Platz: Kind und Eltern müssen Bürger des Landes sein.

Nur mit der Gewissheit im Hintergrund, dass das Kind gut aufgehoben sein wird, können junge Eltern, die derzeit (noch) keine haben, nämlich überhaupt Arbeit suchen. Sechs von zehn deutschen Eltern, die ein Kind zwischen zwei und drei haben, wünschen sich der Studie des Deutschen Jugendinstituts zufolge eine Betreuungsmöglichkeit für ihren Nachwuchs. In der repräsentativen Umfrage, die die Großstadt München startete, waren von allen Eltern mit Kindern unter drei Jahren mehr als die Hälfte an Angeboten zur außerhäuslichen Betreuung interessiert. Auch die Eltern, mit denen ich gesprochen habe, wünschen sich alle mehr und bessere Kita- und Krippenplätze – ob sie nun ganztags, halbtags oder gar nicht erwerbstätig sind. Doch was die Mehrheit der Zielgruppe sich wünscht, bekommt derzeit nur eine Minderheit.

Das interessanteste Ergebnis meiner Recherchen war, dass auch die Menschen, die in ihrem Alltag ständig als Fachleute mit dem Thema Kleinkindbetreuung zu tun haben, sich erstaunlich einig sind in ihrer Sicht der Dinge: Vom Geschäftsführer des Verbandes der katholischen Kindertagesstätten über die Erziehungsberater, die Eltern helfen, die Kinderärzte, die die Babys und Kleinkinder bei den Vorsorgeuntersuchungen kennenlernen, die Wissenschaftler, die sich um die Qualität der Kitas kümmern oder die DDR-Krippen-Geschichte aufarbeiten bis hin zur Personal-Organisatorin einer Pharma-Firma wünschen sich alle aus ihrer fachlichen Sicht mehr und bessere Betreuungsmöglichkeiten für die Kinder unter drei. Wer sich der Forderung anschließt, ist folglich in kompetenter Gesellschaft.

Ähnliches gilt für den Wunsch, dass die Betreuungslandschaft ruhig vielfältiger werden darf. (Nicht nur) aus Schweden können wir lernen, dass man Vertrauen haben kann in die Fähigkeit der Eltern, aus einem bunten Angebot das Passende für sich und ihre Kinder auszuwählen. Qualitätsstandards des Staates als beruhigende Grundlage natürlich immer vorausgesetzt. Sie sind aus mehreren Gründen wichtig: Kleine Kinder können sich in einer Einrichtung nur wohlfühlen, wenn sie dort feste Bezugspersonen haben, an die sie sich sicher gebunden fühlen und die einfühlsam auf ihre Bedürfnisse eingehen. Sie können sich nur entwickeln und etwas lernen, wenn sie sich wohlfühlen. Und sie können sich auch nur entwickeln und etwas lernen, wenn zum richtigen Zeitpunkt das passende Angebot dafür da ist. Wenn die Qualität stimmt, darf es Elterninitiativen nicht mit bürokratischen Hürden schwer gemacht werden, ihr Scherflein zum bunten Angebot beizutragen.

Für ein vielfältiges Angebot spricht einerseits die viel beschworene Wahlfreiheit der Eltern. Außerdem passt aber auch nicht für jede Familie und jedes Kleinkind dieselbe Form der Betreuung. Denn die Familienformen selbst sind vielfältiger geworden. Wer keine Geschwister hat, profitiert möglicherweise mehr von der altersgemischten Gruppe. Eine alleinerziehende Mutter könnte das Angebot des einzigen Tagesvaters am Ort nutzen, um ihrem Sohn eine männliche Bezugsperson zuzuführen. Dazu kommen die Bedürfnisse, die die Jobs der Eltern vorgeben: Viele Eltern brauchen flexible Betreuungszeiten und wünschen sich eine Zusammenarbeit der Kita mit Tagesmüttern, die die Randzeiten übernehmen, indem sie die Kinder von der Kita abholen und bei sich zu Hause weiter betreuen.

Die Historikerin Yvonne Knibiehler meint, das älteste Gewerbe der Welt könnte das der Amme gewesen sein. Ammen, die Säuglinge ganz zu sich nahmen, gab es jedenfalls schon im alten Rom. Im Unterschied zu den Krippen waren sie der besseren Gesellschaft vorbehalten, in der es zeitweise Mode war, die kleinen Kinder über Monate ohne Bedenken – und ohne dringende materielle Notwendigkeit – »außer Haus« zu geben. Von Bindungstheorie war damals noch nicht die Rede. Heute wissen wir dank vielfältiger Forschung auf den Gebieten der Entwicklungspsychologie, Verhaltensbiologie und Kleinkindpädagogik einiges besser. Wir wissen, wie wichtig das Stillen und der Aufbau einer sicheren Bindung zu den Eltern sind. Mit der Einführung der Elternzeit wurde dieser Erkenntnis Rechnung getragen. Das ist gut für die ganze Familie. Wir wissen aber auch, dass man diese Zeit nicht endlos ausdehnen kann, ohne Gefahr zu laufen, beruflich den Anschluss zu verlieren. Und wir wissen, dass schon kleine Kinder vom zeitweiligen Zusammensein mit Altersgenossen und von guten, professionell begleiteten Spiel-und-Lern-Angeboten profitieren, die über die der Familie hinausgehen. Gute Kitas fördern vor allem die Sprachentwicklung nachweislich und können damit einen wichtigen Beitrag zur frühen Integration der Jung-Bürger leisten.

Über diese Grundsatzfragen muss man also nicht mehr streiten. Die Energie ist besser investiert, wenn sie in die Forderung nach einem größeren, vielfältigeren und besseren Angebot an

Kita-und Tagesmutter-Plätzen gesteckt wird. Auch kinderlose Bürger und Steuerzahler sollten sich darin mit denen einig sein, die (schon) Eltern sind. Erstens natürlich mit Blick auf »Pisa« und auf den sozialen Zusammenhalt unserer Gesellschaft. Zweitens aber wegen des vielzitierten »demographischen Wandels«. Denn wo es ein ausreichendes Angebot an guter Kleinkindbetreuung gibt, da dürfte die Zuversicht wachsen, dass man sich mit der Familiengründung nicht übernimmt. Es könnte dann durchaus sein, dass sich – wie derzeit in Frankreich – auch hierzulande mehr Menschen dafür entscheiden, Eltern zu werden. Die schönste Hoffnung, die ich persönlich an das politische Projekt »Tagesbetreuungsausbau« knüpfe: Dass mehr junge Frauen und Männer die Entscheidung für Kinder ganz entspannt und mit ganzem Herzen treffen – weil sie sich dabei unterstützt fühlen und weil sie weniger Angst davor haben, ihr gesamtes Erwachsenenleben dauerhaft umkrempeln zu müssen.

Anhang

Einige Bücher zum Thema

Lieselotte Ahnert (Hrsg.): Tagesbetreuung für Kinder unter drei Jahren. Verlag Hans Huber, Bern 1998.

Katrin Göring-Eckardt: Leichter gesagt als getan. Familien in Deutschland. Herder, Freiburg 2006.

Ute Großmann: Kleiner Ratgeber für Erzieherinnen. Luchterhand, Neuwied 1997.

Gabriele Haug-Schnabel, Joachim Bensel, Evelin Kirkilionis: Mein Kind in guten Händen. Wie Kinderbetreuung gelingen kann. Herder, Freiburg 1997.

Gabriele Haug-Schnabel, Joachim Bensel: Kinder unter 3 – Bildung, Erziehung und Betreuung von Kleinstkindern. Kindergarten heute spezial. Herder, Freiburg 2006.

Yvonne Knibiehler: Modes de garde: permanence et changements à travers l'histoire. In: Spirale 30/2004.

Hans-Joachim Laewen, Beate Andres, Eva Hédervári: Ohne Eltern geht es nicht. Die Eingewöhnung von Kindern in Krippen und Tagespflegestellen. Beltz Verlag, Weinheim 2005.

Adelheid Müller-Lissner: Passen Kinder in mein Leben? Ch. Links Verlag, Berlin 2002.

Adelheid Müller-Lissner: Enkelkinder! Eine Orientierungshilfe. Ch. Links Verlag, Berlin 2006.

Dorothee Nolte: Wie eine Mutter entsteht. Geschichten einer Verwandlung. dtv, München 2001.

Dorothee Nolte: Wie eine Mutter laufen lernt. Neue Geschichten einer Verwandlung. dtv, München 2005.

Claudia Quaiser-Pohl, Barbara Reichle: Kinder, Küche, Konferenzen oder Die Kunst des Jonglierens. C.H.Beck, München 2007.

Iris Radisch: Die Schule der Frauen. Wie wir die Familie neu erfinden. DVA, München 2007.

Marie-Louise Rendant: Das neue Elternhandbuch. Jaron-Verlag, Berlin 2005.

Robert Richter, Eberhard Schäfer: Das Papa-Handbuch. Gräfe und Unzer, München 2005.

Barbara Vinken: Die deutsche Mutter. Der lange Schatten eines Mythos. Fischer Verlag, Frankfurt a.M. 2007.

Maria von Welser im Gespräch mit Ursula von der Leyen: Wir müssen unser Land für die Frauen verändern. Bertelsmann, München 2007.

Hilfreiche Internetadressen:

Zu Fragen rund um Erziehung und Betreuung kleiner Kinder

Für die Betreuungsplätze in Kitas und bei Tagesmüttern sind in Deutschland die Jugendämter der jeweiligen Kommunen zuständig. Eine zentrale Anlaufstelle gibt es nicht, dafür lohnt es sich vor allem bei den größeren Städten, die Seiten der Stadtverwaltungen oder Stadtjugendämter zu besuchen. Viele von ihnen haben übersichtliche Informationen über das Angebot, die Kontaktadressen und die Kosten ins Netz gestellt.

Bundesministerium für Familie, Senioren, Frauen und Jugend:
bmfsfj.de
Allgemeine Informationen zu Familien, u. a. auch Gesetzestexte und Hinweise zur Kinderbetreuung

Online-Familienhandbuch:
www.familienhandbuch.de
Handbuch, in dem sich viel Lesenswertes zu (fast) allen Fragen rund um Familie und Erziehung finden lässt, jeweils von Fachleuten verfasst

Eltern im Netz
www.elternimnetz.de
Ratgeber des Zentrums Bayern Familie und Soziales des Bayerischen Landesjugendamtes; viele Informationen zu einzelnen Stichwörtern und zu Jugendämtern sind aber bundesweit gültig

Zur Kindertagesbetreuung allgemein:
www.kindertagesbetreuung.de

Bundesverband Tagesmütter:
www.tagesmuetter-bundesverband.de

Online-Handbuch Kindergartenpädagogik:
www.kindergartenpaedagogik.de
Handbuch für die Profis der Kleinkind-Betreuungs-Szene, das aber auch für interessierte Eltern nützlich ist

Bundesarbeitsgemeinschaft Elterninitiativen e. V. (BAGE)
www. bage.de
Geschäftsstelle in München: 089-470 65 03
Anlaufstelle für Eltern, die sich mit dem Gedanken tragen, eine Elterninitiative zu gründen und das richtige Vorgehen planen wollen

Zu den Studien, die in diesem Buch vorgestellt werden

Betreuungsstudie des Deutschen Jugendinstituts:
www.dji.de

Study of Early Child Care des amerikanischen National Institut of Child Health & Human Development (NICHD):
www.secc.rti.org

Vergleichende Studie des Allensbach-Instituts zur Situation in Frankreich und Deutschland:
www.bmfsfj.de/Politikbereiche/familie,did=97820.html

Zur Autorin

Adelheid Müller-Lissner

Jahrgang 1952, Studium der Germanistik, Romanistik, Pädagogik und Philosophie in Marburg und Zürich; promovierte über Sartre, arbeitete einige Jahre als Lehrerin in München und lebt seit 1994 mit ihrem Mann und drei Töchtern in Berlin, wo sie seitdem als freie Journalistin (u. a. für den *Tagesspiegel*) und Buchautorin arbeitet. Die Autorin hat drei Töchter und zwei Enkel.

© Mechthild von Lenthe

Buchveröffentlichungen u. a.: »Nestwärme. Erziehung mit EQ«, München 1998, »Liebe, Wut und Schuldgefühle. Wenn Töchter sich lösen«, Zürich 2000. Im Ch. Links Verlag erschienen von ihr: »Passen Kinder in mein Leben? Eine Entscheidungshilfe«, 2002 und »Enkelkinder! Eine Orientierungshilfe für Großeltern«, 2006.